JN039314

ビジネスの名著を読む

マネジメント編

20 Great Books of
the Management

日本経済新聞社◉編

日本経済新聞出版

まえがき——名著を巡ることこそ、「ビジネスの知の旅」となる

本書では、日本の第一線の経営コンサルタント・経営学者が、自身が推薦する「経営論・戦略論の名著」を、独自の事例分析を加えながら紹介していきます。

筆者（入山）は経営学者という職業柄、これまで様々なビジネス書に関わってきました。しかし本書ほどユニークで、そしてビジネスパーソンの傍らにぜひ置いて欲しいと思えるものはなかなかありません。それは、以下の三つの理由からです。

第一に、本書はビジネスパーソンにとって「ビジネスの知の探索」の有効な第一歩となり得ます。

日本では、「イノベーションや新しいビジネスアイディアが足りない」と言われて久しくなります。ではその「新しいビジネスの知」はどうすれば生まれるかというと、それは「既存の知と、別の既存の知の『新しい組み合わせ』である」というのが経営学者のコンセンサスです。人間はゼロからは何も生み出せませんから、新しい知というのは、今ある知見同士の「新しい組み合わせ」で生まれるのです。

しかし、人間はどうしても目の前の知に注目しがちで、自身の周りの知の組み合わせは既に終わっています。したがって新しくアイディアを生み出すには、これまで自分が知らなかった「遠くの知」を探し、それを自身の知見と組み合わせる必要があります。これは経営学でExploration（知の探索）と呼ばれる概念です。このように考えると、皆さんが今まで読んでいなかった経営書を読むことが、気軽にできる「ビジネスの知の探索」の第一歩であることが、おわかりいただけるでしょう。

ここで重要なのは「名著」を読むことです。もちろん新しいビジネス書は毎年多く出版されていて、その中にも有用な知見はあるでしょう。しかしそれらは新しすぎるが故に、本当にこれから10年20年と有用な知見なのか、我々には見分けがつきません。一時は話題になるビジネス書も、数年後には忘れられていることがほとんどです。

それに対して、本書で紹介される20冊は『競争の戦略』（マイケル・ポーター著）『コア・コンピタンス経営』（ゲイリー・ハメル他著）『イノベーションのジレンマ』（クレイトン・クリステンセン著）『ウィニング 勝利の経営』（ジャック・ウェルチ他著）等々、その全てが世界中で長きに渡って愛読されている大ベストセラーです。経営書の中でも、名著中の名著と言えるでしょう。

このうち一〜二冊なら読まれた方もいるでしょうが、これら全てを読んだ方は少ないはずです。これまで手に取る機会のなかった名著の概要を知り、各書を比較し、そしてその知見をみなさんご自身の知見・経験と新しく組み合わせることこそ、知の探索に他なりません。本書は世界でも珍しい「ビジネスの知の探索」のためのガイドブックなのです。

第二に、本書では日本の第一線のコンサルタント・経営学者により、各名著のポイントが簡潔に紹介されています。すなわち、名著の「つまみ食い」ができるのです。

もちろんこの「つまみ食い」は、ビジネス誌や新聞の書評でも行われます。しかし本書が傑出しているのは、コンサルタント・経営学者が、各書の知見を具体的なビジネス事例に応用していることです。

例えば第一冊目では、筆者が『戦略サファリ』（ヘンリー・ミンツバーグ他著）を取り上げ、同書で展開されるミンツバーグの考えを、グーグルの戦略構築やホンダの自動車開発などの事例にあてはめています。第三冊目では、平井孝志氏が、『コア・コンピタンス経営』をセコムのメディカルサービス事業・防災事業に応用しています。

その他、高野研一氏が、ＩＢＭの企業の変革を描いた『巨象も踊る』（ルイス・ガースナー著）の紹介で、業界の垣根を越えた競争の例として日本のアイリス・オーヤマの家電事業への参入を取り上げています。名著で書かれる知見は古かったり、時として抽象的で読みにくいこともあります。それを日本の専門家がケーススタディをふんだんに織り交ぜながら現代のビジネス事例に応用することで、わかりやすく肉付けしているのです。

第三に本書では、第一線の専門家が名著をどのように読むのか、その「読み方」も知ることができます。例えば、岸本義之氏や森健太郎氏、森下幸典氏のような著名コンサルタントが、『競争の戦略』『ビジョナリー・カンパニー』（ジェームズ・コリンズ他著）『最強組織の法則』（ピーター・センゲ著）をどのように評価し、応用しているかを学ぶことができます。

筆者はさておき、経営学者の陣容も豪華です。元テキサス大学教授で筆者も尊敬する清水勝彦氏（慶應義塾大学）や、ＩＴ戦略研究の重鎮である根来龍之氏（早稲田大学）、そしておなじみ一橋大学の楠木建氏などの著名経営学者が、経営の名著をどのように斬って行くのかも楽しめます。

このように、本書はビジネスパーソンにとっての「ビジネスの知の旅」を始める格好のガイドブックであり、そして本書そのものが有用な経営書となっています。本書を読んでから、紹介されている名著そのものを読んでみるもよし、あるいは本書自体を読み込み、名著・各識者の考えを比較するのも有用でしょう。事例が豊富なので、そもそも何も考えずざっと眺めるだけでも、面白い経営書になっています。これほど多様な楽しみ方ができる本も珍しいでしょう。

この巻頭言を通じて、みなさんに本書の魅力が伝わったのであれば幸いです。ではいよいよ、「ビジネスの知の旅」に出ていただきましょう。まずはヘンリー・ミンツバーグの世界的ベストセラー『戦略サファリ』からです。

入山章栄

※本書は、日経文庫『マネジメントの名著を読む』（日本経済新聞社 編）および『日本のマネジメントの名著を読む』（日本経済新聞社 編）の内容を再構成したものです。

『ビジネスの名著を読む　マネジメント編』目次

『戦略サファリ』ヘンリー・ミンツバーグ他著

後づけでない成功の真因を探る　入山章栄（早稲田大学ビジネススクール教授）

#『競争の戦略』マイケル・ポーター著

「5つの力」と「3つの基本戦略」

岸本義之(PwCコンサルティングStrategy& シニア・エグゼクティブ・アドバイザー)

『コア・コンピタンス経営』ゲイリー・ハメル他著

主導権を創造する　平井孝志（筑波大学大学院ビジネスサイエンス系教授）

『キャズム』ジェフリー・ムーア著

普及過程ごとに攻め方は変わる　根来龍之（早稲田大学ビジネススクール教授）

『ブルー・オーシャン戦略』W・チャン・キム他著

競争のない世界を創る戦略　清水勝彦（慶應ビジネススクール教授）

『イノベーションのジレンマ』クレイトン・クリステンセン著

リーダー企業凋落は宿命か　根来龍之（早稲田大学ビジネススクール教授）

『ビジョナリー・カンパニー』ジェームズ・コリンズ他著

基本理念で束ね、輝き続ける　森健太郎（ボストンコンサルティンググループ　シニア・アドバイザー）

『最強組織の法則』ピーター・センゲ著

学習するチームをつくり全員の意欲と能力を引き出す

森下幸典（PwC Japan 執行役常務）

『プロフェッショナルマネジャー』ハロルド・ジェニーン他著

自分を犠牲にする覚悟が経営者にあるか

楠木建（一橋大学大学院国際企業戦略研究科　教授）

『巨象も踊る』ルイス・ガースナー著

リスクテイクと闘争心による巨大企業再生　高野研一（コーン・フェリー・ジャパン前会長）

『ウィニング 勝利の経営』ジャック・ウェルチ他著

部下の成長を導く八つのルール　清水勝彦（慶應ビジネススクール教授）

『知識創造企業』野中郁次郎、竹内弘高著

失われた? 日本企業の強さの源泉

岸本義之(PwCコンサルティングStrategy& シニア・エグゼクティブ・アドバイザー)

『経営戦略の論理〈第4版〉』伊丹敬之著

戦略が成功するための5つの適合要因

岸本義之（PwCコンサルティングStrategy& シニア・エグゼクティブ・アドバイザー）

『小倉昌男 経営学』小倉昌男著

知の探索で築き上げた宅急便ビジネス 入山章栄（早稲田大学ビジネススクール 教授）

『会社は頭から腐る』冨山和彦著

企業再生の経験と日本企業の病理　大海太郎（タワーズワトソン代表取締役社長）

『日本はなぜ敗れるのか』山本七平著

前提と乖離した戦略・戦術の悲劇　奥野慎太郎（ベイン・アンド・カンパニー・ジャパン　日本法人会長）

『「バカな」と「なるほど」』吉原英樹著

よい戦略はどうやって生まれるか

清水勝彦（慶應ビジネススクール 教授）

『論語と算盤』 渋沢栄一 著

「日本実業界の父」の経営哲学 奥野慎太郎（ベイン・アンド・カンパニー・ジャパン 日本法人会長）

『木のいのち木のこころ』西岡常一、小川三夫ほか著

欠点から長所は生まれる　森健太郎（ボストンコンサルティンググループ　シニア・アドバイザー）

『戦略サファリ』

ヘンリー・ミンツバーグ他著

後づけでない成功の真因を探る

入山章栄
（早稲田大学ビジネススクール教授）

戦略サファリ／Strategy Safari　1998年
ヘンリー・ミンツバーグ（Henry Mintzberg）、ブルース・アルストランド（Bruce Ahlstrand）、
ジョセフ・ランペル（Joseph Lampel）著
邦訳版：東洋経済新報社、第2版2012年／齋藤嘉則監訳

1 「まず始め」「声を聞く」――成功の要諦はここにある

『戦略サファリ』ほど経営戦略論の知見を幅広くビジネスパーソンに伝えようとする本は、他に存在しません。近年の経営学は国際化が進み、世界中の経営学者が同じ土俵で研究をしています。他方で組織・人間の意思決定は複雑で曖昧なので、学者によって分析の立脚点が異なります。結果、様々な視点が提供され、乱立しています。

著者のヘンリー・ミンツバーグは、それらを10の「スクール」にまとめ、「サファリ（旅）」にして見せたのです。

スクールの分類にはミンツバーグの個性が強く反映されています。率直に言って、これと同じ分類をする学者は欧米でも多くありません。同書は経営戦略論の広範な知見をカバーしながら、「その切り口は極めてミンツバーグ流」であると理解して読むことが重要なのです。

彼の個性とは何でしょう。第一に「実践への応用」を重視する姿勢です。彼は2014年、世界最大の経営戦略学会ストラテジック・マネジメント・ソサエティーから「最もビジネスの実践に貢献する学者」としての賞を受けました。現在の経営学は学術面を重視するあまり、実務への視点がおろそかになることもあります。ミンツバーグはその意味で異色なのです。

同書では1960年代に主要な考え方が発表され、現在の学術研究では見向きもされなくなったデザイン・スクールを最初に紹介しています。その基本モデルである「SWOT分析」(企業の内的状況と外的状況を評価する分析手法)が良くも悪くも実務家に浸透していることを踏まえてのことでしょう。

ミンツバーグの第二の個性は「戦略とは実践を通じて徐々に出来上がってくるもの」という彼の主張にあります。同書で最初に紹介されるデザイン・スクール、プランニング・スクール、ポジショニング・スクールを彼は厳しく批判します。これらが事前の戦略設計・計画を重視するあまり、「机上の空論になりかねない」というのです。

ケーススタディ

ジョブズ以外にいた、アップル成功の立役者

ここからは、この第二の点を深掘りしてみましょう。ミンツバーグの有名な業績の一つは、87年に『ハーバード・ビジネス・レビュー』誌に発表された、「Crafting Strategy (戦略を作る)」という論文です。この論文でミンツバーグは、「戦略とは事前に計画されるものではなく、実際にビジネスを進めて顧客の反応を知り、現場の声を聞き、試行錯誤の上にわき上がってくる

ものだ」と主張しました。

実際「当初の事業構想」と「最終的に成功した事業の形」が異なる例は、枚挙にいとまがありません。ここでは、代表的な三つの事例を挙げてみましょう。

第一にグーグルです。今や超巨大ＩＴ企業の同社も、もともとはサーゲイ・ブリンとラリー・ペイジの二人が、スタンフォード大学在籍時代の90年代末に立ち上げたベンチャーです。ブリンとペイジが当初構想していたのは、彼らの開発した検索アルゴリズムを他のインターネット・ポータルに売ることで収益化するビジネスでした。

しかし、この仕組みでは儲からないことがわかってくると、二人は別の収益化の方法を模索しました。実は、今のグーグルの事業モデルの柱となっている広告とページランク・システムの仕組みを先行して生み出したのは、オーバーチュアという会社です。グーグルは、このオーバーチュアの手法を取り入れることで、一気に収益化に成功したのです。同社の現在の絶対的な収益モデルは、そもそも計画されたものではなかったのです。

実は、アップルも似たようなところがあります。同社の創業者であるスティーブ・ジョブズとスティーブ・ウォズニアックが、創業当初からコンピューター開発における技術・デザインを重視していたのは間違いありません。しかし、同社の「マーケティング」に決定的な影響を及ぼしたのは、創業後に加わったマイク・マークラだと言われています。

それまでジョブズとウォズニアックは、コンピューターというのは、あくまで専門家の使うものと考えていました。それをマークラは、アップル社のコンピューターを「一般の家庭で使ってもらうようにしよう」と主張したのです。

結果として開発された「アップルⅡ」は、大ヒット商品となりました。しかも、この大ヒットのきっかけになったのは、ジョブズもウォズニアックもマークラも想定していなかった、教育機関からの大量受注でした。このアップルⅡの大成功により同社はIPOを実現するわけですが、それをもたらした顧客は全く「計画外」のところから来たわけです。

計画・戦略への依存は「絵に描いた餅」にも

最後にウォルマートです。世界最大の小売り企業である同社ですが、その成功の背景の一つが、リテール・リンクやEDIといった同社の巨大なITシステムにあることはよく知られています。同社はITシステムを通じて、膨大な顧客情報を収集し、ロジスティクスの効率化を測り、結果として在庫を徹底的に減らしながら品切れを起こさない仕組みを作っています。

しかし、このITシステムの導入を決断したのは、創業者のサム・ウォルトンではありません。ウォルトン自身は常に節約を重視し、それは同社が低価格戦略を追求する起源になったといえますが、逆にそれ故に、高額なＩＴ投資を拒んできたのです。ウォルトンを説き伏せてＩＴを積極的に投入したのは、後に二代目ＣＥＯ（最高経営責任者）となるデビッド・グラスです。ウォルトンが計画していた事業モデルをグラスが事後的に修正したからこそ、今のウォルマートの姿があるのです。

このように、いま大成功している企業の事業モデルの多くは、「とにかく事業を始めて」「現場や顧客の声を聞き」「他社や仲間の意見を聞いた」結果として、事後的にわきあがってきたものなのです。これらの事例は、まさにミンツバーグの主張に適っています。「計画」「戦略設計」はたしかに重要ですが、それだけでは絵に描いた餅になりかねない、ということです。

2 企業は「二兎」を追え――経営戦略の常識を疑え

本書の素晴らしさは、広範な経営戦略論の知見を、10のスクールに整理したことにあります。その切り口や各スクールへの評価は「ミンツバーグの色」が濃く出ています。

中でも彼が厳しく批判するのが、同書の第4章で紹介されるポジショニング・スクールです。同スクールは、1980年代に世界の経営学を席巻し、現在もＭＢＡの経営戦略論の授業・教科書の基本となっています。

同スクールの筆頭は、ハーバード大学のマイケル・ポーター教授が著書『競争の戦略』で打ち出した戦略フレームワークの数々でしょう。ボストンコンサルティンググループの有名な「成長率・市場占有率マトリックス」も、同スクールの一部です。しかし、ミンツバーグによれば、その起源は19世紀の軍事思想家クラウゼヴィッツや紀元前の「孫子の兵法」にまで遡るのだそうです。

さらにこれらには「戦略とは限られた選択肢にまで絞り込める」という思想上の共通点があるとも指摘しています。それ以前の戦略論は戦略の生み出し方を探求することが中心で、戦略の中身には様々な可能性を考えてきました。一方、ポジショニング・スクールでは「遂行すべき」戦略を特定できるのです。

ポーターの競争戦略なら、規模の経済を追求する「コスト・リーダーシップ戦略」、あるいはライバルと異なる製品・サービス提供を追求する「差別化戦略」がそれに当たります。両者は対極にあるので、「どちらか一方を選んだら、もう一方はあきらめなければならない」というのがポーター流の考えです。

ミンツバーグはこれを批判します。一例として同書では、ファッション性が高い（差別化ができている）にもかかわらず、低コストも実現したベネトンなどを引き合いに出しています。

企業には相反する二つの戦略を同時に実現できる可能性があり、ポーターの主張はその可能性を奪うものだ、ということなのです。

ケーススタディ　半導体メモリーでリーダーとなったサムスンの秘密

ここからは、ベネトンのように「対局にある戦略」を同時に追求する、別企業の例を取り上げてみましょう。それは韓国のサムスン電子です。（このケーススタディの情報の一部は、ハーバード・ビジネス・スクールのケース「Samsung Electronics(by Jordan Siegel & James Jinho Chang)」とその関連資料を参考にしています）

中でもサムスン電子の半導体（メモリー）ビジネスは、興味深い事例です。１９８０年代までの世界の半導体市場はＮＥＣ、東芝、日立など日本メーカーが席巻していましたが、その後台頭したサムスンに市場を奪われました。ではサムスンは半導体でどのような戦略をとってきたかというと、それはコスト・リーダーと差別化の両取りだと言われています。

半導体には、「18カ月から24カ月ごとに集積度が倍増する」という「ムーアの法則」があることがよく知られています。したがって半導体メーカーは、この法則に合わせて数年に一度大掛かりな投資を行い、新世代の半導体を開発しなければなりません。

この状況でサムスンは、他社に先駆けて新世代技術に大きな投資を行うことで知られています。これはリスクのあることですが、他方で先行投資により市場を先に占有し、他社よりも先駆けて高機能品を作ることを可能にします。結果、サムスンの開発する新世代半導体は、他社の新世代製品よりも高い値付けがされます。先行投資と技術優位による「差別化戦略」をとっているのです。

他方でムーアの法則により、新世代にとって代わられた旧世代の半導体は大幅に価格が下落します。しかしサムソンは、こちらでは逆に他社よりも低い価格をつけています。

もともと先行投資をして技術蓄積が他社よりもありますので、それがコストを下げることに貢献するのです。結果として、利幅は薄くても幅広い顧客から大量発注を得ることで、「薄く、広く」収益を得ているのです。すなわち同社は、旧世代の半導体市場では「コスト・リーダーシップ戦略」をとっているのです。

【杓子定規な戦略では成功できない】

このようにサムスンの半導体事業は、コスト・リーダーシップと差別化の両取りを実現しています。まさに、「一つの戦略に絞り込め」というポーターの主張と真逆なのです。

ちなみに筆者個人としては、このサムスンの半導体ビジネスは、かなり特殊な事例と考えています。なぜなら、ムーアの法則という半導体特有の条件がないと、この両取り戦略は成立しないからです。

すべての企業でこのようなことができるわけではありません。したがって、サムスンやベネトンのような事例を挙げることで「ポーターが役に立たない」と言うのはやや極論に過ぎる、と筆者は考えています。

しかし、このような「特殊解」は、もしサムスンの経営陣が（ポーターの推奨するように）最初から半導体の戦略を一つに絞り込んでいたら、実現しなかったかもしれません。その意味では、やはり戦略を杓子定規に限定せず、柔軟に対応すべきというミンツバーグの言葉は重いと言えるでしょう。

では、そのミンツバーグが支持する戦略スクールとは何なのでしょうか。次にそれを紹介していきましょう。

3　とりあえず行動してみる――学習と試行錯誤が強みを創る

ポジショニング・スクールを批判したミンツバーグが強く支持するのは、例えば第7章で紹介するラーニング（学習）・スクールです。「戦略はまず行動を起こしてその学習・試行錯誤を通じて形成されるもの」という立場を取るためです。第7章冒頭では、「学習派」の始祖となったリンドブロムやクインといった研究者の知見を取り上げています。

さらにミンツバーグは、その後発展した多くの関連する理論もラーニング・スクールに分類しています。それらの理論は3グループに大別できます。第一にワイック等の経営学者が発展させた「イナクトメント」です。

企業が新規に事業戦略を立てるには「自社の強み・弱み」を把握する必要があります。しかし、「その事業をやってみないと、強みも弱みもわからない」というのがイナクトメントの考え方です。

第二に、伊丹敬之氏の「見えざる資産」や野中郁次郎氏・竹内弘高氏の「知識創造企業」など、当時の日本を代表する学者の知見もラーニング・スクールに含めました。ミンツバーグは本書を通じて日本企業を高く評価しています。

「日本企業に戦略がない」と主張するポーターに対し、ミンツバーグはトヨタなどを引き合いに「日本企業はポーターに戦略のイロハを教えるべきではないか」とまで言っているのです。

第三はネルソンらが発展させた「ルーティン」、そこから派生した「ダイナミック・ケイパビリティー」です。ダイナミック・ケイパビリティーとは、「変化する事業環境の中で、多様な経営資源を取捨選択し、組み合わせる企業の力」のことです。これは他スクールも包括した概念で、「理論の細分化よりも、実践に重要なのは統合」という立場のミンツバーグは、その発展に期待をかけているようです。

同理論が発展すれば、彼が整理した10スクール分類も意味がなくなるかもしれません。しかし「それを歓迎する」とまで言っているのです。

ケーススタディ

精緻な戦略はなかったホンダの米国進出

ここからはラーニング・スクールについて、本書でも紹介されている事例を使って、深掘してみましょう。それは日本の自動車メーカー、本田技研工業（ホンダ）です。

１９６０年代にホンダは米国のオートバイ市場に参入し、50ccの小型バイクを中心に爆発的な売り上げを達成しました。それまで同市場を占有していた英国メーカーを駆逐して、66年には米市場全体の63％のシェアを獲得するまでに至ったのです。

ミンツバーグは、このホンダの米オートバイ市場での成功要因を分析したボストン・コンサルティング・グループ（ＢＣＧ）の報告を批判しました。前述したように、ＢＣＧはデザイン・スクールの中心的な役割を果たした企業です。

このホンダの成功に関する調査分析も、「同社は、日本国内で大量生産を行ってスケール・メリットを実現し、コスト・リーダーシップ戦略を追求し、米中産階級に低価格の小型オートバイという新しい市場セグメントを提供した」といった分析がされています。あたかもホンダの経営幹部が、事前にこの戦略を精緻に練って、着実に実行したかのような結論です。

しかし、実際のホンダの米市場への進出は、そのように事前に緻密に練られたものではありませんでした。『ジャパニーズ・マネジメント』を著したスタンフォード大学のリチャード・パスカルは、実際に同社幹部にこの点について多くのインタビューをしました。そして彼等から得た回答は、「実際には、アメリカで売れるかどうかやってみよう、という考え以外に特に戦略はありませんでした」というものだったのです。

【「とりあえず売ってみる」で大成功したオデッセイ】

実は、ホンダが米市場に進出した当初は、250ccと305ccという、当時の米市場で既に普及していた大型バイクのセグメントを狙っていました。そもそも50ccの小型バイクを売ろうという発想はなかったのです。しかし同社の大型バイクは、アメリカ人が乗るとその長距離・高スピード走行に耐えきれず、壊れる事件が出てきました。

ホンダは、このままでは米市場での同社の大型バイク販売は壊滅状態になると考え、やむなく米でも小型バイクを発売しました。結果として、これが中産階級に受けて、大ヒットとなったのです。

ホンダはその後も、試行錯誤の結果「とりあえず製品を開発・販売してみる」といった、ラーニング・スクールの説明に近い行動をとる事例が多く見受けられます。

例えば、同社の大ヒット車である「オデッセイ」の開発事例がそれに当たるでしょう。1990年代当時、RV（レクリエーショナル・ビークル）車ブームの中で、ホンダは独自のRV車を持たずに業績が低迷していました。そこで、家族で乗れるようなミニバンを開発しようとしたのですが、業績の低迷で開発費が無いため、乗用車のアコードのプラットフォームを用いて開発をせざるを得ませんでした。

まさに苦肉の策として、オデッセイを開発したのです。しかし、当初の年間計画販売台数がわずか4000台だった同車は、95年には一年で12万6000台を売る大ヒットとなりました。これでミニバン市場の重要性を「学習」した同社は、その優位性を生かし、ステップワゴンなど後継のヒット車も生み出して行くのです。

このように、先のオートバイの例然り、ミニバン然り、ホンダを支えているのは「まずはやってみよう」という思想です。ミンツバーグの支持するラーニング・スクールを体現するような企業といえるかもしれません。

4　企業に「思考停止」は許されない——多様性のある文化をつくる

経営戦略論の知見を10のスクールに分類した本書では、各章を読めば、それぞれの要諦を学べます。その中で本書の白眉はまとめの第12章にあると筆者は考えます。

ミンツバーグは「戦略マネジメントにおいて大きな失敗が起きるのは、マネージャーが一つの見解を真面目に捉えすぎてしまったときである」と述べます。我々が気をつけるべきは、一つの理論にこだわる余り視野が狭まることです。「重要なのは本（戦略サファリ）全体であって、特定の章ではない」という一文は、本書を理解するカギとなります。

この第12章では10スクールを整理し、図にまとめています。これから読まれる方はこの図を最初に見ておくと理解の助けになります。ミンツバーグは、この図を通じて「10スクールのどれを適用するかは、組織の発展段階で異なる」という見方を示しています。

例えば、創業時に必要なのは創業者のビジョンとリーダーシップですからアントレプレナー・スクールが有用です。事業が安定してくると、計画性・戦略性を重んじるプランニング・スクールなどが有効になります。

しかし、計画の重視は組織の硬直化を生むため、やがて組織は停滞に向かいます。これを説明するのが、コグニティブ・スクールやカルチャー・スクールです。ここで企業に求められるのは、コンフィギュレーション・スクールが提案するように、「大きな変革を起こして、ビジョンとリーダーシップを取り戻せるか」ということです。すなわち、またアントレプレナー・スクールに戻るわけです。

実際の経営学は無秩序で、本書のように整理されているわけではありません。ミンツバーグは、「この新たな無秩序な状態を歓迎したい」と締めくくります。これは「無秩序だからといって、経営学は意味がないと安易に結論付けるのは思考停止である」というメッセージなのでしょう。本書は戦略上の思考停止を防ぐ最高のガイドブックなのです。

ケーススタディ 「節約」から「大規模投資」へ転換したウォルマート

最後に、ミンツバーグのまとめた組織の発展段階と、そこで有用な戦略スクールの関係を、実際の企業事例で考えてみましょう。ここでは、本章第1節でも取り上げた米大手小売りのウォルマートをもう一度取り上げます。

ウォルマートは創業者のサム・ウォルトンが１９４５年にベン・フランクリンという米チェーン店のフランチャイジーから始めたのがきっかけです。当初よりウォルトンは「安く、大量に売る」という小売りの哲学を持ち、実施していました。実際ウォルトンは、たいへんな節約家でした。この創業者ビジョンは、現在の同社のコスト・リーダーシップ戦略の追求に大きく影響しています。

例えば、今でも同社では出張のときは社長以下全員がエコノミークラスを使い、そして安ホテルに相部屋で泊まります。まさに、アントレプレナー・スクールの提示する「創業者のビジョン」の浸透が今でも行き渡っているのです。

他方で、現在のウォルマートが有する戦略・競争優位の源泉を、同社が創業時から持っていたわけではありません。第１節でも申し上げたように、特に現在の同社のコスト優位の源泉になっているリテール・リンクやEDIなど巨額のITシステムを導入したのは、ウォルトンではなく76年に同社に参加し、後にCEO（最高経営責任者）となるデビッド・グラスでした。ウォルトン自身はむしろ巨額のIT投資に反対だったとも言われます。

これは「たられば」になってしまいますが、もしデビッド・グラスが戦略的なIT投資を押し切って進めなければ、現在の同社の成功はなかったかもしれません。まさに、創業時からやや落ち着いてきた時期に、いいタイミングで戦略家のグラスが加わり、戦略計画が練られるようになったのです。まさに、ミンツバーグの言う「プランニング・スクール、ポジショニング・スクールの有効な時期」と合致します。

常に学び、常に変わる――生き残る企業の条件

このように成功してきたウォルマートですが、現在は多くの挑戦にも向き合わねばなりません。特に、低賃金・悪条件下での従業員の労働環境は、現在も十分に解消されないまま問題として残っています。コスト優位戦略を徹底的に追求する中で、同社の経営幹部もこれを社会問題・人権問題としてとらえることが難しくなってきているのかもしれません。すなわち、コグニティブ・スクール、カルチャー・スクールが危惧するような状況に陥っている可能性です。

では、ウォルマートは、やがてコンフィギュレーション・スクールが提示するような、大胆な変革がなければ立ち行かなくなるのでしょうか。少なくとも当面はその可能性はないだろう、と私は考えます。なぜなら同社は世界でも稀に見る「継続的に学習する組織」であり、常に漸進的に同業他社や異業種のよいところを学んで取り入れてきたからです。

例えば同社のハイパー・マーケットのフォーマットは仏カルフールから学んだものですし、サムズ・クラブも米プライス・クラブという企業の業態を学んだものです。従業員をアソシエー

トと呼ぶのは米JCペニーからの拝借です。おそらく同社はアマゾンも徹底的に研究し、現在もそこから多くを学んでいるはずです。このように学習する姿勢が続く限り、同社は絶えず変革を続けていくはずです。まさにミンツバーグの支持するラーニング・スクールの主張を体現する一社といえるのです。

『競争の戦略』

マイケル・ポーター著

「5つの力」と「3つの基本戦略」

岸本義之
（PwCコンサルティングStrategy&　シニア・エグゼクティブ・アドバイザー）

競争の戦略／Competitive Strategy:Techniques
for Analyzing Industries and Competitors　1980年
マイケル・ポーター（Michael Eugene Porter）著
邦訳版：ダイヤモンド社、1995年（新訂版）土岐坤・中辻萬治・服部照夫訳

1　出版から40年、今なお影響力——経済学の理論が支え

1980年に出版されたマイケル・ポーターの著作『競争の戦略』は、経営戦略論を代表する一冊です。企業の経営環境は目まぐるしく変化しており、多くの経営書は数年もしないうちに賞味期限が切れます。なのに、なぜ『競争の戦略』は出版から40年以上たった今でも経営戦略論の中心にいられるのでしょうか。

その理由は『競争の戦略』が経済学に根差している点にあります。ミクロ経済学に「産業組織論」という領域があり、独占禁止政策の理論的根拠となっています。平たく言うと、独占やカルテルによってどのように超過利潤が発生するかを特定するための理論です。

この理論を逆手に取れば、独禁法に抵触しない方法で疑似的に独占的な状況をつくり出し、利潤を上げられる可能性があります。経営学でいう「競争優位」とは、まさに独占に近い地位を特定領域で築くことです。

ポーターはまず、「5つの力」という概念をもとにした業界構造分析を通じて、競争優位をつくれる状況にあるかどうかを判断します。そのうえで、どのような基本戦略を選ぶべきかを

定めるというアプローチをとります。「5つの力」などの枠組みはすぐには陳腐化しにくい経済学の理論を支えにしているため、彼の『競争の戦略』は今でも影響力があるのです。

ポーターは、1996年の論文で「日本企業には戦略がない」と批判しています。日本企業は、横並びで混み合った市場に参入するケースが目立ちます。そうした市場で同質的な競争を繰り広げ、結果的に利益率も低く、それでも撤退しない事例に事欠きません。

『競争の戦略』に象徴されるポーターの理論は「ポジショニング」学派とも呼ばれます。市場で独自の位置を築いて利益率を高めるというのがポジショニングの考え方です。米アップルと韓国サムスン電子の挟み撃ちにあっている企業は今こそ、ポジショニングを再検討すべきでしょう。

ケーススタディ

超過利潤は必ずしも「悪」ではない

Q　ポーターの理論的根拠となった産業組織論とは、どういうものですか?

A　産業組織論とは、ミクロ経済学を応用した研究分野の一つです。ミクロ経済学では、多数の生産者と多数の消費者が取引をしている完全競争を想定しますが、この状態では、生産者にとってはぎりぎりの利益しか生み出せません。

しかし、生産者が1社で独占していたら、もっと高い価格をつけても売れるでしょう。複数の生産者が示し合わせて価格を高めに設定するというカルテルを組んでも、同様の効果を得られます。

このような独占や寡占を放置しておくと、生産者は超過利潤を得ますが、消費者には不利益がもたらされることになります。そこで、社会的にマイナスが大きい独占やカルテルについては禁止しようという独占禁止政策が生まれたのです。産業組織論は、そうした政策の理論的基礎となるものとして研究されてきました。

Q　超過利潤とはどういう意味ですか？　悪いことなのでしょうか？

A　完全競争の状態では、生産者はぎりぎりの利益しか生み出せません。ただし、赤字ぎりぎりという意味ではなく、資本コスト（企業が資本を調達するための借入金利や株式の期待利回り）をぎりぎり上回る程度の利益率ということになります。

一方、何らかの競争優位や参入障壁がある場合、正面衝突の価格競争にならないので、完全競争よりは高めの価格になり、それだけ利益が増えます。また、他社よりもコストが低い場合、同じ価格でも他社より利益が増えます。

このように、資本コストを上回るレベルで得られる利益のことを経済学では利潤と呼ぶのですが、超過利潤ということもあります。この利潤を独占やカルテルによって得る場合、ネガティブな意味で超過利潤という言葉が使われるわけです。

しかし、経営努力によって他社と差別化したり、低コストの能力を身につけたり、独自の市場を形成したりした場合、決してネガティブな意味にはなりません。

ファイナンス理論では、NPV（正味現在価値）がプラスになるような投資をすべきだということになりますが、これはまさに資本コストを上回る利益を得よという意味なのです。

つまり、超過利潤とは、資本コストを上回る利益のことであり、それを競争優位によって得ている限りにおいては、悪いことではありません。

【アップルを例にポーターの理論を考える】

Q　どうすれば超過利潤を得られるのですか？

A　それがまさにポーターの理論なのですが、米アップルを例にとって考えてみましょう。

パソコンの世界では、米マイクロソフトの基本ソフト（OS）「ウィンドウズ」と米インテルのCPU（中央演算処理装置）の組み合わせによる「ウィンテル」が標準となりました。消費者から見ると、どのメーカーのパソコンも、同じような機能があります。

こうなると、パソコンメーカー同士は同質的な競争になってしまいます。「他社より少しでも安く」という競争になり、資本コストぎりぎり（もしくはそれ以下）の利益しか生み出せません。

しかし、アップルはウィンテル陣営には加わらず、独自の仕様の「マッキントッシュ」（マック）にこだわりました。マックには優れた操作性があり、それを好む固有のファンがいたのです。世の中のパソコンユーザー全体から見れば少数派でしたが、この少数のファンは、ウィンテル機よりも割高なマックを買ったのです。

この戦略は、あえて少数派を狙うものの、競争相手はいないために、高価格が可能です。ポーターの言う「集中戦略」になります。

アップル以外のパソコンメーカーは、同業同士の激しい価格競争に巻き込まれましたが、主要な構成要素であるウィンドウズもCPUも、実質的な独占にあるマイクロソフトやインテルなどから購入しなければなりません。完成品メーカーよりも部材サプライヤーの方が、交渉上は優位になっています。

このように、材料や部材を提供する「川上」の業界に交渉力を握られてしまうと、パソコンメーカーは儲かりません。

一方で、パソコンを販売する量販店は、多数の商品を販売する力を持っており、メーカーに対して卸値の引き下げを要求します。量販店側から見ると、どのメーカーのパソコンも同じようなものですから、卸値の安いメーカーのものを仕入れようとします。

このように製品を直接購入する「川下」の業界にも交渉力を握られてしまうと、パソコンメーカーはさらに儲からなくなります。

では、アップルはどうだったでしょうか。自社製品をある程度高く売れる立場にあるので、部材メーカーにも比較的良い条件で仕入れることができ、共存共栄の関係が成り立ちやすくなります。

販売店の側も、人気のあるブランドはそろえたいし、値引きしなくても売れるのであれば、マージンも十分にあります。アップルは独自のアップルストアも運営していますが、これは高マージンだからこそ、成り立つのです。

このように、同じパソコン業界にありながら、アップルと他社とでは、置かれている競争環境が全く異なっています。川上や川下などとの関係も踏まえた競争環境分析の手法は、ポーターの「5つの力」と呼ばれています。

［ポーターには日本企業の姿は奇異に映った？］

Q　日本企業は超過利潤を得られていますか？

A　アップルは携帯音楽プレーヤーでも、携帯電話でも、独自の地位を築くことに成功しました。これらの分野では、「集中戦略」ではなく、むしろ市場のメーンストリームを押さえる「差別化戦略」になっています。

アップルの同業には日本企業が多いですが、日本企業は独自のポジションを得ることを目指すのではなく、混み合ったポジションの中で他社よりも低コストを実現することで、利益を獲得しようとしてきました。

しかし、ポーターによると、このようなオペレーション効率の優位性は、他社の模倣・追随を招いてしまうため、長続きしません。逆にポジショニングの優位性は、何らかの参入障壁（または移動障壁）を築くことができれば、長続きします。

ポーターにとって、短期で消失するようなオペレーション効率改善にまい進する日本企業の姿は奇異に映っていたでしょう。日本企業は、そうした批判をよそに、「カイゼン」活動を延々と続けて優位性の持続を目指してきましたが、アップルの独自ポジショニング（および韓国サムスン電子の思い切ったグローバル・スケール追求戦略）にはかなわなかったという結論になりそうです。

ポーターの「5つの力」については第2節、「3つの基本戦略」については第3節で解説します。

2 「5つの力」——適切なポジショニングの指針に

マイケル・ポーターの『競争の戦略』第1章の冒頭に登場するのが「5つの力」という枠組みです。企業の利益性は、競争環境の厳しさに影響を受けるというのが、ポーター理論の土台にある産業組織論の考え方です。その競争環境を分類したのが、「5つの力」と呼ばれる競争要因です。

1つめの力は新規参入の脅威です。魅力的な市場でも、次々と参入者が現れて供給能力が増え、価格競争に陥ってしまうと、利益性は低下します。そのため、参入障壁の存在が重要となります。

2つめの力は業界内の競争関係です。過当競争の結果、誰かが撤退すれば競争は緩やかになりますが、撤退障壁がある場合、過剰な供給能力が残り、値崩れによって利益性が低下します。

3つめの力は代替製品からの圧力です。業界内の競争が緩やかでも、同じような機能の商品が台頭すると、需要を奪われるため値下げで対抗せざるを得なくなります。

4つめの力は買い手の交渉力です。売り手が多数で、買い手が少数という場合、需給のバランスからみて、買い手の価格交渉力が高まります。

逆の場合、売り手の価格交渉力が高まります。原材料生産者が少ない場合などがこれに当たります。これが5つめの力、売り手の交渉力です。

こうした要因を理解して、競争環境の緩やかな場所にポジショニングすれば、資本コストを上回る利潤を上げることが可能になります。逆に、同質的な過当競争に巻き込まれやすい場所に陣取ると、もうかりにくくなってしまいます。

ポーターはポジショニングこそが戦略と主張しました。しかし、現代の経営環境では安泰なポジションを長期的に守ることは困難です。ポジショニングは必要条件として大前提にあるものの、それを守る上で必要な組織的な能力を築くことが、高い利益性を実現するための十分条件になるというのが、現代の戦略論の要諦です。

ケーススタディ

ポーターが挙げる七つの参入障壁

Q　なぜポーターの「5つの力」が重要なのですか？

A　ミクロ経済学でいう完全競争の状態では、多数の生産者と多数の消費者が取引をする結果、生産者にとってはぎりぎりの利益しか生み出せません。こういう状態を避けた陣取りをしない限り、企業がいわゆる超過利潤を得ることはできないのです。独占禁止法に触れずに、疑似的に独占に近い状態を形成するには、ポーターの枠組みに沿って言えば、参入障壁は高く、撤退障壁は低く、代替産業との距離は遠く、川上（売り手）や川下（買い手）の業界よりも交渉力の高い状態にあることが望ましいのです。

日本企業の多くは、対象となる事業の規模や成長性だけを見て魅力度を判断する傾向が強いのですが、それだけでは不十分です。そこに多数の企業が参入できるのであれば、過当競争に陥りやすいですし、原材料の供給企業が少数しかいない市場に製品製造の企業が多数参入すると、原材料価格の交渉で常に不利になります。

このように、もうかりにくい場所に陣取ってしまうと、いかにコスト削減努力をしてもなかなか超過利潤を得る状態には達しません。もうかりやすい場所に陣取り、その地位を長期的に維持できるような能力を築くことが重要になるのです。

Q　参入障壁とはどういうものですか？

A　ポーターは参入障壁の主なものを七つ挙げています。①規模の経済②製品差別化③巨額の投資④仕入れ先を替えるコスト⑤流通チャネル⑥規模以外の要因によるコスト差⑦政府の政策——です。

このうちの規模の経済について考えてみましょう。固定費が大きくかかる産業の場合、1年間に作る製品の量が多い企業の方が、製品1個当たりのコストが安くなることが一般的です。小規模な設備では高コストになるものの、大規模な設備を持てるほどの規模があれば低コストになるという場合や、大規模な設備を持っていても低稼働率の企業より高稼働率の企業の方が低コストになるという場合は、規模の経済が働いています。

規模の経済に似ていて、意味が異なるのが、経験効果と呼ばれるものです。これは1960年ごろに米国の製造業を観察して得られた法則で、累積生産量が増えれば増えるほどコストが下がるという効果です。新製品の作り始めの頃は不良品の比率が高く、生産ラインの作業効率も低いためにコストが高いのですが、経験値が増すにつれて、不良品が減り、作業効率は上がります。市場シェアの高い企業は、低い企業よりも速く累積生産量を増やすことができ、常にコスト差を生み出すことができると考えられました。これが、市場シェアを重視する戦略論の根拠となったのです。

しかし、現代のグローバルな経営環境では、経験効果以外の方法でコストを下げることが可能です。他社より優れた（新世代の）生産技術を採用することでもコストは下がりますし、人件費の低い国に立地を移すことでもコストは下がります。また、原材料を有利に入手できる立場にあれば低コストの恩恵を得ることもできます。ポーターは、こうした一連の低コスト効果と、経験効果とをひとまとめにして、「規模以外の要因によるコスト差」による参入障壁と位置付けています。

【「もうかりやすい陣取り」とは】

Q　もうかりやすい場所に陣取るとは、例えばどういうことですか？

A　まず、過当競争に陥りやすい事業の一例として、清涼飲料を考えてみましょう。清涼飲料を生産することの参入障壁はそれほど高くありません。水と砂糖と炭酸を混ぜればソーダになりますし、豆や葉を購入できれば、それをお湯で煎じてコーヒーや茶を生産できます。原価率が低い（120円の清涼飲料の原料は10円以下といわれています）ため、規模の経済が効かない中小企業でも生産は可能です。実際、この業界には「パッカー」と呼ばれる下請けメーカーが数多くあり、大手企業のために受託生産をしています。このため、食品系の大手企業などが、自社で生産設備を持たなくても新規参入することが可能になります。

飲料メーカー同士の競争はし烈です。新製品を矢継ぎ早に投入して多額の広告費をかけたり、大手量販店チェーンの値引き要求に応えて特売したりしています。今では量販店チェーンがパッカーを活用してプライベートブランド（PB＝自主企画）の飲料を安価に販売しています。

そうした買い手の圧力を受けないよう、大手飲料メーカーは自動販売機を参入障壁にしてきました。定価で売れるチャネルを擁していることは今でも強みですが、自販機の設置可能な場所は飽和に近づき、むしろコンビニエンスストアやスーパーなど量販店での売上比率が上がってきています。

このように、清涼飲料業界は、業界内の競争がし烈で、新規参入の脅威は高く、交渉力の強い買い手の比重が高まるという「もうかりにくい陣取り」になっています。

次に、この清涼飲料業界に缶などの容器を提供している製缶業界を見てみましょう。かつてこの業界は「もうかりやすい陣取り」になっていました。国内の製缶業界は東洋製缶、大和製缶、ユニバーサル製缶などによる寡占市場です。缶を海外から輸入することは「空気を輸送している」ようなものであり、非常に高コストとなるため、実質的に競合するのは国内メーカーのみです。国内でも輸送コストを低減させるために、大手需要家（飲料工場）のすぐ近くに缶工場を立地させることも多く、飲料メーカーが遠方の缶工場から製品を購入することも困難です。つまり複数の缶メーカーから相見積もりを取って価格交渉をできる可能性が低いのです。

こうみると、製缶業界は、業界内の競争も限定的（缶工場と飲料工場の取引関係はあまり変化しない）で、買い手業界（飲料業界）に対する交渉力は非常に強く、（海外も含め）新規参入の脅威がないという、「もうかりやすい陣取り」になっていました。

では、交渉上不利な立場にあった飲料業界はこの状況をどう打開したのでしょうか。それは缶の代替品を探すことにありました。１９９６年に小型ペットボトルが自動販売機でも販売可能になって以降、飲料メーカーはペットボトルの比率を高めています。なぜならペットボトルは缶よりも生産技術が容易で、原材料の入手も容易であり、ブロー成形機器とプラスチック原料を購入すれば飲料メーカーでも生産可能になるためです。こうなれば、容器メーカーに対しても、「自前で作るよりも安くならないなら買わない」という交渉が可能になり、実際に自前で作らない場合でも、有利な価格で容器メーカーから購買できる可能性が高まります。

この結果、製缶業界の利益率が大きく低下しました。製缶業界から見ると、資源高の影響もあったはずですが、(それを需要家に価格転嫁できなかったということも含めて)代替品の脅威にやられたということになります。逆に飲料メーカーから見ると、ペットボトルという代替品のおかげで、売り手の交渉力の強さを低下させたことになります。

このようにポーターの5つの力の枠組みを使えば、「もうかりやすい陣取り」がどう形成され、どう崩れるかを理解できるのです。同じ業界の中でも、他社と異なるポジションを取って、自社だけ「もうかりやすい陣取り」をすることも可能です。業界内の自社のポジショニングをどうとるかに関しては、第3節の「３つの基本戦略」で見ることにしましょう。

3 「3つの基本戦略」——複数を追うより一つを貫く

マイケル・ポーターの『競争の戦略』で有名になったものとして「5つの力」のほかにも、「3つの基本戦略」があります。企業戦略は自社を取り巻く競争要因に応じて異なるので、唯一の正解はありません。しかし、ポーターは競争相手に打ち勝つ方法は三つのパターンに大別でき、おのおのに一貫した原理があると示しました。

1つめの基本戦略はコストのリーダーシップです。コスト面で優位であれば、競争が厳しくなっても、自社の利益性は相対的に守られるのです。ただし、コスト・リーダーシップは技術変化や新規参入などの環境変化のリスクに弱いともポーターは指摘しています。

2つめの基本戦略は差別化です。製品機能やイメージなどで特長があれば、相対的な高価格が維持でき、同質的な競争も回避できます。この戦略でも、極端な低価格攻勢や、模倣をする競合に対しては、優位を守れなくなるリスクがあります。

3つめの基本戦略は集中です。特定の市場に経営資源を集中して優位を達成すれば、その分野への新規参入は限定され、利益性が守られます。集中戦略は市場を限定するので、全体的に大きなシェアをとれるわけではありません。また、ターゲットとする市場の特異性が薄れれば、全体の市場で優位に立つ企業との競争に巻き込まれます。

3つの基本戦略のどれも満たしていない場合、厳しい競争に巻き込まれ、利益率を低下させます。どれかを満たしていることが、地位を守る上で必要です。

3つの基本戦略の複数を同時に追求するのは難しいとポーターは言います。特に、市場が成熟すると、一貫性のない戦略では競争できなくなります。かつて日本企業は「いいもの」(差別化)を「安く」(コスト・リーダーシップ)で海外市場を席巻しましたが、より低コストのアジア企業が台頭して苦戦を強いられています。どれか一つに基本戦略を絞らない限り、窮地からの脱出は難しくなっています。

ケーススタディ

コスト・リーダーシップ戦略を脅かすもの

Q　なぜコスト・リーダーシップ戦略は環境変化に弱いのですか?

A　コスト・リーダーシップ戦略の基礎となっている主な要素は、前節で紹介した規模の経済と経験効果です。経験効果とは累積生産量が増えれば増えるほど、製造などの経験則が蓄積されて、コストが下がるという効果です。ただし、経験効果に関していうと、現在の環境ではそれほどの優位性にはなりません。1960年代のように、ライフサイクル初期の製品が多く、生産技術が確立されていなかった時代は、累積生産量の多い企業の方がコスト効率を高めることができました。しかし、現在のように生産技術が確立されてくると、同業大手はすべてほぼ同水準のコスト効率を実現できていて、大きな差にはなりにくいのです。

一方で、経験効果以外の要素で生産コストが大きく下がるのも現在の特徴です。デジタル製品などのように技術が大きく進歩した分野では、旧世代の技術で累積生産量を追求するよりも、新世代の技術を採用した方がコスト優位を容易に実現できる場合があります。また、人件費の低い国に立地をシフトすることでも、コスト低減効果は実現できます。

かつて経験効果がコスト低減の鍵であった時代は、既存の大手企業の方が優位であり、その地位はなかなか逆転しませんでした。当時は、経験効果は参入障壁としても意味があったのです。しかし、新世代技術を採用したり、新興国に立地したりすればコストが下がるという場合、むしろ新規参入企業の方が優位に立てる可能性が出てきます。

日本企業の多くは、70年代から80年代にかけて、人件費が低く、新世代の技術を採用したことで欧米企業よりも優位に立ち、さらにカイゼン活動で経験効果をフルにいかしたコスト低減を追求してきました。この時点ですでに、かつての欧米のコスト・リーダー企業の地位を逆転していたわけです。今はアジアの企業に地位を逆転されています。コスト・リーダーシップ戦略は、既存の業界内での相対的なポジションとしては有効ですが、全く新たな競合の出現に対しては必ずしも盤石ではないのです。

差別化戦略で長期的に優位に立つには

Q　差別化戦略も模倣に対しては弱いのでしょうか?

A　差別化戦略は、顧客に対して重要な価値を独自の方法で生んでいる限りは、価格競争に巻き込まれずに済むため、相対的に高い利益率を実現できます。例えば、ソニーなどの薄型ノートパソコンが十数万円していた時代は、その薄さとデザインと機能に顧客が価値を認めていたといえます。しかし、台湾製などが5万円以下で売られるようになって以降は、多少の機能の差では価格差を維持できなくなり、実勢価格が低下していきました。

かつて薄型・小型は日本メーカーのお家芸でした。しかし、それはアナログ時代の話です。トランジスタやダイオードを小型化して、それを斜めに取り付けるなどして薄いボディーに収めるというのは、なかなか模倣できないことでした。大規模集積回路（LSI）の時代になってもしばらくは、相対的な優位性がありました。しかし、今では外部から安く買ってきた電子部品を取り付けるだけで、誰でも薄型製品は作れます。ハードウエアとしての機能は、顧客が買い替えるたびに最適なものをその都度選べるので、模倣によって追いつかれると、同じ土俵での価格比較に引きずり込まれてしまいます。

ハードの機能が模倣されにくいのは、電子部品ではなく機械部品の方です。例えば、コピー機やプリンターにおいて日本メーカーがまだ優位を保てているのは「紙送り」を素早く、詰まらせずに行うメカニカルな技術が確立しており、その模倣が容易ではないためです。

ハード以外の要素で差別化されている場合も、ユニークな価値を提供することができれば、顧客が「ファン化」して継続的に購入してくれます。米アップルのスマートフォン（高機能携帯電話）「ｉＰｈｏｎｅ（アイフォーン）」やタブレット（多機能携帯端末）「ｉＰａｄ」は、アンドロイド端末などに機能を模倣されても、むしろファンの数が増えています。模倣されにくい領域をコアとして差別化戦略を追求することができれば、長期的に優位を維持しやすくなるのです。

Ｑ　日本企業の「いいものを安く」は、３つの基本戦略に反するのですか？

Ａ　ポーターが日本企業には戦略がないと批判していたことは既に紹介しました。オペレーションの改善をいくら積み重ねても、それだけでは同質的競争から逃れることはできないというのが、ポーターの批判です。また、日本企業に多い「いいものを安く」という思考パターンは、差別化とコスト・リーダーシップの両方を追いかけることになるので、市場が成熟期に入ると成り立ちにくいとポーターは主張します。

日本企業の成功例といえるトヨタ自動車の米国事業の歴史を見てみましょう。当初はアジアからの輸入車というのは「安かろう悪かろう」だと米国ではみなされましたが、石油ショック後に燃費が注目されるようになったあたりから「お値打ちなクルマ」として浸透しはじめます。当時はディーラー網を形成するのも大変な苦労で、あまり質の高くない地場の経営者にディーラーをゆだねざるを得ませんでした。

それでもトヨタは日本と米国を中心に台数を伸ばしつづけ、規模の経済による低コスト化が可能になりました。また、生産技術のカイゼンを通じて経験効果も実現し、円高の逆風にも耐えて、コスト・リーダーシップを追求していきました。

しかし、韓国勢が北米市場に参入して以降、コスト・リーダーの座が危うくなってきます。結果的には、故障の少なさなどの長所が評価されて中古市場での価格が相対的に高く維持できたため、新車価格が多少高くてもトータルではお得という評価を受けることができました。中古車価格という優位性は、評判に基づくもので、簡単には逆転しないので、差別化のポイントとして持続可能だったのです。

そしてトヨタは1989年にレクサス・ブランドを北米に投入します。この時点ではトヨタの品質面での評判は高く、優秀な地元経営者をディーラーに選ぶことが可能でした。質の高いディーラー経営者を厳選し、店舗数を限定して開始したレクサス・ディーラーでは、ディーラー同士の競争も少ないためにマージンが高めに維持でき、利益を人材採用・育成に投入してセールスやサービスのレベルアップを図ることができました。すると、レクサスを購入した顧客は質の高い対応に満足し、故障の少なさ、車内の静粛性なども評価し、リピート顧客となっていきました。車をハードとして比較するタイプの顧客はドイツ車を購入したでしょうが、ハードとソフトの質の高さを評価するタイプの顧客はレクサスのリピート顧客となり、リピート顧客の多いディーラーは利益が上がり、その利益を人材育成に投入するので、さらに評判が上がるという好循環になりました。これは、品質という無形的な（模倣の難しい）差別化戦略だったと言えます。

このように、トヨタのカイゼン活動はコスト・リーダーシップ戦略として当初は機能し、のちには品質での差別化の原動力として機能するようになりました。中途半端にこの両方を追求することは望ましくないのですが、組織的な能力の裏付け（トヨタの場合は一連のカイゼン活動）があれば、必ずしも不可能ではないのです。

ポーターは、オペレーションの能力は企業にとって必須のものであり、そこで企業間の差は大きくつかないと考えていたようですが、組織的な能力で差がつくのであれば、それも競争優位の源泉になりえます。もちろん、中途半端な能力のままで「いいものを安く」を追求してしまうと、利益率を削る価格競争に陥るだけですので、気をつけなくてはいけません。

4 業界内部の構造分析——模倣し難い能力の確立を

ポーターの『競争の戦略』では、競争業者の分析や、業界内の戦略グループ分析についても多くのページ数を使って説明しています。戦略は自社だけが立てているわけではありません。同業のライバルも戦略を立てていますし、自社の戦略に反応して他社が戦略を変えることもありえます。

特に避けなければいけないのは、自社が価格面の優位を追求するコスト・リーダーシップ戦略に出ようとしても、他社が同様の対応をしてくることです。泥沼の価格競争への突入をどう回避できるのか検討すべきです。

そこでポーターが紹介しているのが、業界内部の構造分析です。主要な競争業者を、戦略の特徴が類似している者同士に分類して、いわば業界内のポジショニングの違いを分析するのです。

いつからその業界に参入しているのか、もともとどのような技術や原料に立脚していたのか、企業グループ内の他事業とどのような関係性があるのかなどを基に戦略グループを分類します。

それら戦略グループの間には、多くの場合、移動障壁があります。その事業に参入した経緯や背景が違えば、経営資源の量や質が異なることになり、他の戦略グループに移動することが難しいためです。

ポーターは企業の能力や資源の要素についても、移動障壁という表現を用いて言及しています。業界内で特定の企業群が他に比べて高い収益性を持続させている場合、その戦略グループの企業群は非常に強力な移動障壁を持っているとポーターは表現します。

強力な移動障壁とは何かというと、模倣の難しい能力を確立できていれば、その戦略ポジションには他社が容易には移動してこられないということです。

移動障壁となるような能力があれば、同質的競争に陥らずに済むのですが、なかなかそうはいかないのが、現実の競争の厳しいところです。

ケーススタディ

なぜライバルの動きが重要なのか

Q　なぜライバルの動きが重要なのですか？

A　競争優位が成り立つということは、資本コストを上回る利潤を上げることにつながります。そのためには、独占禁止法に抵触しない形で、疑似的に独占に近い状態を作り上げることができればよいわけです。第1節でも説明したように、ポーターの理論は産業組織論を土台にして競争戦略を論じるものなので、こうした考えをとっています。しかし、ここで同業のライバルが自社の優位性を打ち消すような動きに出てくると、せっかくの独占的な状態が崩れてしまいます。

戦略を考えるときには、自社だけが独自の打ち手を実現するというような発想に陥ってしまいがちですが、他社ももちろん戦略的に打ち手を考えてきますから、自社の打ち手の有効性は低下してしまうことがむしろ普通です。業界に与える自社の影響が強い場合、特に他社が対抗的な打ち手を取ってくることになります。

例えば、1993年に「マルボロ・フライデー」と呼ばれる出来事がありました。ある金曜日にフィリップ・モリスがマルボロのたばこの値段を20%引き下げると発表したのですが、これはブランド価値の崩壊を象徴するものとして、大きく話題になりました。同社のライバルだったR・J・レイノルズは、間髪を入れずに主要ブランドを値下げし、大規模な広告を打って対抗しました。値下げに値下げで対抗することは、必ずしも望ましいことではないのですが、値下げせずにシェアを奪われるよりはましだとすぐに判断し、追随したのです。

これは、この2社の置かれた立場（ポーターの言う戦略グループ）が同じであったため、同じ打ち手で対抗せざるを得なかったということを表しています。フィリップ・モリスは、値下げの分、シェアが増えて利益は確保できると読んだのかもしれませんが、ライバルの素早い対抗策によって、そのもくろみは崩れたのです。

事業ポートフォリオの違いが打ち手を変える

Q　企業戦略と事業戦略の違いとは何でしょうか？

A　事業戦略とは、例えばパソコンやデジタルカメラなどの事業部のレベルで考える戦略のことを指し、企業戦略とは、どのような事業の組み合わせ（ポートフォリオ）を目指すべきかという戦略のことを指します。『競争の戦略』におけるポーターの理論は事業戦略の方を扱うものとなっています。

ライバル企業の事業戦略を分析するときには、その事業の企業戦略上の位置づけがどうなのか、ということも重要な要素になります。例えばキユーピーにとってマヨネーズは全社の主力事業ですが、味の素にとってマヨネーズは数多くある加工食品事業の中の一つです。この場合、キユーピーが味の素の動きを分析しようとすると、味の素におけるマヨネーズはどのような位置づけになっているのかを理解しないといけません。例えば、「金のなる木」として収益を収穫して他の事業への投資を支える存在なのか、または他の事業よりも収益率が低く、事業全体の足を引っ張る存在になっているのか、ということを理解する必要があります。

自社の打ち手に対して、同業他社が対抗策をとるという場合も、同業他社の事業ポートフォリオの構成次第で、対抗策の内容が異なるということは考えられます。当該事業が他事業を支える重要な役割を担っているという場合、他事業に振り向けていた経営資源を当該事業に再集中して対抗策をとってくる可能性があります。ライバルの全社としての経営資源の総量が大きい場合は、他社を圧倒するような規模の対抗策がとられるかもしれません。逆に、当該事業がライバルにとって「お荷物」事業になっている場合は、対抗策も取らずに規模の縮小もしくは撤退に向かう可能性もあります。

このように、ライバルの事業を分析する場合には、事業戦略だけでなく、企業戦略を理解し、全社の経営資源や事業ポートフォリオの構造まで理解しておくことが有効になります。

【競争優位を持続するための「十分条件」とは】

Q　戦略とは、やはりポジショニングなのでしょうか？

A　ポーターの理論がポジショニング学派と呼ばれていることは既に紹介しましたが、ポーターは、移動障壁という言葉を使って、経営資源や能力の重要性についても言及しています。移動障壁というといかにもポジショニングを語っているように聞こえますが、自社の強みを模倣されないようにすることを指しているのです。つまり、他社とは異なるユニークなポジションを築くことが競争戦略に勝つうえでの「必要条件」であり、そのポジションを維持するための経営資源や能力を築くことが、競争優位を持続する上での「十分条件」になっているのです。

ここで、日本の牛丼チェーン2社、吉野家とゼンショーの買収（M&A）戦略の違いを見てみましょう。両社とも主力である牛丼事業の外食産業におけるポジショニングとしては似ているように見えますが、買収（M&A）のアプローチはかなり異なっていました。

吉野家ホールディングスは、京樽、石焼ビビンパ、上海エクスプレス、はなまるうどん、ラーメン一番本部、牛繁ドリームシステム、どんなど、異分野の外食事業を次々と買収しましたが、業績が低迷し、その多くから既に撤退してしまいました。

一方のゼンショーホールディングスは、ココス、ビッグボーイ、ぎゅあん、久兵衛屋、ウェンディーズ（撤退）、なか卯、サンデーサン、華屋与兵衛などを次々と買収し、連結で増収増益につなげただけでなく、本業のすき家単体の売上高でも吉野家単体を抜いたのです。

この違いは何だったのでしょうか。吉野家の買収は、自社にない能力を買うというスタイルに見えます。牛丼以外のメニューを持つ企業を買収し、多角化を指向したともいえます。

これに対してゼンショーは、自社の持つ仕入れの能力をいかして食材調達コストを引き下げ、出店能力を活用して立地にふさわしい業態の店を出すなど、自社の持つ能力を買収先に植え付けて業績を上げるというスタンスを取り、結果的に牛丼事業の調達コスト引き下げにも寄与したようです。

吉野家もゼンショーも、牛丼事業においては優位なポジションを築いたのですが、ゼンショーの方は、そのポジショニングという必要条件に加えて、仕入れや出店の能力をさらにいかすという十分条件を満たすことで、競争優位をさらに確固たるものとし、業績を向上させてきたとみることができます。一方の吉野家は、各外食事業をポートフォリオとして増やすことを目指して、ポジショニングの悪い他分野企業を買収し、それを立て直そうとした事例といえそうです。

ポジショニングの良さはもちろん重要ですが、それをさらに持続するために必要な能力を高めることが、高業績を維持するために必要なのです。

『コア・コンピタンス経営』

ゲイリー・ハメル他著

主導権を創造する

平井孝志

（筑波大学大学院ビジネスサイエンス系教授）

コア・コンピタンス経営／Competing for The Future　1996年

ゲイリー・ハメル（Gary Hamel）&C.K.プラハラード（C.K. Prahalad）著

邦訳:日本経済新聞出版社、2001年／一條和生訳

1　企業は何を武器に戦うか――長期的繁栄をもたらす視点

『コア・コンピタンス経営』は経営学者のG・ハメルとC・K・プラハラードが1994年に著しました。そこで議論されているのはコア・コンピタンスに基づく戦略論です。コア・コンピタンスとは、顧客に価値をもたらす他社にまねできない企業の中核力です。それは自社の持つ一連のスキルや技術のかたまりとして捉えられます。

この本が出版された1990年代、IT（情報技術）を使って業務プロセスを抜本的に見直すビジネス・プロセス・リエンジニアリングという経営手法や、企業をダウンサイジングするリストラクチャリングが注目されていました。ハメルらはそれらの重要性を認めつつもそれだけでは不十分だと主張します。企業が何十年も成功を繰り返すためには、コスト削減だけではなく収益拡大のほうがより重要だと説きました。コア・コンピタンスという自社の強みに着目することによって、そこから何ができるかといった未来の可能性を模索する姿勢が生まれ、成長につながるとみたのです。

これまでの戦略論はどちらかというと、従来の業界の枠組みにおける企業のポジションに焦点があてられていました。これは、魅力的な業界はどこか、そこでどんな競争優位を構築するのかという考え方です。その基本思想は「どこで戦うか」にあります。マイケル・ポーターがこの考え方の第一人者です。一方、コア・コンピタンス経営の基本思想は「何を武器に戦うか」にあります。これは資源ベースの戦略論と呼ばれる考え方です。

企業に長期的な繁栄をもたらすためには、従来の業界の枠組みにおける市場を支配する競争戦略以上に、コア・コンピタンスで業界を再構築することがより重要となってくるのかもしれません。その意味では、企業をコア・コンピタンスという資源・能力の集まりであるという捉え方をして、明日に向けた競争に備えていくという認識も持つべきでしょう。

ケーススタディ

企業の将来を売り渡す「安易な選択」

成熟した業界の中にあって、低成長に見舞われたり事業縮小に直面したりしている場合、経営陣の目はコスト削減に向くことになりがちです。それは自然な成り行きだとハメルとプラハラードは言います。なぜなら、売り上げ・利益を分子、コストを分母とすると、分母を減らすのにはそれほど頭を使う必要はなく、確実に効果をあげられるからです。しかし、分母ばかりに着目することは、目の前の利益のために企業の将来を売り渡すことにつながるリスクをはらむことになるとハメルらは指摘します。

『コア・コンピタンス経営』は、企業の持つ資源や能力に着目しています。コスト削減だけに焦点が当たると、企業の競争力の源であるコア・コンピタンスを毀損することにもなりかねません。組織のモチベーションも低下してしまいます。例えば、「仕事の効率を上げなければもうおまえの仕事はない。もし仕事の効率が上がれば、もうおまえの仕事はなくなる」。こういった勝ち目のないジレンマに社員が直面することになるからです。このため、企業経営においては、本来は分子の増加のほうがはるかに大切だということになります。

では、分子の増大のために企業は何ができるのでしょうか。成熟した業界から退出し、他の魅力的な業界に乗り換えるしかないのでしょうか。ハメルらは、今いる業界に留まったままコア・コンピタンスをいかすことによって、自らの戦略を練り直したり、業界を再生したりすることが可能となり、分子の増大を達成できると主張しています。

それを成し遂げた事例として、幾つかの欧米企業、たとえば米ヒューレット・パッカード、英国航空（現ブリティッシュ・エアウェイズ）、独メルクなどの企業を著書で紹介しています。

【戦略の見方を変えるための五つのポイント】

ただ、このような伝統的な大企業でなくても、成熟業界の中で成長しているいくつかの企業を挙げることができます。たとえば、超成熟業界ともいえる古本業界において中古書店「BOOK　OFF」を展開し、大きく成長を果たしたブックオフコーポレーションはその代表例といえます。同じく超成熟業界の理髪店業界で、ヘアカットを約10分間でおこなうという新たなビジネスモデルを構築し、「QBハウス」を数多く展開したキューービーネットなども成熟業界において新たな独自の強みを生み出し、成長を遂げた企業の一つでしょう。

ハメルらは、コア・コンピタンスを軸とした戦略を構築していくためには、戦略の見方（パラダイム）を大きく変える必要があると説いています。

いくつか重要なポイントをご紹介しましょう。

① 既存の業界の枠組みの中において、会社のポジションを最適化するだけでは不十分。未来の市場機会を発見する先見性を築きあげる。

② 製品で業界を支配する競争より、コア・コンピタンスで業界を支配する競争へシフト。

③ 漸進的な改善活動や年度事業計画よりも、未来市場の制覇に向けて必要なコア・コンピタンスを築いていく道筋を示す。

④ 経営目標と経営資源の整合性を厳密に追求するよりも、多少困難に見える高い目標を掲げて社員のやる気を引き出す。

⑤　有限な経営資源を事業部門間で奪い合うのではなく、有限な経営資源から相乗効果を生み出し、経営資源の制約を打破する。

このようにハメルらは、経営資源と未来への先見性に基づく戦略観を持つことを推奨しているのです。ただ、残念ながら多くの企業は、自社の先見性に基づいて組織を変革するというより、業界の競争ルールを変えた新興企業を追いかけて組織変革に手をつけざるを得なくなったケースの方が多いようです。我々は、会社のぜい肉や怠け癖を気にするよりも、まずは会社の先見性にこそ注意しなければならないのです。

最後に、自社の持つコア・コンピタンスを活用し、自分たちの業界から周辺領域に事業拡張をおこない、成長（分子の拡大）を成し遂げた事例を三つ紹介します。

陶磁器の製造販売を始業とし100年以上の歴史を持つノリタケカンパニーリミテドは高級洋食器の販売で事業を拡大してきました。ノリタケはその事業の歴史の中で、高度なファインセラミックの加工技術を蓄積することができました。その技術をコア・コンピタンスとして活用し、セラミックが使われる電子部品・部材や工具、さらには製造ノウハウを生かした製造装置への事業展開を果たしました。現在、食器事業以外の売り上げの比率は90％以上になっています。これは、技術を軸に新たな事業機会を創出していった例になります。

二つ目の事例は、セキュリティー事業を展開するセコムです。その強みの一つは豊富な顧客資産です。セコムは「信頼される安心を、社会へ。」という思いのもと、セキュリティー事業に留まることなく、メディカルサービス事業や保険事業、防災事業や食材の通信販売へと事業を拡大してきました。顧客という経営資源におけるシナジー（相乗効果）を追求したのだといえるでしょう。

三つ目の事例は、自動車の変速装置のトップメーカーであるZFという欧州企業です。彼らは、自動車偏重の事業構成の是正を狙い、新たに風力エネルギー分野への進出を果たすことに成功しました。具体的には、自動車の変速装置と技術的に親和性の高い風力発電のギアボックス事業に進出したのです。

ZFの事業の展開の手法は非常にユニークなものでした。最初は、グローバルに張り巡らされた自動車用変速装置用向けのサービス拠点を利用して、風力発電用のギアボックスの修理・交換のサービスを始めたのです。その中で、不慣れな風力向けの事業に関するノウハウを吸収し、コア・コンピタンスを高めていきました。その後、風力発電向けのギアボックスの製造を開始し、大型受注を獲得できるようになります。最終的には、風力発電用のギアボックスを製造する競合他社をも買収し、グローバルなカバレッジを確立するに至ったのです。

うまくコア・コンピタンスを紡ぎながら事業を拡張し、新たな成長に成功した好事例といえるでしょう。

2　未来のための競争——主導権創造へ戦略つくり直し

この本の原題は「未来のための競争」というものです。原題が示すように主題は会社の戦略を練り直し、業界の再構築をして、未来の事業構築に向けた処方箋を議論することにあります。ハメルらは、業界の競争ルールを変える新興企業の追随者になるべきではないと警鐘を鳴らしています。未来のための競争に勝つには、会社は主導権を創造しなければなりません。主導権を創造するためには業界をつくり直さなければならない。業界をつくり直すためには会社の基本戦略をつくり直さなければならないとハメルらは主張します。それゆえ、経営幹部の一義的な役割は、基本戦略のつくり直しになります。

基本戦略のつくり直しには三つのことが必要となります。まず過去を忘れることです。現在まで生き延びた会社には必ず成功体験があります。それは経営幹部を慣習に縛りつけ、過去の戦略を正当化する妄信を生み出します。しかし、過去の成功パターンが将来の成功パターンになることを誰も保証してくれません。

次にしっかりと未来をイメージすることです。例えば、ＣＮＮはニュースが24時間流れている世界をイメージしました。さらに昔に遡ると、モトローラは電話番号が場所ごとではなく個人についている世界を、ボーイングは一般大衆が空の旅を楽しむ世界を、フォード・モーターは各家庭に1台の車がある世界をイメージしました。未来をイメージするためには子供のように純真な目を持ち、既存製品のコンセプトに縛られない大胆な発想が大切になります。

最後に、企業の持つコア・コンピタンスを土台に戦略設計図を描くことです。戦略設計図は、現在から未来に向けた道筋です。その際に必要となる能力は、建築家がまだこの世の中に存在しない建物を心に描くような想像力です。新しい事業の失敗の裏には、この未来への展望づくりの段階での失敗が潜んでいることが多いものです。

ケーススタディ

「猿の実験」が示す組織の慣習の恐るべき正体

ハメルとプラハラードは、それぞれの企業にはそれぞれの企業遺伝子があると言います。その企業遺伝子は、経営思想や価値観、行動規範などが含まれる経営の枠組みとなって形を現します。その形成プロセスは次のように表現できます。

時間が経つにつれて、企業遺伝子は会社全体に浸透して影響を及ぼし始めます。それは次第に業務管理規約や手順書に姿を変え、会社の組織構造そのものになっていきます。そして、事業部を分ける境界線の引き方、予算管理システム、報酬制度、社内教育制度、経営戦略立案のプロセス、あらゆるところに浸透し、特定の視点や偏見を助長していきます。この結果、企業遺伝子は経営の枠組みとなり、経営者や管理職がとる行動の選択肢を知らず知らずのうちに制限してしまうことになるのです。これが組織の慣習の正体です。

ハメルらは、示唆に富んだ「猿の実験」の話を著書の中で紹介しています。それは次のような話です。4匹の猿を一つの部屋の中に入れます。部屋の中央にはバナナがぶら下がっており、その下には台が置かれています。当然、猿は台に登ってバナナを取ろうとします。しかし、猿が台に登ってバナナを取ろうとした瞬間、上から冷たいシャワーが降ってくる仕掛けがありました。バナナを取ろうとした猿は冷たいシャワーを浴びてびっくりしバナナを取ることができません。別の猿もバナナを取ることに挑戦しますが同じ目に遭います。結局どの猿もバナナを取ることはできませんでした。

次に4匹の猿のうちの1匹を外に出し、別の1匹を入れます。そうするとその新しく仲間に加わった猿は当然バナナを取ろうとします。しかし他の3匹の猿がそれを止めに入ります。「台に登るな」と忠告したわけです。新しい猿は冷たいシャワーを浴びることはなかったのですが、仲間に止められバナナを取ることをあきらめてしまいます。

その後、さらに最初からいる猿のうちの1匹を外に出し、新しい猿を1匹入れます。これを繰り返すと、やがて冷たいシャワーを浴びたことのない猿ばかりになってしまいます。しかしもはやこの猿の集団はバナナを取ることをしなくなってしまうのです。

もちろん、その時にいる4匹の猿はなぜバナナを取ってはダメなのかの理由を理解していません（たとえ冷たいシャワーを降らせることを途中でやめたとしても同じことです）。

20年後の未来を的確に描ききった企業は実在する

企業組織の中でも同じことが起こっているかもしれません。慣習が生まれたときの状況から環境が変わっても、理由を問われることなく慣習が存続し続けてしまうのです。

こうして経営の枠組みが固まって、過去の慣習に縛られると、会社の視野は狭くなってしまいます。経営に対して影響力のある経営幹部が、過去の知識や過去に成功したやり方を心に刻み込み過ぎると、企業は未来を創造することはできなくなってしまいます。

それを打破するためには、経営の枠組みを広げる人為的な努力が必要となります。例えば、新しい何かを生み出す隠密プロジェクトの実施や、社内起業家制度の導入、分社化なども有効な手段です。社員教育研修で過去の成功体験を教えないという工夫も意味があるかもしれません。このように企業内の多様性を維持する努力が重要となります。

そこからはじめて未来に向けて動き出すことができます。未来をイメージできない会社は未来に賭けることすらできません。会社が過去と決別する際、未来への不安を感じることになります。しかし、同時に未来への可能性も生まれてくることになるのです。

『コア・コンピタンス経営』が著されたのは1994年のことでした。まだ、米マイクロソフトの基本ソフト「ウィンドウズ95」も世に出る前で、インターネットという言葉もまだ一般的ではなかった時代です。そんな時代にもかかわらず、20年後の未来である現在の姿をイメージしている記述が掲載されていました。それは米ゼネラル・マジックという企業が描いた未来イメージです。以下は本書からの抜粋ですが、その的確さに脱帽です。

「ゼネラル・マジックの創始者たちは、人々がポケットサイズの機器を使って、よくありそうな仮想の街を歩き、旅行代理店や銀行、あるいは図書館を訪れたりできる世界を夢見てる。ユーザーは情報エージェントをサイバースペース(電脳宇宙)にぽーんと送り出して、飛行機の予約をしたり、雑誌の記事を検索したり、株価をチェックしたり、地元のレストランのメニューを見たりできるようになる」

未来をイメージするための「11のポイント」

未来をイメージするためにはどのような心掛けが必要となるのでしょうか。ハメルらは11項目のポイントを挙げています。それは、次のとおりです。

①既存市場の枠を超える
②既存商品のコンセプトに縛られない
③価格と性能の関係の前提に挑む
④子供のような目をもつ
⑤幅広く、深く、好奇心をもつ
⑥謙虚にじっくり考える
⑦いろいろなものをとり合わせる
⑧比喩や類似を探す
⑨あまのじゃくであること
⑩顧客主導以上であること
⑪人々のニーズに感情移入する

もちろん、未来への展望だけでは、未来での成功は保証されません。つまり、現在から未来の展望へと企業を導く道筋を描くことも同時に重要となります。ハメルらは、それを戦略設計図と呼んでいます。

ハメルらの著書の中では、戦略設計図の好事例として、1970年代につくられたNECのC&C（コンピューターとコミュニケーション）を挙げています。このC&Cというビジョンは、通信産業とコンピューター産業が非常に意義深い形で合流しようとするのを感じていた小林宏治会長（当時）をはじめとする経営陣が描いたものです。

そこにはデジタル化とシステム化という新局面がしっかりと捉えられていました。そして、その戦略設計図の中には、40年後の今となっては当たり前になってしまいましたが、総合型通信ネットワーク、分散処理、VLSI（超大規模集積回路）といった言葉がちりばめられていたのです。この戦略設計図が、1980～90年代に世界的な総合電機メーカーとして成長するNECの土台となったのです。

3　ストレッチとレバレッジ——不整合が競争力を生み出す

企業は未来に向けた戦略設計図を持つ必要があります。戦略設計図が企業を未来での成功に導く道筋となるからです。しかし、それだけでは不十分です。未来に向けて組織を前に動かすためにはガソリンが必要となります。そのガソリンは社員の情熱と知的エネルギーです。

社員の情熱と知的エネルギーを引き出すためには、夢に満ちた戦略方針という目標が必要となります。今の経営資源と目標の間に存在するギャップが社員を駆り立てるからです。そして社員のストレッチが新しい能力をライバルより速く築き上げることに寄与します。それゆえ現在の経営資源・能力と目標の間に意図的な不整合をつくりだすことは、経営幹部の重要な仕事になるのです。

これまで主流だった戦略論は市場や業界から考え、市場や業界における成功の鍵と現在の経営資源との整合性をどうつくり出すかに重きを置いていました。ハメルらは、現在と未来との不整合に着目します。不整合がストレッチを生み、それが自社の強みである新たなコア・コンピタンスをつくると説いたのです。

ハメルらは、ストレッチするのと同時にレバレッジすることも未来へ一番乗りするには重要だと言います。これはより多くのことをより少ない努力で成し遂げようという発想です。経営資源をレバレッジするためには、それに活用できる技術、人、財務といったコア・コンピタンスの観点から企業を見ることが大事です。また、今の経営資源の制約が未来の業界における主導権構築の制約になるという発想も捨てる必要があります。そうでなければ欧米企業に打ち勝ってきたトヨタ自動車やキヤノン、コマツなどの成功を説明できないと主張します。

このように、経営資源をどう蓄積するか、スキルや能力をどう再利用するかを意識することも、経営資源の配分の問題を超えた戦略の大切な一要素なのです。

ケーススタディ

日本企業に強み？――未来の主導権を握る鍵とは

経営資源をストレッチしてレバレッジするという考え方は、実は日本企業のこれまでの強みに通じるものがあります。たとえば、同じような製品を作っているA社とB社があったとします。A社とB社が日本企業だったとすると、多くの場合、製品の品質改善や性能の向上、コスト削減など、より良いものをより安く作る競争が起こることになります。

その結果、製品の競争力は高まり、同時に企業の組織力も向上します。これは日本企業の同質的行動と呼ばれるものです。結果、世界における市場シェアは拡大します。かつて高度経済成長時代に起こったことです。

もしA社とB社が欧米の企業だった場合はどうでしょう。この場合、A社とB社の競争は異なった方向に進むことが多いようです。A社は徹底的に製品のデザインにこだわり、B社はコスト削減に徹底的にこだわるというふうに異なる道を選び、同じ土俵でしのぎを削る戦いを避ける傾向が見られます。

日本企業の経営陣は、ストレッチしてレバレッジすることによってコア・コンピタンスを強化し、新たな道を切り開いていくことに親近感を覚えると思います。

しかし、ハメルらの主張に基づくとするならば、一点忘れてはならないことがあります。それは、その経営資源・能力を強化していくという努力が、明確な戦略方針という目標に基づく必要があるということです。単なる競争相手に対する同質的行動ではいけないのです。何を目指して成長するのか、そういったことが明確でなければ、組織はいつか疲弊してしまいます。

ハメルらは、野心が経営資源を永遠に上回っている状態がストレッチであり、ストレッチが経営資源レバレッジの母だと言います。そして、レバレッジが未来の主導権を握るための鍵になると主張します。その上でレバレッジを達成するための「5つの手法」について、著書の中で以下のような議論をしています。

経営資源に対する見方を変える「5つの手法」

「5つの手法」についての議論とは、次のようなものです。

①　経営資源を集中させる

そのためには何をすべきかを明確に定め、組織に対する優先順位を明確にする必要があります。本書の中で紹介されているコマツの場合、品質かコストかどちらか一方をとれと迫られたら、品質のほうを取るべきだという優先順位が明確になっています。

②　経営資源を蓄積する

累積生産量が増えるとコストが下がる経験曲線という概念は有名です。ハメルらは経験の蓄積もさることながら、それ以上に蓄積から知識を掘り起こす能力も大事だと主張します。

③　経営資源を補う

個別の経営資源の議論だけでなく、それらをどう組み合わせるかもレバレッジの重要な視点です。個別の技術で勝っていても製品全体の性能で負けてしまうことも往々にしてあります。また、技術は強いけれど営業が弱い、あるいはその逆の場合もあります。その際は弱いものを強化し、バランスをとることによっても経営資源をレバレッジすることができます。

④　経営資源を保存する

今あるスキルや能力をたびたび再利用すればするほど経営資源のレバレッジ効果も大きくなります。たとえば、キヤノンはその光学技術をカメラ、コピー、プリンターへと転用しつづけることによってレバレッジを実現しています。

⑤　経営資源を回収する

これは、経営資源を投下してから回収までの時間を短縮するという考え方です。半分の時間で回収できれば、レバレッジの効果は2倍になります。

制約をはね返す地道な努力が「救世主」を呼ぶ

ハメルとプラハラードは、これらの手法はすべてではないと言います。より大切なことは、経営や事業の現場で、制約を越えて経営資源を生かしていこうとする地道な努力にあるようです。そのような地道な努力から未来が実現していった例も数多くあります。ここではパイオニアの有機ＥＬディスプレーの事例を紹介しましょう。

パイオニアは、ディスプレーの将来戦略の検討ののち、プラズマディスプレーと有機ＥＬディスプレーの開発を進めることを決定しました。しかし、その後、ディスプレー担当部門がプラズマディスプレーの事業化を担当することになりました。その結果、その部門では有機ＥＬディスプレーを事業化する余裕がなくなり、有機ＥＬの事業化が難しくなってしまいました。しかし、ここで事業化をあきらめず、子会社である東北パイオニアに事業化案件が持ち込まれます。そして円高以降急速に進んでいた海外生産移転によって新たな事業の柱を必要としていた東北パイオニアが、事業化を担当することになりました。

ただ、そこでも困難に直面します。新しい技術である有機ＥＬは、量産段階においても予想外の問題を生じ、なかなか事業化が前に進みませんでした。そのような状況の中、社外の顧客向けに事業化することは困難だと考えた東北パイオニアは、社内用途に目を向けます。

救世主となった部門はカーエレクトロニクス部門でした。彼らも差別化技術を求めていました。結果、有機ＥＬ技術がカーステレオ用パネルなどのカーエレクトロニクス製品の差別化技術として位置づけられたのです。その後、社外顧客の携帯電話や携帯情報端末などに用途を広げ、量産規模を拡大し、売り上げを増やしていくことができました。

パイオニアの有機ＥＬは、開発から事業化にいたるまでの幾つかの壁を、社内外を問わない顧客開拓の努力や技術革新によって越えながら、あきらめずに未来を実現していった事例といえるのではないでしょうか。

4　企業間競争の未来――強みは一夜にしてならず

市場では多くの製品やサービスが顧客獲得を巡って激しく競争しています。そのような中、戦略分析は、特定の製品やサービス単位、あるいは事業単位で行うのが一般的になっています。

しかし、企業間の競争はそれに留まりません。

例えば、自動車メーカーはクルマの個々のラインアップごとに競争しますが、日本や中国、北米などの地域ごとでも競っています。さらにエンジン技術や電子技術、ものづくりの仕組みや組織運営のあり方などでも激しく競っています。つまり競争は、製品対製品、事業対事業に留まらず企業対企業に及んでいます。

製品のライフサイクルは今後一層短くなるでしょうが、企業対企業の競争は何十年にもわたり続くものです。その命運を左右するのが自社の強みであるコア・コンピタンスです。コア・コンピタンスは独創的な取り組みであり、一夜にしてできるものではありません。一事業部門の範囲を超えることも多く、企業単位の取り組みが必要となります。

未来での成功を確実にするためには探索的マーケティングも必要です。それは速いペースで市場参入を積極的に繰り返すことです。これには二つの意味があります。一つめは新しく姿を現す市場の理解を深めることができる点です。二つめは失敗から学べることです。学習につながる失敗は、優れた企業になるための必要経費と考えるべきです。

企業の競争優位の根幹は、他社にまねされない独自能力によって業界革新を起こすことにあります。その革新は目先の競争とは直接関係のないところで起こります。それゆえ有効な戦略は潜在的な顧客ニーズの考察、業界ルールを一変させるような洞察、組織をストレッチさせるような夢を含むものでなければなりません。未来に対する野心的な取り組みは決してリスクではなく、リスクヘッジなのです。

ケーススタディ

品質で勝っても規格で負ければガラパゴス

グローバルな競争が当たり前となり新興国市場が広がっていくと、ますます製品単位や事業単位での競争の議論では済まなくなります。製品や事業とは異なる次元での競争がより重要になることも多々あります。よく耳にする言葉に日本企業の「ガラパゴス化」があります。ガラパゴス化とは、日本という巨大市場で独自に進化した製品が、グローバル市場、特に新興国市場に出ていく際に、高価格かつオーバースペックで競争力を持てなかったり、既に存在するグローバル標準に行く手を阻まれたりするなど、日本企業が苦戦してしまうことを指します。これは今に始まったことではないようです。

ハメルらは、著書の中でハイビジョンテレビの事例を取り上げています。NHKと日本メーカーはハイビジョンの規格争いで欧米勢に敗れてしまいました。当初、日本メーカーはアメリカにMUSE方式の採用を働きかけていましたが、欧州のフィリップスがその阻止に成功します。そのおかげでフィリップスは、アメリカ企業とともにMUSE方式の代替となるデジタル方式を開発する時間を稼ぐことができました。この反MUSE連合は、ハイビジョン競争の時計の針をゼロに戻すことに成功したのです。当然、日本企業は大きな痛手を被りました。日本企業は非常に優れた製品を作り出し、製品力では勝つのですが、ビジネスで負けてしまうことがあります。これはまるで個別の戦闘では勝つのに、戦争に負けてしまうようなものです。その敗因の多くは、業界標準、つまりデファクトスタンダードの獲得競争が苦手なところにあります。デファクトスタンダードを獲得する競争は、もはや製品・事業単位の競争ではなく企業力の戦いです。さらには、一企業の戦いではなく、企業連合・提携に基づく戦いです。そこでは、組織風土、グローバル人材、技術部門と他部門の連携といった、コア・コンピタンスをどう生かすのかといった根本的課題が問われているといえるでしょう。

デファクトスタンダードを巡る競争のほかにも、事業の構えともいえるビジネスモデル間の競争が企業の命運を大きく左右することもあります。これも製品単位や事業単位のレベルを超えた話です。例えば、液晶テレビ業界などはその良い例です。かつてテレビ事業は日本の家電メーカーの一つの柱であり、会社の顔とも呼べるものでした。しかし現在、業界を席巻しているのは韓国のサムスン電子や米国のＶＩＺＩＯといったプレーヤーです。

サムスンのビジネスモデルの根幹は、徹底的な成長へのコミットメントにあります。他社が追随できない設備投資をおこない、規模の経済を効かせて価格低下を実現し、市場シェアを獲得しようとするものです。一方、米国のＶＩＺＩＯは、生産設備を持たず企画・設計に特化するファブレスメーカーです。生産はＥＭＳと呼ばれる受託生産をおこなう企業にまかせるビジネスモデルです。これらのプレーヤーが台頭する中、日本の家電メーカーは、設備投資やコスト低減の競争に敗れ、ファブレス化に後れをとりました。そして、テレビ事業そのものの見直しを迫られている状況にあります。長きにわたるテレビ事業の歴史を有し、高い技術力を持ちながらも企業対企業の戦いで苦戦しているといえるでしょう。

同じようなことは、半導体業界やリチウムイオン電池業界など、これまで日本勢が強かった他の分野でもおこっています。自動車業界においても、系列を中心としたこれまでの擦り合せ型のもの造りの仕組みが、フォルクスワーゲンなど欧州メーカーによるモジュール部品を組み合わせてクルマを作る新しいもの造りの仕組みからのチャレンジを受けています。多くの業界において、これまでの事業の構えが、グローバル市場における競合他社からの挑戦によって変革を迫られているのです。

「「これだけは負けない」をひたすら磨く」

では企業は、環境変化や競合他社からの挑戦に対して、企業力をどのように維持していけば良いのでしょうか。ハメルらは、その答えをコア・コンピタンスに求めているのです。そのコア・コンピタンスは以下の三つの条件を満たしている必要があると言います。

①顧客価値

コア・コンピタンスは、顧客に認知される価値を他の何よりも高めることができるものでなければならない。つまり、常に顧客の利益・便益に直結すべきものである。

②競合他社との違い

コア・コンピタンスは、ユニークな競争能力でなければならない。他社に模倣されてしまえば、競合他社に対する優位性を発揮することができなくなってしまう。

③企業力を広げる

当然、最終的には、新製品や新サービスに活用できるものでなければならない。そして、コア・コンピタンスは、本来、使い減りしないものであり、活用すればするほど磨きがかかり価値が高まるものであるべきである。

優良企業と呼べるような企業は、コア・コンピタンスを活用・拡大しながら、成長を遂げてきました。米スリーエムの接着剤などの新素材やそれを開発する仕組み、米フェデラルエクスプレスの物流管理能力、キヤノンの光学技術、ソニーの小型化技術など、コア・コンピタンスは企業の成長や再成長に大きく貢献することになったのです。

ハメルらは『コア・コンピタンス経営』の中で、ダウンサイジングよりも建設的拡大、取引拡大より組織能力の拡大、リエンジニアリングよりも業界の再定義、短期事業化の見込みよりも長期的な可能性、経営資源の分配よりも創造と活用を主張しているのです。

『キャズム』

ジェフリー・ムーア著

普及過程ごとに攻め方は変わる

根来龍之
（早稲田大学ビジネススクール教授）

キャズム／Crossing the Chasm:Marketing and Selling High-Tech Products
to Mainstream Customers　1991年（revised 1999 and 2014）
ジェフリー・ムーア（Geoffrey Moore）著
邦訳：翔泳社、初版：2002年／『キャズムVer.2増補改訂版』は2014年／ともに川又政治訳

1 ハイテク商品の採用者――時期に応じた5分類が可能

『キャズム』は米国のコンサルタント、ジェフリー・ムーアが1991年に著しました。多くのハイテク製品が一部のユーザーに受け入れられながらも、一般的な消費者までには浸透しないで挫折する原因とその克服策を論じています。

本書の理論は米国の社会学者、エベレット・ロジャーズの普及理論がベースです。ロジャーズの理論はハイテク製品に限らず、新しい製品やサービスなどが登場して普及していくプロセスを論じたものです。

ロジャーズは『イノベーションの普及』の中で、採用時期によって消費者を①イノベーター（革新的採用者）②アーリーアダプター（初期採用者）③アーリーマジョリティ（初期多数派）④レイトマジョリティ（後期多数派）⑤ラガード（採用遅滞者）――の五つに分類しました。

イノベーターは好奇心が強く、新しいものに抵抗を持たずにイノベーションを導入します。アーリーアダプターは上手に思慮深く利用するのが特徴。アーリーマジョリティは比較的慎重で、初期採用者に相談するなどして採用します。レイトマジョリティはうたぐり深く、世の中の普及状況をみて導入します。ラガードは流行や世の中の動きに関心が薄く、最後の採用者になります。

ロジャーズのモデルで、最も重要とされるのはアーリーアダプターです。イノベーターに比べて、アーリーアダプターは社会全体の価値観や感性からの乖離(かいり)が小さく、普及の先導役になるからです。

ハイテク製品について、ムーアが問題にするのはアーリーアダプターからアーリーマジョリティへの移行です。この間に大きな溝(キャズム)があると主張します。多くのハイテク製品はアーリーマジョリティに受け入れられずに挫折すると考えました。その原因は、普及過程ごとの消費者特性の違いを理解しない製品市場戦略をとるからだと指摘します。

ケーススタディ

各採用者を分けるのは「革新性」

ロジャーズは、普及とは「あるイノベーションが、ある社会システム(組織)の構成員の間で何らかのチャネルを通じて経時的に伝達されていく過程」を意味するとしています。この過程において、異なる性質をもつ採用者が順番に、当該イノベーションを採用していきます。その順番が、イノベーター↓アーリーアダプター↓アーリーマジョリティ↓レイトマジョリティ

図1　イノベーションの普及過程と採用者カテゴリー

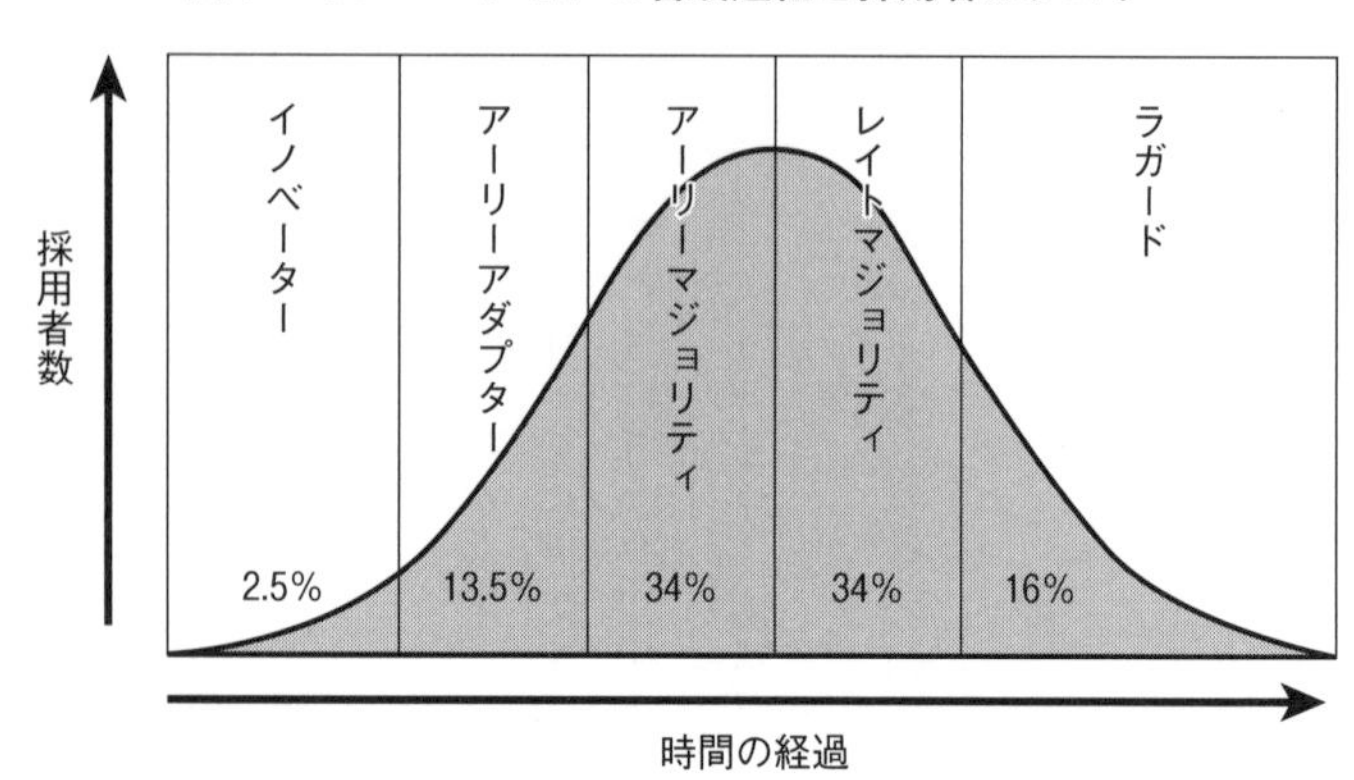

出所：エベレット・ロジャーズ（著）、三藤利雄（訳）『イノベーションの普及（第５版）』翔泳社（2007）

→ラガードなのです。これらの「採用者カテゴリー」を分けるのは「革新性」とされます。

ロジャーズが著した『イノベーションの普及』によれば「革新性とは、ある社会システムに属する個人あるいはその他の採用単位が他の成員よりも相対的に早く新しいアイデアを採用する度合い」のことです（注　採用単位とは家族、組織、地域などのことです）。この革新性は連続的な変数であり、「採用者カテゴリー」はこの連続的な性質変化を統計学的に区分したものです。連続性とは、人びと全員を革新性の程度で仮に並べた場合、もっと革新性が高い人からもっとも革新性が低い人へと徐々に変化していくということです。

イノベーションの普及は多くの場合、「最初は少数の採用者から始まり、やがて急速に広がり、最終段階では残りの少数が徐々に受け入れる」プ

図2　携帯電話の普及率（総務省調査）

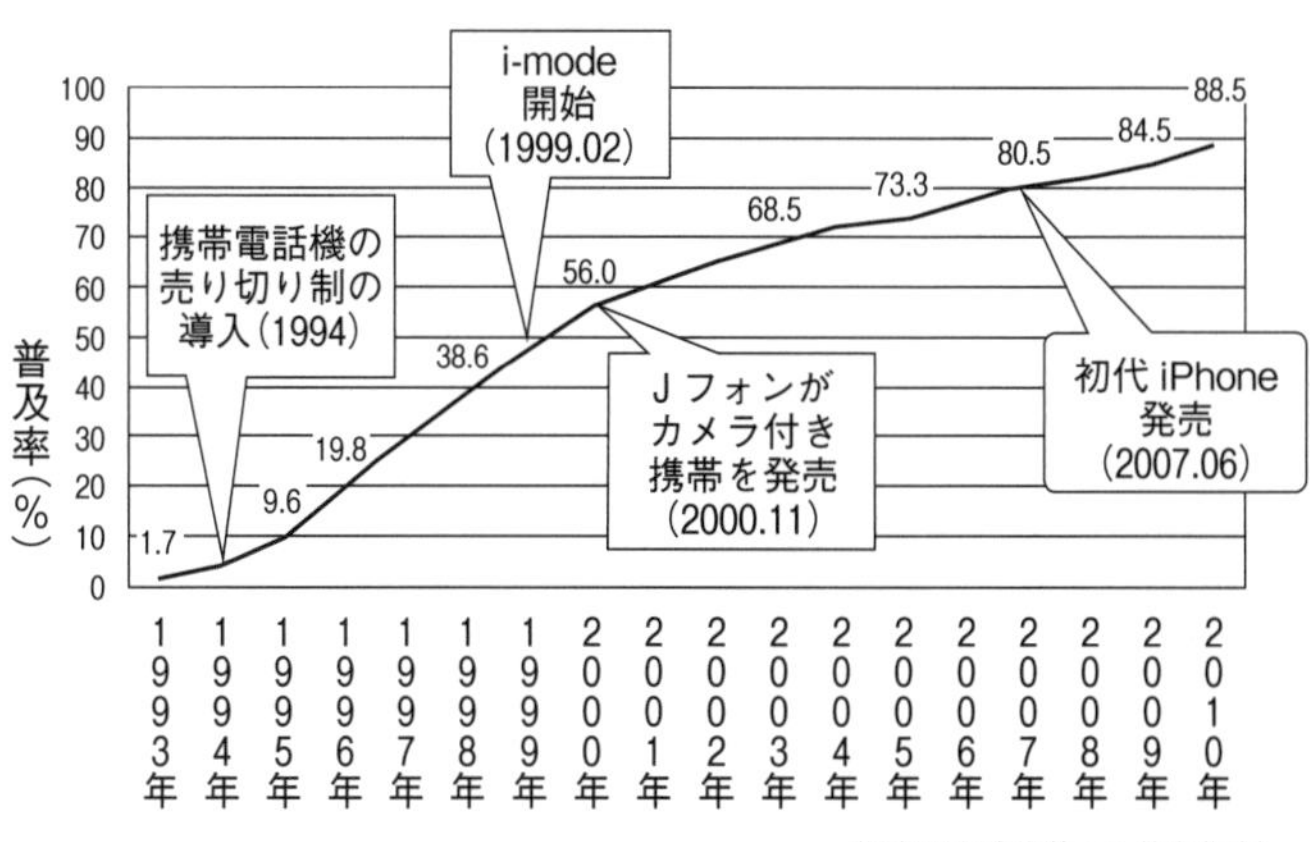

（情報通信白書等から筆者作成）

ロセス、つまり累積的な採用者数は、S字型（図2「携帯電話の普及率」の曲線がその例です）になります。そのS字型の累積曲線を時系列の「新規採用数」に変換すると正規分布に近い形になります。そこで、ロジャーズは「採用者カテゴリー」を、平均と標準偏差（σ）を使って分類することを思いつきました。それが図1になります。

つまり、イノベーターは「平均の革新性」よりもその革新性の高さが2σ以上の人たち（正規分布では2・5％）、アーリーアダプターは1σから2σの人たち（正規分布では13・5％）、アーリーマジョリティは平均から1σまで革新性の高い人たちまで（34％）、レイトマジョリティは平均より1σまで革新性の低い人たち（34％）、そして残り（1σ以上革新性が低い人たち、16％）として採用者を区分することになります。

【 携帯電話が示す「イノベーションの普及」 】

理論的には注意すべきことがあります。それは、この理論はそれぞれのカテゴリーの人たちの実際の数を数えると上記比率になるということを言っているのではなく、時系列の「新規採用数」が正規分布になると前提した場合の連続的な革新性の違いを上記の五つのカテゴリーに統計学的に分けるものだということです。言い換えれば、前に説明してきた特性を持つ各「採用者カテゴリー」の人数が正規分布に従うということを主張するものではありません。この点は多くの人達が誤って理解しています。逆に、一般的に正規分布の形で時系列に変化していくと想定される「新規採用数」をσ（標準偏差）によって五つの採用者カテゴリーに分けた場合、各カテゴリーに属する人たちは上述する性質を一般的に持っている傾向があるというのが、この理論の主張です。

我が国で初めて登場した携帯電話機は、1985年9月にNTTがレンタルを開始した「ショルダーホン」です。しかし、ショルダーホンは車外でも使用できる自動車電話という位置付けの製品であり、電話機の重量は約3キログラムもありました。サービスの価格も高く（保証金20万円、月額基本使用料2万6千円）、機能的にも制限があり（充電に8時間かかって話せるのは40分）、当分の間は、革新的な企業や経営幹部層（イノベーター）が利用する電話でした。

ハンドヘルド型の携帯電話第1号機は、87年に重さ９００グラムで登場し、「携帯電話」という名前もこの時に付けられました。その後、88年から89年にかけて、旧ＩＤＯや旧ＤＤＩセルラーの新規参入が認められ、初期費用や通話料金などの引き下げ競争が始まり、個人（アーリーアダプター）が使うようになっていきます。94年には、携帯電話機（ハード）の買い取り制度（売る側から見るとハードの売り切り制）の導入とともに、初期費用、通話料金の大幅な値下げが行われ、その便利さに魅了された多くの個人が使うようになっていきます（アーリーマジョリティへの浸透）。とはいえ、最初のうちは価格が高く（94年の平均月額通話料金は2万円程度）、その利用者はまだ企業人が中心でした。

しかし、「ｉモード」サービスが始まったころ（99年）には、競争の結果、価格が下がっていき月額の平均通話料金が１万円程度となり、携帯電話の普及率は50％程度になりました（アーリーマジョリティへの浸透の完成）。この頃には、企業人以外に、若者や主婦など（レイトマジョリティ）も携帯電話を使うようになっていました。

ちなみに、ｉモードは、携帯電話でインターネットメールの送受信やインターネット上を含むウェブページ（ｉモード専用ページ）閲覧などができる画期的サービスとして、最初は上位機種用の高付加価値サービスという位置付けでしたが、その後他社の同種サービスを含めて、日本における標準的サービスとなっていきます。また、ハードもキャリアが相互に異なるものを販売する形で我が国の携帯電話市場は発展していきます。この歴史は欧米とは異なるもので、閉鎖された島国での独自の進化という意味で、「ガラパゴス化」と自虐的に言われることもありますが、一方では我が国の携帯電話の普及を促した側面もあります。

２０１０年には普及率が85％を超え、携帯電話はいまや高齢者や小学生も使うものになっています（ラガード）。一方、11年ごろからは、若者たちを中心に、ｉモードなどのサービスの前提となっていた従来の携帯電話（「ガラケー」といわれる）から米アップルの「ｉＰｈｏｎｅ」（07年に初代機発売）などのスマートフォンへの置き換えが進んでいます。ｉＰｈｏｎｅは、キャリアをまたがって同じハードが売られている製品であることに注意してください。日本でもようやくそうなりましたが、欧米市場では、それがもともと標準的な姿なのです。

携帯電話は、一部のユーザーに採用され、一般的な消費者まで浸透し、最近ではほとんどすべての人が使う製品になりました。この普及の過程は、ＮＴＴドコモなどの携帯電話キャリアといわれる企業の市場製品戦略の成功によって後押しされたものでした。

2 ハイテク商品の挫折——多数派の購買心理に要因

ハイテク製品は提供企業の側では、画期的な製品と考えて市場に導入します。しかし、多くの製品が多数派の大衆層には浸透できずに市場から撤退を余儀なくされます。

例えば、固定電話に簡易インターネットサービスを提供する「Lモード」は2001年にスタートしましたが、10年にサービスを終了しました。専用のモバイル端末向けの衛星放送「モバHO！」は04年にサービスを開始し、09年にサービスを終えました。

多くのハイテク製品は一部の消費者には常に歓迎されます。好奇心が強く新しいものが好きなイノベーター（革新的採用者）は価格が高くても購入をいとわないところがあります。次のアーリーアダプター（初期採用者）もイノベーションの可能性に敏感です。しかし、イノベーターのように単に新しいから購入するのではなく、製品の良さとコストを冷静に「自分で評価」します。

多くの消費者は、他の人の意見や他の人が使っているかどうかを判断基準にする傾向があります。普及理論では、アーリーマジョリティ（初期多数派）以後の消費者にそういう傾向があるとされます。

ムーアは、アーリーアダプターとアーリーマジョリティの間には大きな溝（キャズム）があると主張します。多くのハイテク製品がアーリーマジョリティ以後になかなか浸透しないで撤退せざるをえなくなるのは、購買心理が異なるからだと考えました。

イノベーターとアーリーアダプターは、イノベーションの可能性に反応し、製品に不便な点があっても自分で工夫して使おうとします。しかし、アーリーマジョリティは、使い勝手がいいかどうかにこだわる慎重な実利主義者であり、自分で工夫して製品を使うことはありません。この消費者心理の違いを考慮したマーケティング戦略をとれずに、多くのハイテク製品は挫折するとムーアは考えたのです。

ケーススタディ

電子書籍でキャズムを越えられなかった日本企業

電子書籍のパイオニアは日本企業であり、１９９０年代から様々な製品が市場に投入されてきました。最初のチャレンジは、ＣＤを媒体としたソニーの電子ブックプレーヤー「ＤＤ１」（90年7月発売）とフロッピーディスクを媒体としたＮＥＣの「デジタルブック」（93年末発売）でした。

前者は拡張版の電子辞書というのが正確で、書籍は聖書のようなものしかありませんでしたが、ＣＤ版のコンテンツを入れ替えて使える点で画期的でした。後者は本格的な電子書籍ハードで発売時に２００冊程度のフロッピーディスク版の書籍コンテンツがありましたが、イノベーター層以外には受け入れられず生産中止となりました。

次の日本企業のチャレンジは、２００３〜04年ごろでした。松下電器産業（現パナソニック）が「シグマブック」（03年7月）、ソニーが「リブリエ」を発売（04年4月）し、新聞・雑誌で「ついに電子書籍の時代が来た」と話題になりました。しかし、日本の電子書籍市場は、大衆化することなく、シグマブックは08年3月に生産を終了し、同年9月には対応するコンテンツ提供サービスも終了しました。リブリエも07年5月に日本での販売を終え、コンテンツ提供サービスも08年12月に終了しました。

これらの製品は、アーリーアダプター（初期採用者）の一部までは浸透したと思われます。しかし、キャズムを越えられなかったのです。問題は、なぜキャズムを越えられなかったかです。

ソニーのリブリエについて詳しく見てみましょう。この製品は米イー・インクの電子ペーパーを利用し、表示機能については、米国でその後大ヒットするアマゾン・ドット・コムの「キンドル」（同じくイー・インクの電子ペーパーを利用）に比べても遜色のないハードでした。重さも約１９０グラム（乾電池含まず）で、現在の電子書籍ハードと大きな違いはありません。

問題の一つ目は価格にありました。ソニーはリブリエを4万円前後で発売しました。それ

（日本と米国）

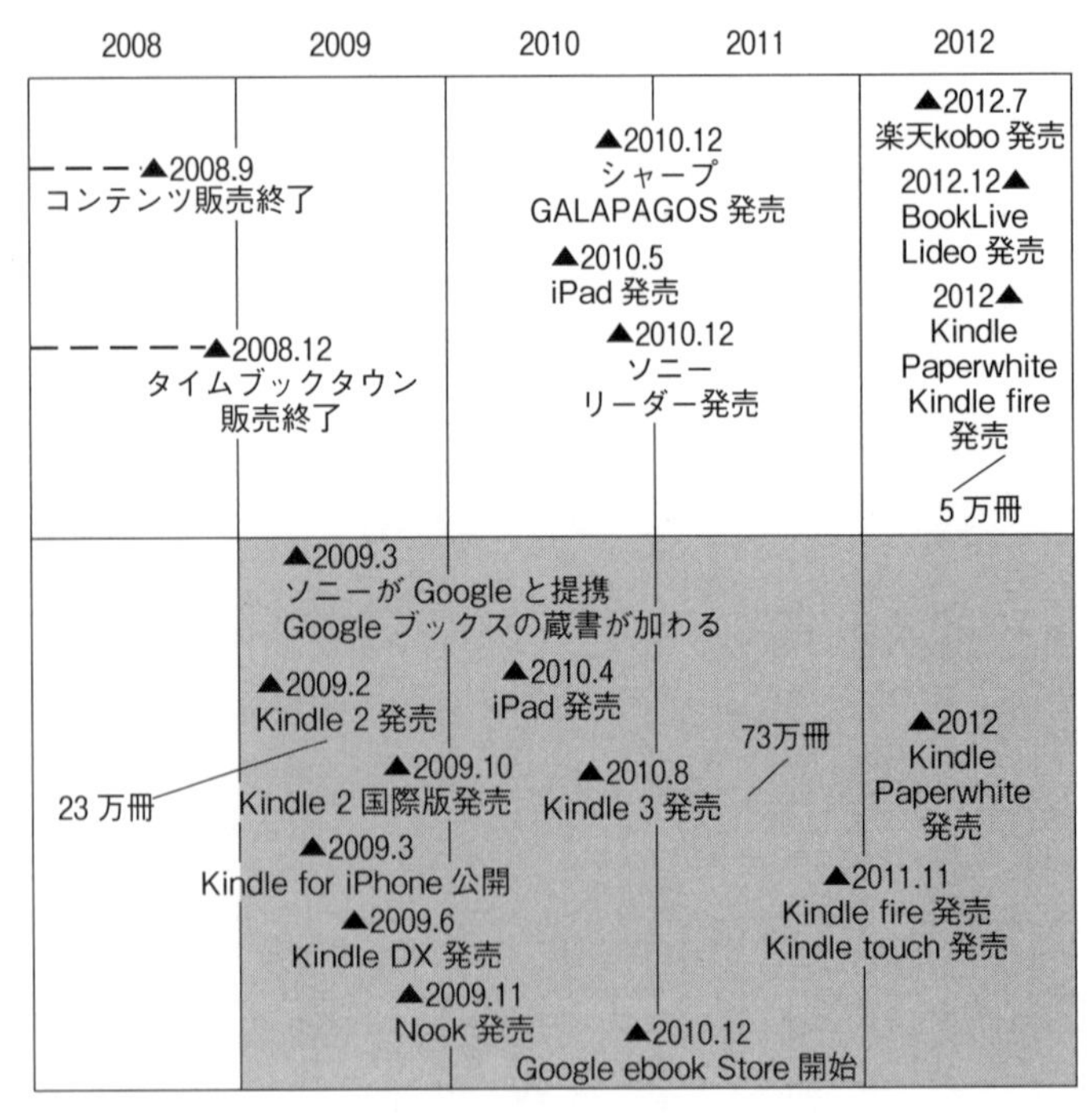

（作成：根来研究室飛田直人＋根来龍之）

に対して、キンドル初代機（２００７年11月発売）は３９９ドルでしたが、12年に日本で発売（出荷開始）された「キンドル・ペーパーホワイト」（Ｗｉ－Ｆｉ版）は７９８０円です。

問題の二つ目は使い勝手です。ソニーのリブリエは、電子書籍サイト（タイムブックタウン）からパソコンでダウンロードした書籍を端末に転送する方式（ＵＳＢケーブルまたはメモリースティック利用）でしたが、キンドルは初代機から、携帯

図3　電子書籍の歴史

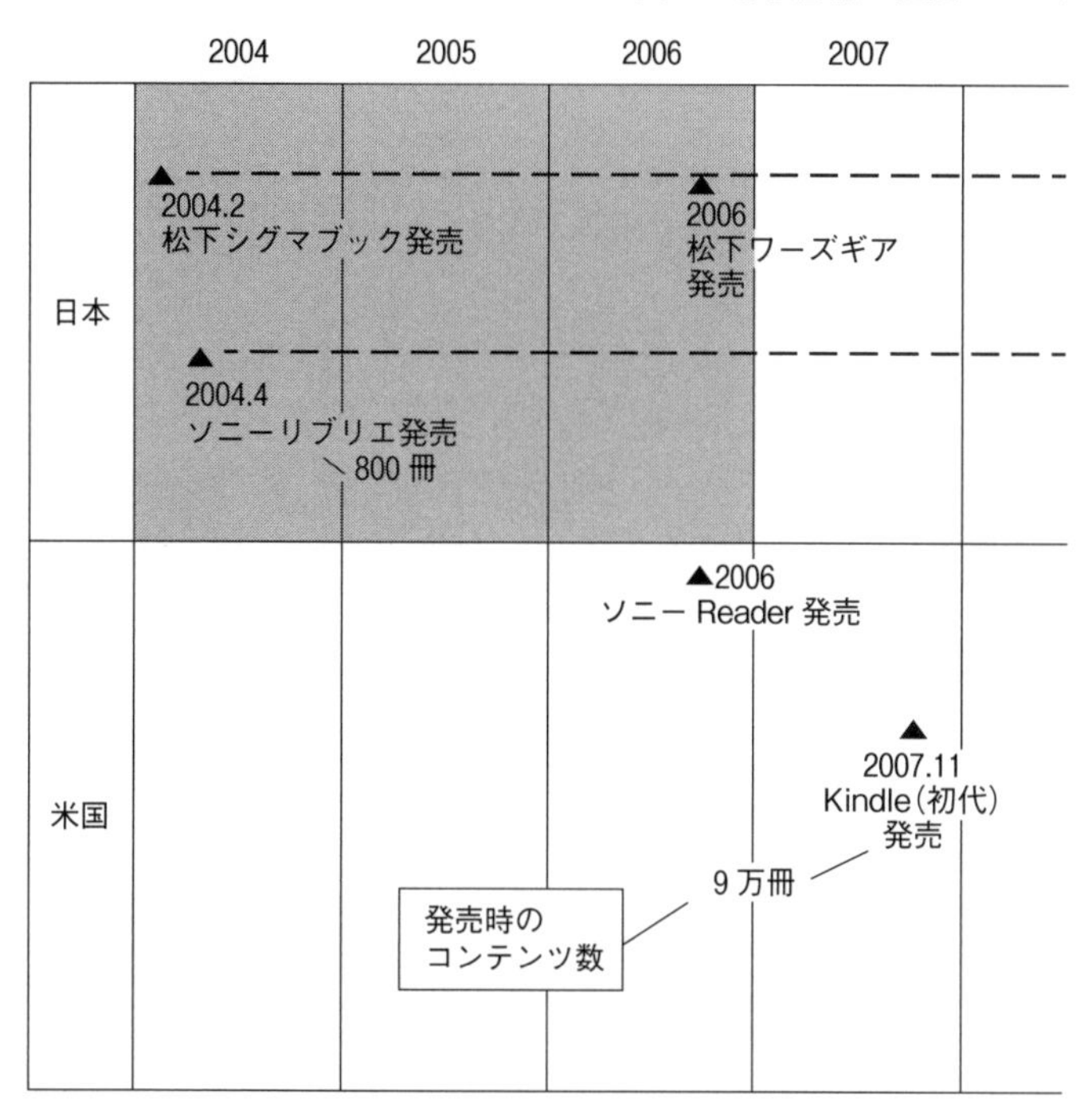

電話網を利用して、パソコンを介さずに電子書籍をダウンロードできるハードも提供しています。このサービスは携帯電話会社との契約は不要で、アマゾンの「キンドルストア」や、オンライン百科事典「ウィキペディア」のサイトなどに無料で接続できます（通信料はアマゾンが負担）。

キンドルはアマゾンに自分のアカウントを持っていることが前提の販売方式ですので、通信機能付きの場合は、自宅に届いてスイッチを入れると、すでに自分の名前が登録されており、すぐに通信可能です。

上記の二つの問題に加えて、リブリエの最大の問題は、コンテンツの数と提供方式にあったと思われます。リブリエ発売時のコンテンツ数は800冊前後だったといわれ、米国でのキンドル初代機発売時（07年11月）の9万冊、キンドル3発売時の73万冊に遠く及びません。

リブリエの電子書籍サイトであるタイムブックタウンでは「書籍のレンタル（60日）」というコンテンツ提供方式がとられました。この方式では、ダウンロード後60日を経過すると本が読めなくなりました（著作権管理ソフトによって制御されていました）。

レンタル方式には、1冊単位でレンタル料（105円）を支払う「タイムブックライブラリー」と、ジャンルごとに分かれた「クラブ」に入会（月1050円）することで毎月5冊ダウンロード可能な「タイムブッククラブ」の2種類がありました。この方式はコンテンツの価格を下げるためと、紙の書籍とのカニバリゼーション（共食い）を恐れる出版社の思惑との妥協として採用されたと思われますが、結局大衆化することなく、2009年2月にタイムブックタウンは閉鎖されました。

キンドルのコンテンツはもちろんレンタル方式ではなく、また初代機発売時から新刊のベストセラー小説が9・99ドル（約1000円）で提供されています。

なお、リブリエの対応フォーマットは「BBeB」というソニーの独自フォーマットで、テキストファイルやＰＤＦファイルには対応していませんでした。（キンドルは「ＡＺＷ」というアマゾンの独自フォーマットを採用していますが、テキストファイルやＰＤＦファイルにも対応しています）ただし、リブリエには、Ｗｉｎｄｏｗｓ用の補完ソフトが無償提供されていて、これを使ってプリンターに印刷するのと同じ操作でリブリエにデータを転送することができ、印刷可能なデータであれば全てリブリエで閲覧できるようになっていましたが、いかにもマニア向けの仕組みだったと言わざるをえません。

こうして見てくると、２００３～04年ごろの日本の第二次電子書籍ブームが大衆化することなく萎んでしまった理由が分かると思います。それは、イノベーションに夢を見るのではなく、実利を考える慎重で保守的なアーリーマジョリティ（初期多数派）に浸透できる製品ではなかったのです。

3　キャズムを越える方法——ニッチな実利市場を攻める

「キャズム」とは、ハイテク製品がメーンストリーム（主流）市場に普及する前に存在する大きな溝のことです。このキャズムを越えるために、ムーアが主張する基本戦略は、メーンストリーム市場の最初の顧客層であるアーリーマジョリティ（初期多数派）の実利主義に応えることです。ただし、アーリーマジョリティ全員に製品を提供しようとしてはいけないと主張します。

キャズムを越える最も安全な方法は、全力を1カ所に集中することだとされます。ある特定の顧客層に向けてホールプロダクト（完全な製品）を素早く作り上げることが重要だといいます。

市場全体を相手にしてはいけない最大の理由は、実利主義者であるアーリーマジョリティがほしがるのは百パーセントの解決策だからです。その前の初期市場を構成するアーリーアダプター（初期採用者）が「将来的に有用になる」ことを予想して製品に夢を抱いてくれるのとは違いがあることを認識すべきです。

このアプローチは、ボウリング場のレーンになぞらえて説明されます。各顧客層は、ボウリングのピンに相当すると考えられます。一つのピンを倒すことで、他のピンも倒していきます。

つまり、一つの顧客層での成功をバネにして、新たな顧客層、つまり次のボウリングピンを倒します。最終的には「ストライク」を出し、急速な成長を巻き起こすことができるとされます。

推奨されるアプローチは、以下の三つのステップを踏むことになります。①小さいながらも確実な足がかりを、メーンストリーム市場のどこか1カ所にできるだけ早く築く②メーンストリーム市場が開花したら、市場全体を意識した戦略を推し進めて、標準品として広く普及させる③再び顧客中心のアプローチに戻り、マスカスタマイゼーション（個別仕様の製品を大量につくる）を通じて、製品に付加価値を加える――の三つです。

ケーススタディ

アーリーマジョリティの1カ所に浸透し旋風を起こした「ノーツ」

実利主義であるアーリーマジョリティ（初期多数派）の1カ所に浸透することで、ハイテク製品が「キャズム」越えにどうやって成功するかを、ムーア自身が示している事例で説明します。この事例は著書『キャズム』の続編である『トルネード』で紹介されているものです。

「グループウェア」と呼ばれる企業情報システムがあります。これは、企業内の情報共有のためのシステムで、メッセージ交換、電子掲示板、ファイル共有、ワークフロー（起案～決裁のプロセス）、会議室予約などの機能を持つもので、今日では、ある程度以上の規模の企業では、あって当然のシステムとして普及しているものです。

このグループウェア市場を切り開いた製品は、「ノーツ」という名前のソフトウエアで1989年に登場しました（当初は米ロータス社の製品でしたが、買収に伴い現在は米ＩＢＭの製品です）。当初は、グループウェアという言葉自体が存在せず、逆にノーツがグループウェアとは何かを定義していきました。

ロータス社のレイ・オジーという人物が中心になって開発したノーツは、データベース管理システムの常識を覆すものでした。従来のデータベースの最も重要な機能は、同じデータを含むファイルが増殖しないように、情報を1カ所に統合することでした。まとめた情報は、一つのデータベース管理ソフトによって更新され、制御されます。このシステムでは、企業内の全員がリアルタイムでデータベースを更新することはコスト、レスポンススピードなどを考えると非現実的でした。ノーツは、この「情報共有の壁」を逆転の発想で克服するシステムとして開発されたものでした。

ノーツは一つのデータベースを全社の各個人が直接更新するシステムではありません。部門や支社ごとに設置された複数のサーバー内の情報を、一定の時間ごとに自動的に照合し、「ほかのサーバーにあって、このサーバーにない情報は何か」を調べて、サーバー間でデータをすばやく補完し合うという仕組みになっていました。この仕組みによって、ノーツ・サーバーで結ばれた組織メンバーは、一定時間ごとに全員もれなく同じ内容の情報を共有できるようになりました。ノーツのメンバー登録システムは自由がきくのでプロジェクトごとに社外のメンバーとの情報共有にも使うことができました。この結果、例えば、新しいデータをいちいち電子メールで関係者に送るといった手間がいらなくなりました。

この技術は「リプリケーション」と呼ばれ、データベース・ソフトの画期的新機能として人気を博し、その後、既存データベース大手の米オラクルにも採用され、米マイクロソフトも新たに「エクスチェンジ」というノーツと似た機能の製品を市場投入しました。また、中小企業向けに、我が国で「サイボウズ」という製品も登場し、グループウェアは一定規模以上の企業のほぼすべてに普及するシステムとなっていきます。その結果、現在ではグループウェアはノーツの独占市場ではなくなっていますが、市場の最初の成長は、ノーツによってもたらされたものです。

ここで注目したいのは、ロータス社がどうやって、新しい発想のシステムの普及に成功したかです。

ノーツは、発表された時、「企業全体のコミュニケーションを円滑にする新しいシステム」として、一部の企業に実験的に導入されましたが、最初のうちは、なかなか導入企業が増えませんでした。そこで、キャズムを越えるため、ロータス社は、「グローバルな会計管理および顧客管理業務」に絞って、アーリーマジョリティ層への普及を図ったとムーアは指摘します。

世界各国に顧客を持つ会計事務所やコンサルティング会社に絞って売り込みを行ったのです。これらの会社では、顧客に関係する最新の出来事にまつわる情報を素早く関係者が把握できているかどうかが、業務上きわめて重要です。ノーツのような情報共有ツールを持っていると、メンバー間に思いがけない連携が生まれ、創造的な問題解決方法が浮かび上がることがあるという評価を得ることに成功します。

これらの会社は、世界中の優良企業を顧客に抱えています。その結果、ノーツは、大がかりなプロジェクトを関係者間で調整するためのシステムとして、会計事務所やコンサルティング会社の顧客にも普及していきました。これらの会社でも、情報共有が課題になっており、実際に役に立つという評判を聞いて導入されていったのです。

さらに、他の一般的な会社でも、組織内のさまざまな部署が、企業内外との連携にノーツを活用しはじめ、効率のいいコミュニケーションシステムとして、やがてグループウェアは「当たり前のシステム」として根付いていくことになりました。

連鎖反応を起こせば「ストライク」をだせる

この事例では、アーリーマジョリティへの浸透の足がかりになったのは、世界各国に顧客を持つ会計事務所やコンサルティング会社の「グローバルな会計管理および顧客管理業務」でした。このピンを倒すことで、他のピンも倒していったと考えられます。1つの顧客層での成功をバネにして、新たな顧客層つまり次のボウリングピンを倒していったのです。そして、やがて最終的には「ストライク」を出し、急速な成長が実現しました。(ムーアは、急速な成長を「竜巻」になぞらえて、「トルネード」と呼んでいます)

ムーアは、アーリーマジョリティ層の最初のピンを倒す「ニッチ戦略」が成功する理由を以下のようにまとめています。

① ベンチャー企業やそのパートナーが、いきなり汎用のホールプロダクト(完全な製品)を手がけようとしても無理がある。したがって、ニッチ市場の実利主義者を納得させることに集中したほうがよい。

② 連鎖反応が起きやすい一つのニッチ市場を制覇すると、その実績を利用して、関連する別の顧客層も掌中に収められることが多い。この連鎖効果をつかって、トルネード(急成長)を誘発できる。

③ ニッチ市場では、本質的に利益率が高い強気な価格設定が可能である。ここで得られる利益によって、生まれたてのベンチャー企業の収支を黒字化でき、トルネード市場(急成長市場)

へ戦線を拡大する資金を得られる。

④ ニッチ市場で熱心に支持してくれる顧客を確保しておけば、トルネード期に標準規格争いが勃発したとき、優位に立ちやすい。

4 キャズム論の補完――エコシステムとしての製品価値

ムーアは、ハイテク製品の発売初期から大衆化するまでの市場のギャップであるキャズム(溝)の原因を「顧客特性の違い」と考えました。前者の顧客は製品のイノベーションの可能性を評価するのに対して、後者は実利主義・保守主義が強いとみたのです。

そこで、ムーアはキャズム越えの方法としてデマンド側、すなわち消費者の特性に対応することを提案しました。まず顧客層を絞り込み、そこに実利性が高い製品を提供して「実利の証明」をめざします。ニッチ市場で評価を高めてから市場全体に展開することを狙います。このように、ムーア理論の特徴は、キャズムの原因も対応策もデマンド視点にあります。

しかし、キャズムの原因と対応策がサプライ側、つまり供給サイドにあることも多いのではないでしょうか。例えば、製品の性能不足や価格の高さです。米マイクロソフトが2002年に発表した基本ソフト（ＯＳ）を基にした「タブレットＰＣ」は重くて高いものでした。米ヒューレット・パッカードの「ＴＣ１１００」は重さ約１・４キログラムで20万円以上しましたが、10年に発売された米アップルの「ｉＰａｄ」は約０・７キログラムで５万円程度でした。

もう一つのサプライ側の原因として、補完製品やインフラを含めたエコシステム（生態系）として価値を実現できていない可能性があります。モバイル端末向けの衛星放送「モバＨＯ！」は、魅力ある有料放送を提供できなかったし、固定電話に簡易インターネットサービスを提供する「Ｌモード」は家庭のアナログ回線ではレスポンススピードが遅すぎました。

エコシステムとは、本体、コンテンツや追加ソフトなど補完製品、インフラを含めて製品を捉える概念です。生物が一種類だけでは生存できないように、製品も補完製品を含めて価値あるシステムになっていないと存在し続けられないのです。

ケーススタディ

アップルも常にキャズムを越えてきたわけではなかった

米アップルのスマートフォン「ｉＰｈｏｎｅ」は、大衆市場に浸透した成功商品です。しかし、アップルの製品が常に成功してきたわけではありません。例えば、キャズムを越えられなかった同社の製品として、「Ｎｅｗｔｏｎ」があります。

iPhoneの比較

小さなエコシステムを実現	大きなエコシステムを実現
iPod（2001年～	iPhone（2007年～
「1,000曲の音楽をポケットに入れて持ち運ぶ」	「電話の再発明」
・当初は動画再生できず	・YouTube等にも対応
・保有CDから自分でコピーできる ・2003年からiTunes Storeで販売	・iPod（iTunes）向け音楽コンテンツを利用できる
・閲覧できない	・PC向けと同等※フルブラウザ
・iOS（Mac OS Xベース） ・「ホイール」による操作（初期モデル）	・iOS（Mac OS Xベース） ・手書き入力
・ユーザーは、ソフトウェア追加できない （現行モデルは追加可能）	・当初はソフトウェア追加できず後に追加可能になった ・無料～数百円で販売
・ARMプロセッサ使用 ・タッチパネルなし	・ARMプロセッサ使用 ・タッチパネル
・初回モデルは約400ドル	・初回モデルは約500ドル
・パソコンを経由して、音楽等をダウンロード ・当初は、Macintoshのみ対応 2002年にWindowsにも対応	・使用開始時にパソコンと連結必要 ・パソコンなしで、ソフト・音楽等をダウンロード可能
・長く、無線対応なし ・現在はWi-Fi使用可能	・2G、3G、4Gに順次対応 ・Wi-Fi使用可能

（作成：根来研究室飛田直人＋根来龍之）

Newtonは、世界初の個人用携帯情報端末（PDA）として、1993年に発売されました。当時はまだPDAという言葉はなく、アップルはこの商品を「メッセージパッド」と呼んでいました。改良版（96年発売）の手書き文字認識は、今日でも通用するといわれるほどの高い完成度をもっていましたが、97年に発売されたモデル「Message

図4　Newton、iPod、

大分類	内訳	Newton（1993年～1998年）
当初の製品コンセプト		「Knowledge Navigator」
コンテンツ	動画	・なし
	音楽	・なし
	ウェブ	・なし
ソフトウェア	OS 入力	・独自OS ・手書き入力
	追加 ソフトウェア	・パッケージ販売（数千円） ・シェアウェア、フリーウェア使用可能
製品本体	部品	・ARMプロセッサ使用 ・タッチパネル
	価格	・約1000ドル
パソコンとの連動		・パソコン（Macintosh）経由でソフト追加可能
通信インフラ		・オプションで低速モデム使用可能

Pad 2100」を最後にNewtonは市場から消えてしまいます。

Newtonの一般的な用途はスケジュール管理とメモ機能でしたが、オプションのモデムをつなげて公衆電話やPHSに接続して、メールやファクスを送信することもできました。Newtonの最大の特徴は、スタイラス（筆記ペン）を用いた手書き入力システムでした。また、ソフトを追加して使うことができました。

Ｎｅｗｔｏｎ用のソフトは「アプレット」と呼ばれ、パッケージソフトとして、主にサードパーティ製の電卓、辞書、表計算、ゲームなどのアプレットが数千〜1万数千円で販売されました。一方、ユーザーも、「Newton Script」と呼ばれる、当時としては先進的なオブジェクト指向プログラミング言語を用いて、アプレットを開発することができ、フリーウェアあるいはシェアウェアとして提供されました。

ただし、アップルの提供した開発キットが１０００ドル以上したこと、またなかなか本体の販売数が伸びなかったことから、その数には限界がありました。（補完製品と本体の数は、片方の数がないと、もう片方が増えないという、いわゆる「チキン―エッグ関係」にあります。ムーア理論の文脈では、この解決の糸口はニッチ市場で実利ある完全な製品を提供することにありますが、その解決がＮｅｗｔｏｎではなされませんでした）

結局、Ｎｅｗｔｏｎの主な用途はスケジュール管理とメモの記録だったのですが、価格が高く、通信に手間がかかる割には、付加価値が足りなかったと言えます。アーリーアダプター（初期採用者）はこの製品に夢を感じましたが、アーリーマジョリティ（初期多数派）が実利を感じる製品ではなかったのです。

「Newton」と「iPhone」の意外な共通点

サプライ側から見るならば、Newtonが成功しなかった理由は、まず技術的未成熟による機能不足と価格の問題だったと言えます。具体的には、価格が高い、大きさが中途半端、処理速度が遅い、パソコンとのデータ同期機能がなかったなどが挙げられます。

本体価格は約1000ドル（初回モデル）でした。アプレットをインストールするとメモリーが不足するためオプションの外部メモリーカードを数万円で購入しないと実際にはソフトを追加利用できませんでした。オプションのモデムは、2万〜3万円しました。

大きさはポケットに入るものではなく、小さめのノートパソコンと呼んだほうがよいものでした。

しかし、興味深いことに、Newtonには、その後大成功を収めるiPhoneと多くの共通点があります。両者とも手書き入力を採用し、「サードパーティ」と呼ばれる外部企業や、ユーザーが作成したソフトを追加可能です。ハード的にも、両者とも、現在スマートフォンの標準となっているARMプロセッサーとタッチパネルを使っています。

一方、iPhoneとの比較で、Newtonが大きく見劣りするのは、動画や音楽、ウェブコンテンツの利用ができなかったことです。また、Ｎｅｗｔｏｎは、無線通信モジュールを標準搭載しておらず、通信することを必ずしも前提と考えないモバイル端末でした。

確かに、Ｎｅｗｔｏｎが販売されていた１９９３～98年は、ｉＰｈｏｎｅが発売された２００７年時点に比べて、プロセッサーや電子部品の能力が低かったこと、部品コストがまだ高かったことを考えると、動画、音楽、ウェブコンテンツをｉＰｈｏｎｅのように利用するのは技術的にもコスト的にも困難だったといえるでしょう。しかし、単純に機器性能不足とコストに問題が集約されるとは言い切れないところがあります。

例えば、99年に日本に登場した「ｉモード」携帯電話は、ハードの性能不足の制約を突破し、低機能端末でウェブコンテンツを利用できるようになっていました。また、97年にはアステル東京（ＰＨＳ）が着メロダウンロードサービスを開始しました。これらのサービスは日本で最初に生まれ、大成功を収めます。メーンストリーム市場に「実利」ある市場を見出して、そのニーズに応える製品・サービスを開発できる可能性はゼロではなかった可能性があります。

大衆市場に浸透するか、消えるのか――成否を決めるファクター

Ｎｅｗｔｏｎは、結果論ではありますが、ｉモード携帯と同様の製品コンセプトで、無線通

信を使って外出先でコンテンツを利用できる付加価値を提供する方向へも進化できたはずなのです。確かに、上述したように、普及しなかった理由として、技術的未成熟による機能不足と価格の高さを挙げることができます。しかし、仮にこれらの欠点が解決され、価格・大きさ・処理速度がｉＰｈｏｎｅ並みになり、パソコンとデータが同期できれば大衆層に普及できたかどうかは、疑問もあります。

その証拠に、Ｎｅｗｔｏｎ後に、ＰＤＡ製品として日本ではシャープの「ザウルス」、米国ではパーム社の「パーム」という中価格、小サイズ、快適な処理速度、データ同期可能な製品が登場し、ある程度普及します。しかし、ＰＤＡという製品ジャンル自身が結局大衆市場に浸透できずに市場から消えてしまいました。コンテンツや通信という関係製品・サービスを前提にしていないこと自体に製品価値上問題があったとも考えられるのです。

ｉＰｈｏｎｅ（およびｉモード携帯電話）と比較すると、コンテンツを利用できない限り、アーリーマジョリティにとって結局は「高いシステム手帳」にすぎなかったことが、ＰＤＡが大衆市場に浸透できなかった理由だったとは言えないでしょうか。このことは、Ｎｅｗｔｏｎとｉ Ｐｈｏｎｅの間に存在するアップルの携帯音楽プレーヤー「ｉＰｏｄ」の成功理由を考えると理解できます。ｉＰｏｄは、タッチパネルではなくソフトも追加できませんでしたが、音楽コンテンツをパソコン経由でダウンロードして大量に持ち運ぶことができる機械として大衆層に普及しました。

成功を呼び寄せる「エコシステム」としての完成度

ｉＰｏｄとｉＰｈｏｎｅの成功は、コンテンツという補完製品と通信インフラの利用（ダウンロードやウェブ閲覧など）を含めたエコシステム（生態系）としての完成度にあると考えられます。補完製品とは、（プラットフォーム製品と呼ばれる）本体に加えることによって製品価値を実現する、あるいは製品価値を高めてくれる周辺製品・サービスのことです。Ｎｅｗｔｏｎにも、パッケージソフト、シェアウェア、フリーウェアという補完製品はありましたが、その数と種類は限定されていました。それに対して、例えばｉＰｈｏｎｅのアプリ（応用ソフト）は、２０１２年11月時点で累積１００万以上あるといわれています。

ＮｅｗｔｏｎがキャズムをLL越えられなかった理由は、単純に機器の性能不足・価格の高さにあるのではなく、エコシステムとしての価値作りに失敗していた点もあると考えられるのです。翻って考えると、00年代半ばの日本において電子書籍がキャズムを越えられなかった大きな理由は、電子書籍ハードの性能というよりも、補完製品としてのコンテンツが満足に供給されなかったことでした。また現在、電気自動車の普及が進まない理由の一つとして、インフラである充電スタンドの未整備が挙げられています。これらは、まさに製品本体の問題ではなく、サプライ側の問題としてのエコシステムとしての完成度の低さがキャズムを越えられない大きな理由と考えられるのです。

『ブルー・オーシャン戦略』

W・チャン・キム他著

競争のない世界を創る戦略

清水勝彦
(慶應ビジネススクール教授)

ブルー・オーシャン戦略／Blue Ocean Strategy:
How to Create Uncontested Market Space and Make the Competition Irrelevant　2005年
W・チャン・キム(W. Chan Kim)&レネ・モボルニュ(Renée Mauborgne)著
邦訳:ダイヤモンド社、2013年／有賀裕子訳

1 「へとへと」の解消策──競争するかしないかを決めよう

「競合との正面対決でへとへとになっていませんか」。本書の基本メッセージを一言でまとめればこうなります。こうした状態を仏ビジネススクールであるＩＮＳＥＡＤのキム、モボルニュ両教授は「血みどろのレッド・オーシャン」と呼びます。そのうえで、そこから抜け出すために新しい市場「ブルー・オーシャン」を生み出すことの必要性を説くのです。

２００５年にベストセラーになった本書の骨格は、１９９０年代後半から00年代前半までにハーバード・ビジネス・レビュー誌に掲載された3本の論文です。本節ではまず「ブルー・オーシャン」そのものについて考えます。

企業戦略の源はクラウゼビッツ、毛沢東で有名な戦争論です。結果として「戦略とは一定の限られた土地をめぐって敵と向き合うことを意味する」と思い込んでしまうのだと著者は指摘します。つまり、境界の決まった市場で競合相手と正面対決することを前提とし、戦略といっても結局消耗戦に陥ることが多いというわけです。企業はそうした「レッド・オーシャン」では労力の割に利益もあがりません。

従って、競争をしないこと、少なくとも当面は競争相手の存在しない新しい市場を作りあげることが必要だというのです。それは多角化とは少し違います。多くの場合の多角化とは、自社にとっては新しい市場であっても、すでに市場として存在し、競合相手もいるからです。

ただ、「へとへと」になるのは単に消耗戦になるからだけではありません。どこにいくのかわからない、つまり「夢」とか「希望」がないときに「へとへと」になるのです。「レッド・オーシャン」であっても、企業の目標が明確でそれが共有されているとき、喜々として競争に向き合う社員がいることも忘れてはいけません。「戦略より戦闘」を合言葉にしていたリクルートは、その実例といえるでしょう。

ケーススタディ

返り討ちにあう〝上から目線〟の有名企業

企業の多角化については1980年代には多くの研究がなされ、実際に多くの企業が多角化をしていたのですが、その後「集中が大切だ」ということになり、かなりすたれました。米ボストンコンサルティンググループ（BCG）が多角化企業の資源配分を「金のなる木」「スター」「問題児」「負け犬」の4象限で表した、いわゆる「BCGマトリックス」も多くの米国の教科書から姿を消しています。

経営トップの乱脈経営で空中分解してしまったタイコ・インターナショナルはもちろん、コングロマリットの最後の砦（とりで）のように思われていたゼネラル・エレクトリック（ＧＥ）でさえ、ＧＥキャピタルの収益があまりに大きく、一時は株式市場で「金融株」になりかかっているといわれていました。

しかし、多角化を新事業の創造というところまで含めていえば、ここ数年その在り方が再び経営者から注目されているように思います。特に日本でいえば、国内市場の成熟ということだけでなく、新興国への進出が日本のモデルを持っていくだけではなく、かなり新たな要素を取り入れた「新規事業」的な色彩が濃いという点が認識され始めているからではないでしょうか。逆に「日本で成功したから、アジアでも当然成功するはずだ」と〝上から目線〟で行って、返り討ちにあっている有名企業も少なくありません。

一方で、米アップルが作り出したといってもいいスマートフォン市場、タブレット市場はアップルを「世界で最も価値のある会社」に押し上げる原動力となりました。

少し古いですが、ロンドン・ビジネス・スクールのコスタス教授のハーバード・ビジネス・レビュー誌の論文（「To diversity or not diversity」１９９７年）は多角化、特に「成長市場への参入」に関していくつも重要なポイントを指摘してくれます（ちなみに「古い」というと価値がなさそうですが「古典」というと価値が上がるのは面白いと思います）。

［　甘い考えでは「レッド・オーシャン」の餌食に　］

まず、よくいわれるシナジーに関して、既存事業の資産、ノウハウは、「あるか、ないか」ではなく、競争相手に比べて「強いか、強くないか」で評価されなくてはなりません。しかし、往々にして企業は「何が強いか」よりも「何をやっているか」のほうに視点が行きがちで、「当社はエンターテインメントビジネスである」といった漠然とした領域設定をして手を広げてしまいがちだとコスタス教授は指摘します。

さらに、新規事業の競争に勝つためには、そのために必要な全ての条件をそろえなければなりません。ところが、往々にしていくつかを満たしただけで、必ず成功するつもりになってしまう企業が多いと警鐘を鳴らします。野球で優れたバッターがそろっていても投手力や守備が弱ければ勝てないように、技術が転用できてもチャネルが弱かったり、ブランド力はあっても商品力が弱かったりすればやはり勝てないのです。

さらに言えば、こちらは「新規事業」の一つかもしれませんが、迎え撃つ競争相手にとっては生き死にのかかる本業です。全ての条件をそろえて、しかもそうした競合と同等以上の実行があって初めて成功に結びつくのです。多角化、特に大手企業のそれを見る場合、いかにも「（人も含めた）遊休資産」の活用ではないかという場合が多いように思います。「放っておいても無駄だから、少しでも貢献してくれれば」という甘い考えでの新規事業参入では、真剣勝負の競合に勝てるわけはありません。

そう考えてみると、結局「あっちの水は甘そうだ」ということで参入する新規事業の成功可能性は、そもそもそうした発想からして甘い場合が多いといえるでしょう。本書の立場から言えば、「ブルー・オーシャン」を作るのではなく、「レッド・オーシャン」に自ら足を踏み入れているようなものです。甘い匂いに誘われて、食虫植物に絡め取られる昆虫のようです。

まず「手持ちのカード」の見方や組み合わせを変える

話を元に戻します。キム、モボルニュ両教授は「ブルー・オーシャン」戦略を「reconstructionist＝再構築主義」の見方だと指摘します。つまり、何か新しいものを考える時に、全くゼロから発想するのではなく、既存の事業や資源をもとに、見方や組み合わせを変えることで新しい市場を生み出しうるということです。

これはシュンペーターのイノベーション論、つまり「イノベーションとは既存の要素の新しい組み合わせである」とも通じるところがありますし、作家の塩野七生氏がローマの長い歴史から見て組織の改革という点に触れた次の言葉とも呼応するのではないでしょうか。

大切なのはまず自分たちが置かれている状況を正確に把握した上で、次に現在のシステムのどこが現状に適合しなくなっているのかを見る。そうしていく中ではじめて「捨てるべきカード」と「残すべきカード」が見えてくるのではないかと、私は考えるのです（『ローマから日本が見える』より）。

「ブルー・オーシャン」戦略においても、世の中で何がはやりそうだ、どのようなトレンドがあるかといたずらに騒ぐのではなく、自分の組織に何があるか、つまり「手持ちのカード」をよく見ることこそが重要ではないかと思い当たります。天下国家については一家言持っていても、自社の社員のことについてはあまり知らない経営者は、意外に多いような気がします。

【競争相手を完膚なきまでにたたきのめすモデル】

リクルートのＤＮＡには「機会を自ら創り出し、機会によって自らを変えよ」を社訓として競争相手も完膚なきまでにたたきのめす実行力があり、「レッド・オーシャン」で生きる一つのモデルであるかもしれません。

一見全くの新しい事業が多そうですが、実は2番手、3番手であっても圧倒的な実行力でのし上がることがリクルート（とそのＯＢ）の強みなのだそうです。リクルートを経て慶應ビジネススクールを卒業した複数の生徒から聞いた同社の合言葉には、ほかに次のようなものもあります。

「仕事の報酬は仕事」
「明確な目標は快感である」
「悩んだら盛り上がるほうを選ぶ」

2　戦略の「見える化」――どこで勝ち、どこで負けるか

戦略を考えるとき、自社の強みと弱み、競争相手の強みと弱みをはっきりさせることが必要です。戦略を限られた資源をどのように配分して競争に勝つかであるとすれば、自社の強みに集中することが最も効率が良いからです。

それでは、自社や競争相手の強み、弱みをどのようにして分析すればよいのか。これは結構

難しい問題です。明らかに特許や商品力で優れている場合もありますが、組織の能力はそうした商品、サービスを生み出す「プロセス」にあることも多いからです。

そうした分析をするツールの一つが、本書が提案する戦略キャンバスです。それは横軸に競争要因（基本的には顧客が価値と思う要因）を並べて、競争相手に比べどの点が優れ、どの点が劣っているかを「見える化」することです。こうした基本的な分析がきちんとできている企業は意外に少ないのです。

キム教授らは、この戦略キャンバスと要因にどのような言葉が使われるか、から良い戦略と悪い戦略の特徴が分かるといいます。良い戦略の特徴は①メリハリ②高い独自性③それらをふまえた訴求力のあるキャッチフレーズ――だと指摘します。一方、悪い戦略の特徴は①利益につながらない過剰奉仕②一貫性の欠如③内向きの言葉遣いなど――です。社内で使われている「言葉」が、その会社の体質・文化を反映しているというのは、大変興味深い指摘ではないでしょうか。

2本の折れ線グラフを見てリーダーは何を考えなくてはならないか。「どこは負けてもいいか考えろ」。そう言ったのは、コマツの坂根正弘氏（現顧問）です。私の知る限り、「負けてもいい」といった経営者は坂根氏だけです。「ブルー・オーシャン」に限らず、戦略とはそういうものです。コマツのように「ダントツ」の強さを発揮する企業になるには、どこかで負けなくてはならないのです。

ケーススタディ　すべての面で少しずつ勝つことの大きな代償

現在の戦略キャンバスをふまえて新しい市場、つまり「ブルー・オーシャン」を生み出すために、著者は顧客に対する価値を4つの視点から考えてみることを提唱します。既存の製品やサービスに対して①取り除くべきもの②減らすべきもの③増やすべきもの④付け加えるべきもの――の四つです。

昔ながらのサーカスとシルク・ドゥ・ソレイユを比べてみればその意味が分かるでしょう。シルク・ドゥ・ソレイユはテント、道化師、アクロバットという三つだけを残し、「ストーリー性」を付け加え、逆にそれ以外のもの、例えば伝統的に不可欠と思われていた動物ショーを取り除くことによって、サーカスの再定義をしたのです。

コマツの坂根氏の言葉ではないですが、「すべての面で、競合に少しずつ勝とうとして（つまり、折れ線グラフでほぼパラレルのような形で、競合他社のグラフの少し上になるようにすることをめざし）顧客から見れば何の特徴もなくなってしまう」ことになりがちな我々に対する警鐘です。

さらに一歩進んで、著者は「市場の境界線を引きなおす」ことの重要性を指摘します。つまり、新しい市場をつくることこそ、血みどろの戦いで資源を消耗し、大した成果もあげられないことを防ぐ唯一の道だというのです。

そうした新しい市場を創造するための考え方のヒント、発想を変える見方として、本書は六つを上げています。

【眼前にあるのに気づかない——新市場見いだす6つのヒント】

以下に挙げる六つは、「ブルー・オーシャン」戦略に限らず現状の商品のマーケティングにおいても十分意味を持つ視点であると思います（オリジナルは「Creating New Market Space」——ハーバード・ビジネス・レビュー誌1999年。私も日本語版を企業の幹部研修で何度か使っています）。

①代替産業に学ぶ——マーケティングで「顧客はドリルを買いたいのではなく、穴を買いたいのだ」という有名な話がありますが、それと同じようなことです。同じ業界だけでなく、代替となる産業（例えばエンターテイメントという意味で映画館とマッサージ）を考えたときに、顧客の本当のニーズが分かるのです。

②業界内のほかの戦略グループから学ぶ——同じ業界でも顧客がセグメントされている場合、その理由は何か。別の切り口はないか。

③買い手グループに目を向ける――「買い手」と一口に言っても、実はそこには「購買者」「利用者」更には「影響者」があり、この3者は必ずしも同じではありません。私がコンサルタント時代に担当した仏ヘネシーがバブルのころ、「接待でオーダーするお酒ナンバーワン」になったのは、「購買者」(接待する側)でも「利用者」(される側)でもなく、「影響者」(店の女性)にフォーカスしたマーケティングを展開したからです。

④補完材や補完サービスを見渡す――昔からパソコンやゲームのハードとソフトが補完材であることは知られてきましたが、実は他にもいろいろないだろうか。例えば、商品の販売よりもメンテナンスで利益をあげている業界のような発想、替え刃でもうけるような発想、あるいはまったく違う補完(映画館と託児所)を結びつけるようなことはできないだろうか。

⑤機能志向と感性志向を切り替える――スイスのスウォッチは機能志向の時計業界にファッション志向を、逆に英ザ・ボディショップは感性志向の化粧品業界に機能志向を持ち込んだ例として挙げられています。あなたの業界はどうでしょうか。

⑥将来を見通す――「トレンド」という言葉がよく使われますが、「トレンド予測」ほどあてにならないものはありません。そうした「予測」ではなく、今の「トレンド」の行きつく先を考えてみろと著者は言います。コンサルティング業界では「エンドゲーム」などと言いますが、どう考えてもこういう方向に行くだろう、例えば東南アジア諸国連合(ASEAN)の発展

とか、スマートフォンの普及といったようなことを踏まえたときに、どのようなサービスが求められるかという、逆算の発想です。

【論理へのこだわりが「レッド・オーシャン」を招く逆説】

実は、「これまでの常識にとらわれすぎない」「新しい市場を作り出す」ことの大切さは20年前以上にC・K・プラハラードとゲイリー・ハメルの出世作「ストラテジック・インテント」（ハーバード・ビジネス・レビュー誌、1989年）が次のように指摘していました。

セグメンテーション、バリューチェーン、ベンチマーク、ストラテジックグループ、移動障壁といったコンセプトを学び、多くのマネジャーは産業の地図作りがうまくなった。ところが、このような分析に明け暮れている間に、（日本の）ライバル企業は大陸全体を動かしていたのだ。

彼らの指摘は、欧米企業が昔ながらのコンセプトにこだわって視野が狭くなっているのに対し、日本企業はそうした「常識」を打ち破る形で躍進をしているのだというものでした。それが、今全く逆の形で日本企業に対してあてはまるのは皮肉です。

論理的であることは大切ですが、すべての論理には出発点があります。その出発点として無意識のうちに「これまでの常識」「これまでの業界」を使ってしまう結果、論理的であろうとすればするほど視野狭窄（きょうさく）になってしまうという逆説が「レッド・オーシャン」を招きます。「それはおかしい」と思っていても、「論理的」に反論できないことにもどかしさを感じたことはないでしょうか。秀才の牛耳る官僚組織が国をダメにする典型的なパターンです。

そろそろ日本企業も「ダントツ」であるために「何を負けてもよいか」「これまでの前提を変える必要はないか」、そして「商品のイノベーション」だけでなく「ビジネスのイノベーション」とは何かを真剣に考え、取り組む時期にあるのだと思います。

3 細部を見逃さないリーダーシップ——組織の急所に資源集中

どんなにすごい戦略も実行されなくては意味がありません。逆説的ですが、「ブルー・オーシャン」戦略が必要な企業ほど古い市場の考え方、これまでのやり方に凝り固まっており、せっかくのいいアイデアを生かせないことが多いのです。では組織を率いるリーダーはどうしたらよいでしょうか。

最も大切なのは「資源の少なさや抵抗を言い訳にしないこと」です。組織改革にしても新しい戦略の実行にしても、抵抗があるのは当たり前。できない言い訳にしてはなおさらだめです。キム教授らは四つのハードルがあるといいます。①意識のハードル②経営資源のハードル③士気のハードル④抵抗、政治的なハードル——です。

そうした四つのハードルを乗り越えるのが「ティッピング・ポイント・リーダーシップ」です。それは「どのような組織でも、一定数を超える人（一般に2割などといわれます）が信念を抱き、熱意を傾ければ、そのアイデアは流行になって広がっていく」ことを認識し、「拡散でなく集中」を考えるリーダーのことです。

１９９４年にニューヨーク市警本部長になって治安を劇的に良くしたビル・ブラットンが分析されています。最初の成功要因は数字ではなく現実を肌で感じさせたことです。例えば、数字を振りかざす市警の幹部に実際に地下鉄に乗らせました。次に小さな犯罪を見逃しませんでした。さらに重点領域に資源を集中し、影響力の強い中心人物に徹底して働きかけました。当事者の行動が目立つようにし、目標を細分化し具体的な目標に落とし込むことなどにも取り組みました。要は「組織の急所」は何かを見つけ、そこに集中するということが大事です。

根本にあるのは、細部を見逃さないことと、抵抗を恐れないことです。そして、抵抗とは、リーダーの本気度を試すリトマス試験紙の別名であることも忘れてはなりません。

ケーススタディ

ブラットンが着目した小さな〝急所〟

（注）本パートは、一部拙著『経営の神は細部に宿る』を参考にしています。

1994年にニューヨーク市警本部長になって治安を劇的に良くしたビル・ブラットンが成功した要因の一つとして、小さな犯罪を見逃さなかったことを先にあげました。それは1982年に犯罪学者のウィルソンとケリングによって発表された「Broken Windows（割れ窓）理論」の実例として位置づけることができます。

「Broken Windows 理論」を直訳すれば、「空きビルなどの窓の一つが割られてそのまま放置されていると、そのうちにそのビルすべての窓が割られる」ということです。その意図することは「小さなこと」、ここでは「一つの窓が割られたまま放置されている」ということが、そこに住んでいる住民、通行人、そして不良の集団に「サイン」を送っているということです。つまり「一つの窓が割られたまま放置されている」とは、ビルの持ち主も、ひいてはその周辺の住人も「窓が割れてもかまわない」「他人のことなんてどうでもいい」と思っていることを示しています。多くの場合、その結果は単にそのほかの窓がすべて割られるだけにとどまらず、その地域全体の犯罪率の上昇など居住環境の加速度的な悪化につながります。

日本でも、例えばチリひとつないところでは汚すのははばかられます。逆にあちこちにごみが落ちているようであれば、わざとではなくても落としてしまった紙くずを拾おうという気持ちがなかなか起こらないということはあるのではないでしょうか。

おそらく本書で取り上げられているビル・ブラットン本部長以上に有名なのが、同じころ市長を務め、後に9・11の同時多発テロ事件のときに指揮を執ることにもなるルディ・ジュリアーニ氏の「落書き対策」でしょう（これは次のブルームバーグ市長にも受け継がれます）。

［ささいな間違いを「大目に見る」組織の末路］

このパートは2003年にハーバード・ビジネス・レビュー誌に発表された「Tipping Point Leadership」がもとになっていますが、その3年前に出版されたマルコム・グラッドウェルのベストセラー『The Tipping Point』に多くをよっています。

そこで何度も取り上げられているのは、大きい問題に対して、大きく取り組むのではなく、「サイン」を出すことが重要だということです。地下鉄の無賃乗車と落書きをなくすことが、「犯罪」に関する認識を（犯罪者、市民ともに）大きく変え、それが治安の大幅改善につながっていったのです。

ここで考えてみたいのが「誰にでも間違いはある」という、よく聞くフレーズです。これは実際そうだと思いますし、テストにしろ、仕事にしろ、よほど慎重な人でも間違えたり、失敗してしまったりすることはあるでしょう。だから、厳しく罰することは良くない、次のチャンスを与えるべきだということになります。「大目に見る」という言い方もあるくらいです。

注意しなくてはならない点は二つです。一つめは、ある「失敗」「ルール違反」を大目に見ることが、その本人はともかく、その他の社員あるいは顧客にどのような「サイン」を送っているかということです。例えば、どこの会社にも時間にルーズな社員はいるでしょう。他の社員に対しては「時間厳守」を求め、しかし「彼は営業成績がいい」からといって一部例外を作れば、「成績がよければ時間を守らなくても良い」といっているのと同じです。そして、そのサインは「成績がよければ何をしても良い」と拡大解釈されても不思議ではありません。

もう一つは、「大目に見る」のは、失敗した本人のためではなく、それを指摘し、叱責する立場にある上司が自分のために行う場合があることです。部下に小言を言ったり、悪い評価をつけたりすることは、楽しいことではありません。嫌われてしまうかもしれません。「人材育成」「業績」を名目に、本来上司がすべきことを避け続けていれば、その組織がどうなるかは想像に難くありません。甘え、ルール違反が跋扈（ばっこ）し、本当に仕事をしたい人たちは離れていくでしょう。

「ゆずれない一線」の有無でわかるリーダーの器量

「Broken Windows 理論」では、「小さなこと」が結果としてより深刻な問題の引き金になることから、どんなに小さな犯罪、ルール違反に対しても厳しく対処する「Zero tolerance（しんしゃく無用）」の重要性を指摘します。この「Zero tolerance」はいろいろなところで使われ、例えばテキサスでは（おそらく他の州でもそうだと思いますが）、中学、高校で暴力によるけんかは先生に見つかれば一発退学です（米国では高校まで義務教育ですので、他の高校に行くことになります）。

「厳しすぎる」という意見はあっても、「小さなルール違反に、あえて厳しく対処する」ことで、本人だけでなく、その他大勢に、そのルールの大切さを強く訴えるのです。「ゆずれない線」をいったんゆずってしまったら、あとはどうなるか。結果は明らかだと思います。人間は完全なものではなく、間違うこともあります。だからこそ、気を抜いてしまってはいけないのです。それを死守しなくては、組織のアイデンティティーが成り立たない一線というものがあるのです。

小さいことにこだわるのは、「ケチ」だとか「小心」だというふうに受け取られがちなので、「細かいことは気にしない、豪胆なリーダー」が人気を集めます。しかし、本当にそうでしょうか。

実は「豪胆」ではなく、「粗雑」なだけではないかと疑ってみることも必要です。そして、単に「細かい」のではなく、「ゆずれない一線」を持っているかもしれないということも。

4 戦略実行の本質とは——従業員とのコミットメント

「リーダーにしかできないことはあるが、リーダーだけでは何もできない」といわれます。戦略の実行はリーダーだけの問題ではありません。「ブルー・オーシャン」戦略だけではなく、どんな戦略も従来のやり方を変えるという意味で、リスクを伴います。そのリスクに正面から向き合い、実行するためには従業員のコミットメントが不可欠です。

キム教授らはそうしたコミットメントを生み出す源泉が公正なプロセス（Procedural Justice）であると主張し、鍵となる要素として三つのEをあげます。①Engagement（関与）②Explanation（説明）③clarity of Expectation（明確な期待値）——です。

つまり、従業員一人ひとりが意見を言う機会があるなど深く関与でき、経営者の狙いが説明され、どのような目標・成果が期待されているかを明確に示されるとき、戦略の実行度は高まるということです。逆に言えば、どれか一つが欠けても戦略の実行は中途半端に終わるでしょう。

さらにその背景にあるのは、単なる「アメとムチ」ではなく、従業員と経営の信頼、著者の言葉を使えば「感性」で信じるということです。人間の組織でしばしばできそうにもないことができたり奇跡が起こったりするのは、「知性」を越えた部分、つまり「感性」が果たす役割が大きいのではないでしょうか。

そう考えてみると、「戦略」が手段である以上、赤か青かと同じかそれ以上に、戦略によって何を達成したいのか、つまり「会社の目的」「夢」がどれだけ社内で共有化されているのかが大切だというポイントに行き着きます。公正なプロセスとは、そうした夢を実現するために、会社があらゆる努力をしているのだと従業員に知ってもらうためのコミュニケーションなのです。

ケーススタディ　敵とではなく、味方同士で戦ってしまうチームの悲劇

「Fair Process：Managing in the Knowledge Economy」と題された、このパートに関する論文はハーバード・ビジネス・レビュー誌にまず１９９７年に掲載され、２００３年に再掲されています。03年に再掲されたというのは、インターネットバブルが崩壊し、もう一度戦略の実行に関して考えなくてはならないという問題意識が高まったからでしょう。

04年に出版されたスティーブン・コヴィーの『The 8th Habit（八つめの習慣）』では、米国での2万3千人の調査結果として次のようなデータをあげています。

① 自分の属する組織がどのような目的をなぜもっているか理解していると答えたのは37％にすぎない

② 組織の目的を達成するために自分の役割が分かっていると答えたのも5人に1人

③ 組織を十分信頼していると答えたのは20％で、他部門と協力的な関係を築いていると答えたのは13％

さらに、コヴィーはこれらのデータをサッカーチームに当てはめ、「11人のプレーヤーのうち、どちらが自分のゴールか分かっているのはたった4人。自分がどのポジションで、何をすればよいのか分かっているのは2人。9人は、敵とよりも自分のチームメンバー同士で戦っている」ようなものだと指摘します。

ルールすら分かっていないで、よく組織がまわるものだと驚かざるを得ません。逆に言えば、競争相手も含めた全体のレベルが低く、少しの改善が大きな結果につながるのもこのコミュニケーションを通じた実行の分野であるといえると思います。

「報・連・相」から論理思考までなくてはならない「組織の価値観」

先に公正なプロセスを行うことが、社員とのコミュニケーションであると申し上げました。実際、組織においてコミュニケーションほどよく使われている割には、あまりよく理解されていないコンセプトはありません。

掲示板に社内通知を貼るのも、メールを送るのも、会議をするのも、そして1対1で面談するのも、廊下で立ち話するのもすべて「コミュニケーション」だとみなされています。

そうしたあいまいな中で、「コミュニケーションがうまくとれていない」とか「コミュニケーションを密にしろ」などと言っているのです。しかし、何をどうしようというのかは、同じ会社、同じ部門であっても人によって解釈がずいぶん違うように思います。

「人間の内面は簡単に理解できない」ことを知る

コミュニケーションというと情報交換、あるいはロジカルシンキングのイメージが大きいかもしれませんが、なぜその情報が大切かというロジックの前提になる価値観を伝え、共有することが重要です。それができなければ、本当のコミュニケーションは成り立ちません。どのような価値観、考え方あるいは問題意識を持っているかによって、ロジックの出発点が決まり、どのような情報が目に入るかが決まるからです。

価値観の部分を理解していなければ、相手がどのような情報が欲しいのか、逆になぜこの情報の価値が相手に伝わらないのかが理解できません。

情報が大切だとよく言いますが、世の中にまたあふれているのも情報ですし、同じ情報でも人によって解釈が違うこともよく体験することです。コミュニケーション=情報交換と思って疑わないとき、すでにその時点でコミュニケーションができていないというのは皮肉なことです。

そして、組織のコミュニケーションでおそらく最も大切なのに忘れられがちなのは「聞く」ということです。「口は一つしかないが、耳は二つある」のは、聞くことの方が言うことより2倍大切だからだと言われることがあります。

コミュニケーションでは、意味が「伝わって」、つまり共有されて初めて完成するのであるとすれば、「受け手」について、あるいは「聞くこと」についてもう少し注意が払われてもよいでしょう。「聞く」ことについて、鈴木秀子氏の言葉を引用します。

「聞き上手の人は、基本的に『人間の内面は、そう簡単に理解できるものではない』という認識を持っている。しっかり聞くまでは、何を考えているか、何をおもしろがっているか、何を悩んでいるか分からないと思うからこそ、一生懸命に聞くのである」。

（『心の対話者』より）

［　戦略実行の本質――「当たり前のこと」をやり抜く難しさ　］

逆に、相手が二言、三言、話すのを聞いただけで、自分の意見を言い始める人には、「自分は一を聞けば十を知ることができる」という、うぬぼれや尊大さがあると言えないでしょうか。心理学がもてはやされ、「人の心を読む」ことに興味を抱く人が多い現代は、こうした人が増えているようです。

「ブルー・オーシャン」や「レッド・オーシャン」、INSEAD、ハーバードなど、いかにも高邁（こうまい）そうな話が多かったのですが、実は戦略実行の本質的なところは「仲間のことをよく知る」といった当たり前にできているようでできていないことにあるのではないでしょうか。その本質をつかんで実行しなければ、せっかくのブルー・オーシャン戦略も画餅に終わるでしょう。

『イノベーションのジレンマ』

クレイトン・クリステンセン著

リーダー企業凋落は宿命か

根来龍之

（早稲田大学ビジネススクール教授）

イノベーションのジレンマ――技術革新が巨大企業を滅ぼすとき／

The Innovator's Dilemma:When New Technologies

Cause Great Firms to Fail（1st edition）1997年

クレイトン・クリステンセン（Clayton M. Christensen）著

邦訳：翔泳社、<増補改訂版>2001年／玉田俊平太（監修）、伊豆原弓（訳）

1　リーダー企業の交代――「正しい選択」が招く宿命的衰退

優れた経営学理論は、意外性と納得感の両方をもつものです。意外性がないと「当たり前」になってしまいますし、意外性はあっても「それは特殊ケースにしか合致しない」と思わせるものは優れた理論とはいえません。ハーバード・ビジネススクールの看板教授の一人であるクリステンセンが書いた『イノベーションのジレンマ』は、まさに意外性と納得感の両方をもつ優れた経営学理論を展開した本です。

クリステンセンは「偉大な企業は正しく行動するがゆえに、やがて市場のリーダーシップを奪われてしまう」と主張します。既存のリーダー企業は、間違った意思決定をするから失敗するのでもなければ、新しい技術の出現に気づかなかったから市場を奪われるわけでもない。つまり「愚かだから失敗する」のではないと言うのです。

写真フィルム業界の世界的巨人であったコダックの経営破綻を、クリステンセン理論に基づいて説明するならば、コダックは「フィルム技術を改善する」という正しい行動をしたがゆえに、デジタルカメラの波に乗り遅れたわけです。

ではリーダー企業はなぜ正しく行動するがゆえに失敗するのか。三つの観察が前提になっています。

まず一般にイノベーションによる性能改良は、顧客の要求（ニーズ）の上昇よりもはるかに速いペースで進む。

次に従来の技術（持続的イノベーション）では実現できない収益力の向上や新機能をもたらす技術（破壊的イノベーション）が生まれる。

最後に、破壊的イノベーションによる製品は、既存製品に比べてコストが安いが、最初は性能が劣っている。

このため既存顧客のニーズを満たせず、最初は収益性も低いという観察です。

これらの観察からクリステンセンは、既存企業が追求する持続的イノベーションと新規企業による破壊的イノベーションがもつ特性が、宿命的にリーダーの交代をもたらすと主張するのです。

ケーススタディ

破壊的イノベーションは、最初は一部のユーザーだけに受け入れられる

リーダー企業の失敗の原因となる三つの観察は、どうしてこのような結論につながるので

しょうか。まず、言葉の定義を確認しておく必要があります。クリステンセンがいう「持続的イノベーション」と「破壊的イノベーション」は、技術の「漸進的変化」と「抜本的変化」のことではありません。

持続的イノベーションとは、製品の性能を連続的に高めることを意味します。技術の抜本的変化によってこれが実現されることもあります。これに対して、「破壊的イノベーション」とは、少なくとも短期的には「製品の性能を引き下げる」効果を持ちます。しかし、これは、中心的ユーザーに対しての話です。破壊的イノベーションによる製品は、中心ユーザーではなく、一部の新しいユーザーに評価されることで市場に参入します。画期的に低価格であったり、大幅な小型化が実現されたり、使い勝手が大きく変わる製品をもたらす技術革新が、破壊的イノベーションなのです。

この対比は、大型コンピューターとパソコンをイメージするとわかりやすいでしょう。パソコンが生まれた時には、企業の業務を処理する性能を持つものではまったくありませんでした。しかし、それは「低価格」「小型」「机の上で使う」という点で優れており、まずホビーユーザーに受け入れられました。

クリステンセンは、破壊的イノベーションの進行は、けっして特別な現象ではなく、多くの業界で起きていると言います。『イノベーションのジレンマ』では、ハードディスク業界、掘削機業界、鉄鋼業界について詳細な分析がなされていますが、それ以外にも、コンピューター、写真、電話、戦闘機、医療機器、印刷、証券取引、病院、小売業などでも、破壊的イノベーションによってリーダー企業の交代が起こっているとしています。

【破壊的イノベーションがリーダー企業の交代をもたらす理由】

破壊的イノベーションは、なぜ「リーダー企業の交代」をもたらすのでしょうか。それは、『イノベーションのジレンマ』に掲載されている図1を見ながら考えればわかります。

① 既存大企業は、既存の中心ユーザーの要求に応え、収益性の高い持続的イノベーションを追求する。図中の(1)の線を既存企業はたどるということです。

② 一方、破壊的イノベーションによる製品は、少しずつ改良され、やがて既存市場の中心的要求も満たすようになっていきます。市場のローエンド要求だけに対応できた図中の(2)の矢印が、時間を経るにつれ、やがては市場のハイエンド要求にも応えられるようになるということです。

③ 持続的イノベーションによる製品性能が市場の中心レベルのニーズ以上の性能（過剰性能）になってしまい、一方では破壊的イノベーションの製品で消費者が満足できるようになると、

図1　破壊的イノベーションのモデル（ローコスト型破壊）

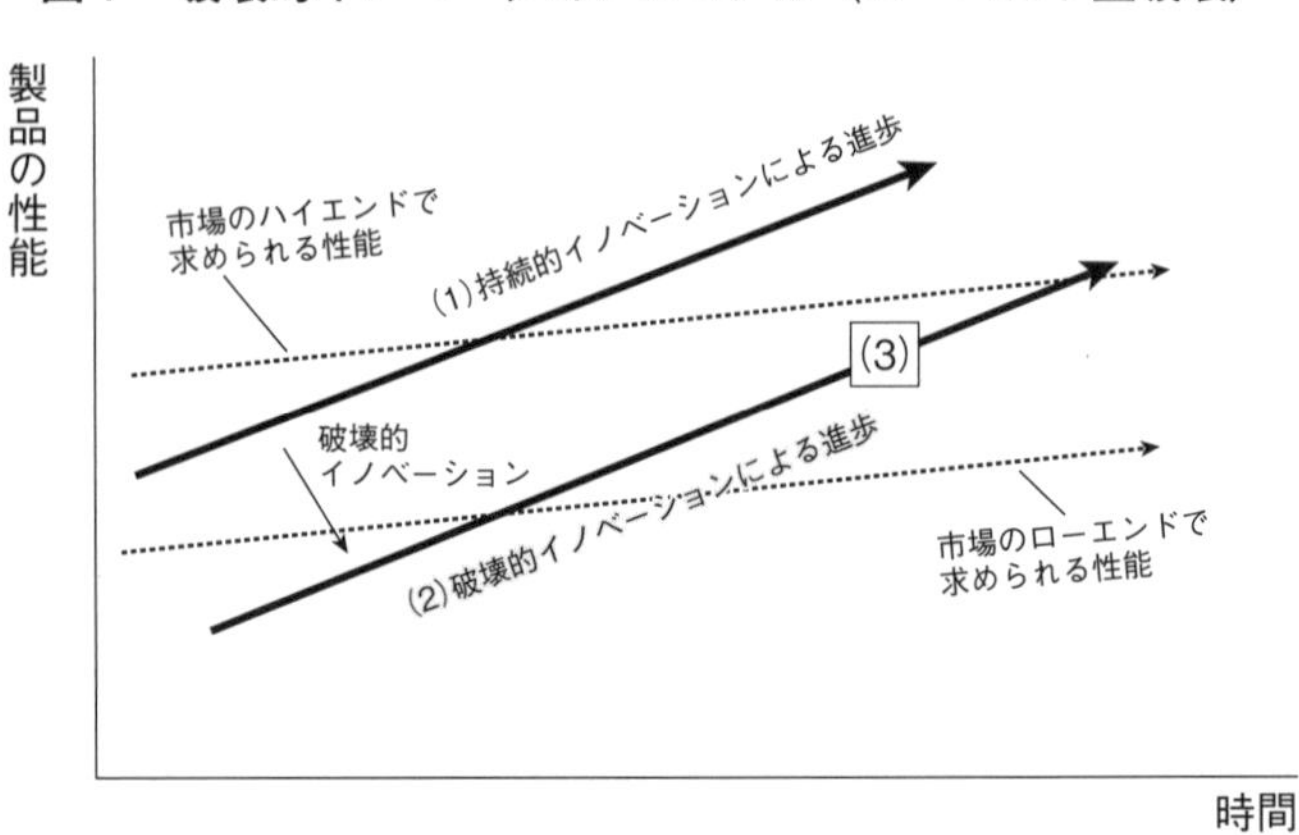

（出所：クリステンセン『イノベーションのジレンマ』翔泳社、2001年）
＊一部、説明のために修正

一気にリーダー企業の交代が起こります（図中の(3)の時点）。

写真業界に何が起きたのか

以下では、クリステンセン自身が述べている事例ではありませんが、コダックの没落について、『イノベーションのジレンマ』理論にそって考えてみましょう。

コダックは、１８８０年に創業され、世界ではじめてロールフィルムおよびカラーフィルムを発売した会社です。１９８０年代までは、同社は世界の写真業界の自他共に認めるリーダーであり、コダックという名前は、世界で最も価値あるブランドの一つと言われていました。しかし、２０１２年１月に米連邦破産法11条（日本の民事再生法に相当）の適用をニューヨークの連邦地裁に申請するに至りました。

言うまでもなく、コダックの凋落は、デジタルカメラの出現とフィルム市場の縮小によるものです。しかし、このことは、デジタルカメラを発明したのはコダックである（1975年）ことを考えると極めて皮肉なことです。

コダックは、創業以来、一貫してフィルムの技術改善をリードしてきた会社です。白黒からカラーへと技術を飛躍させたのは同社であり、フィルムの小型化を主導してきたのも同社です。コダックは、持続的イノベーションを絶え間なく追求してきた会社なのです。その中には、カラー化のような「抜本的な技術変化」もありました。

しかし、コダックは自らが発明したデジタルカメラを事業として本格的に追求することはありませんでした。それは、最初のうちは、デジタルカメラは解像度が低く、プリントできず、さらに同社の収益源である「フィルム」を使わない技術だったからです。そして、当初のデジタルカメラが、今日のようにフィルムカメラより便利で同等以上の品質をもつものになるとは予想できなかったのです（将来の可能性はともあれ、少なくともその代替スピードは分かりませんでした）。「利益率を下げず売上を維持・拡大する」正しい意思決定の結果として、コダックはフィルム技術の改善とその市場の維持にこだわったのです。そして、その結果、写真業界のリーダーの地位をデジタルカメラ業界の企業に譲り渡すことになりました。

本節の最後に、この理論を、なぜイノベーションの〈ジレンマ〉と呼ぶのかを確認しておきます。ジレンマとは、「自分のしたい二つの選択肢のうち、一方を追求すると、もう一方が必然的に不都合な結果になる」ことを意味します。上述の議論では、市場の中心ユーザーの要求に応えようとして持続的イノベーションを追求することが必然的に「破壊的イノベーション」への対応を遅らせてしまうことを指して、「イノベーションのジレンマ」と呼んでいます。

2 リーダー企業への脅威——察知しにくい「新市場型」

クリステンセンは『イノベーションのジレンマ』の続編『イノベーションへの解』で、リーダー企業を脅かす破壊的イノベーションには2種類あると述べています。「ローエンド型破壊」と「新市場型破壊」です。

ローエンド型破壊とは、「過保護の顧客」に従来より性能などの低い製品・サービスを低価格で販売することで新規参入するイノベーションのこと。過保護の顧客とは、既存の製品・サービスの性能などが、彼らにとっての「満足レベル」を超え、過剰になっている人たちを指します。デパートをサービス過剰と感じる顧客に向けてセルフサービスのビジネスモデルを取り入れ、小売りの主役の座を奪ったスーパーがローエンド型破壊の一例です。カテゴリー別ディスカウンターもローエンド型破壊のイノベーターと位置づけられます。

一方、新市場型破壊とは、従来の製品・サービスにない性能などを提供することで新たな需要を創り出すイノベーションのことです。デジタルカメラは「その場で見られる」「パソコンに保存できる」という新しい性能を提供することで、従来のカメラとは異なる需要を創造しました。

どちらのイノベーションも、最初は既存の製品・サービスに比べ性能などが劣るものの、次第にレベルを高めて市場の主役の座を奪う可能性をもちます。しかし、ローエンド型破壊が当初から既存市場を奪うライバルであるのに対して、新市場型破壊は同じ脅威があるとはなかなか意識されません。最初は「無消費」、すなわち既存の製品・サービスを消費していない人に訴求するものとして出発するからです。

この種の新しい製品・サービスのすべてが既存市場を奪うものに成長するわけではありません。特殊なニーズに応えるニッチ製品として存在し続けるにすぎないものもあります。このため、既存企業は新市場型破壊の製品・サービスの脅威を小さく見積もりがちです。

ケーススタディ

新しいニーズに最初に対応した製品がやがてメーン市場の主役に

新市場型破壊についてさらに考えてみましょう。

図2の縦軸が製品の性能、横軸が時間を表しているのは、図1と同じです。しかし、図2では、3番目の軸として、「無消費者または無消費の機会」が加わっています。ここでは、最初の二つの軸による「平面」は、特定の用途市場を意味するものになります。これに対して、3番目の軸は、イノベーションがもたらす製品・サービスが、従来その製品・サービスを購入し利用するためのお金やスキルや環境を持たなかった新しい顧客＝新しい用途を取り込むことを意味します。

3番目の軸上に、当初の用途とは異なる性能を意味する縦軸が立つことになります。例えば、ソニーの最初の電池式小型トランジスタラジオは、小型で携帯可能で低価格ではありましたが、当時の主流製品である真空管ラジオに比べて、音質が悪く雑音が混じるものでした。処理できる電力が小さかったからです。しかし、この電池式小型トランジスタラジオは、それまでラジオを持っていなかった人に歓迎されたと言われています。例えば、「両親の耳の届かない場所で仲間とロックンロールを聴きたいティィーンエイジャー」が新しい顧客でした。やがて、

図2　ローエンド型破壊と新市場型破壊

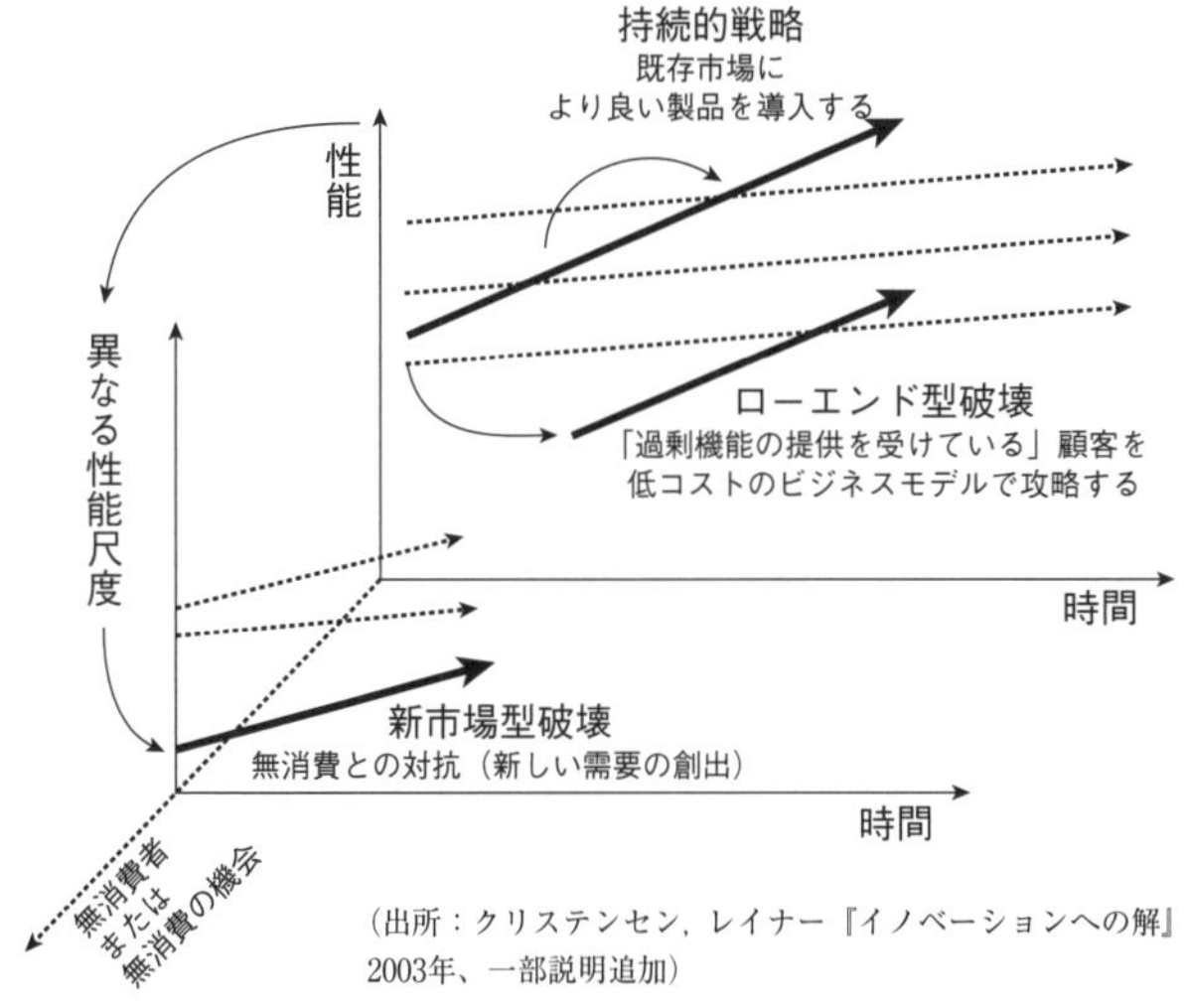

（出所：クリステンセン，レイナー『イノベーションへの解』翔泳社、2003年、一部説明追加）

トランジスタ技術が向上して、卓上ラジオ、さらには大型テレビに必要な電力を処理できるようになると、ソニー製品に代表される新興家電企業は、当初用途（既存製品）の市場までも奪うようになっていきました。

新市場型破壊が成立するための四つの条件

クリステンセンは、新市場型破壊が成立するためには、以下の四つの条件が必要だと述べています。（『イノベーションへの解』邦訳137頁〈以下同〉）

①　ターゲット顧客にはある用事（必要）を片づけたいというニーズがあるが、お金やスキルを持たないため、解決策を

手に入れられずにいる。

② このような顧客は、破壊的製品をまったく何も持たない状態と比較する。そのため、本来のバリュー・ネットワークのなかで、高いスキルを持つ人々に高い価格で販売されている製品ほど性能が良くなくても、喜んで購入する。こうした新市場顧客を喜ばせるための性能ハードルは、かなり低い。

③ 破壊を実現する技術のなかには、非常に高度なものもある。だが、破壊者はその技術を利用して、誰でも購入し利用できる、シンプルで便利な製品をつくる。製品が新たな成長を生み出すのは、「誰でも使える」からこそである。お金やスキルをそれほど持たない人々でも消費を始められるのだ。

④ 破壊的イノベーションは、まったく新しいバリュー・ネットワークを生み出す。新しい顧客は新しいチャネル経由で製品を購入し、それまでと違った場で利用することが多い。

バリュー・ネットワークとは、「上流のサプライヤ、潜在的なマーケットである下流のチャネル、そして周辺の供給者の集合体」を意味しています。バリュー・ネットワークが業界内部の共通のビジネスモデルを支えているので、破壊的イノベーションは、単に個別製品・サービスの革新をもたらすだけではなく、新しいバリュー・ネットワークの中におさまる必要があります。

例えば、トランジスタラジオが発売された当時、真空管を利用した電気製品は家電販売店を通じて販売されており、販売店は販売した製品の切れた真空管を交換するサービスでかなりの利益を得ていました。この場合、家電販売店は、真空管が入っていないトランジスタ製品の販売では十分な利益をあげられません。したがって、ソニーをはじめとするトランジスタ製品メーカーは、新しいバリュー・ネットワーク内に、新しいチャネルを作り出す必要がありました。新たなチャネルは、チェーンストアやディスカウントストアでした。そして、既存企業がトランジスタ製品を発売し始めた時には、これらのチャネルの棚スペースはすでにソニーなどの新興企業に占められていたのです。

【クラウドコンピューティングの挑戦】

クリステンセンが提示した四つの条件を、直近の事例に適用してみましょう。

情報システムの世界でトレンドとなっている技術に、クラウドコンピューティングがあります。クラウドコンピューティングとは、企業がサーバーなどを持たなくても、また高価なソフトウエアを購入したりシステム開発をしたりしなくても、パソコンだけあれば、従量料金で利用できるコンピューターサービスです。安価で初期投資が要らない情報システムとして中小企業から導入が進み、今では大企業でも一部の業務で導入が進みつつあります。

技術的には、クラウドコンピューティングは、同じサーバー群を複数ユーザーで共有するマルチテナント型と言われる仕組みを持っています。これによってコンピューターの余剰キャパシティーが大きく削減されるので原理的にコストが安くなります。また、利用企業によってソフトウエアのバージョンが異なることがなく、常に最新版にソフトウエアが自動更新されるので、企業側から見ると（標準的機能だけを利用している場合には）システム更新の手間がいらず、また提供企業側のサポートが楽になります。

このクラウドコンピューティングが新市場型破壊の四つの条件を満たすかどうか考えてみましょう。

① 当初のターゲット顧客である中小企業は、お金やスキルが相対的に不足しているので、情報システム投資が行われなかったり、なかなか行われない傾向がありました。

② このような顧客は、高価なパッケージソフトや自社開発とクラウドコンピューティングを比較するのではなく、「情報システムを使わないよりいいか」を考えることになります。この場合、当初のクラウドコンピューティングサービスが機能的に限定されたものであっても、顧客は満足してくれます。

③ クラウドコンピューティングサービスを提供するには、それ専用の基本ソフト（ＯＳ）やソフトウエア、さらにデータセンターが必要ですが、ユーザーから見ると、シンプルで便利

な「誰でも使える」ものになります。

④　クラウドコンピューティングは、できるだけユーザーによるカスタマイズが少ないほうがいい製品ですので、既存のＳＩｅｒ（情報システム構築企業）にとっては利益が出にくく、直販や税理士団体などの新しいチャネルで当初は販売が行われました。

以上から、クラウドコンピューティングは、新市場型破壊に成長していく可能性があることになります。だからこそ、既存大手コンピューター企業も脅威を感じて熱心に対応策を発表しているのだと理解できます。

3　不均等な意欲——新技術は既存と別の組織で追求すべき

クリステンセンは「主流市場の競争力を保ちながら（既存の製品・サービスにとって脅威となる）破壊的技術を的確に追求することは不可能である」と主張します。多くの企業は、既存の製品などを改善しながら、同時に破壊的技術も追求しようとします。これが失敗の原因だというのです。

その理由をクリステンセンは「不均等な意欲」に求めます。既存の製品・サービスの利益率が高く顧客の大半がそれを求めているうちは、破壊的技術は組織内の資金と人材を十分集めることができません。組織内で、既存の製品などに対する意欲と、破壊的技術に対する意欲が「不均等」であるがゆえに、企業は対応が遅れるというのです。

これは経営者だけではなく、現場のマネジャーの問題でもあるとクリステンセンは指摘します。どのプロジェクトを優先するかは、マネジャーがどのようなタイプの顧客や製品が企業にとって最も利益になると理解しているかに左右されます。

顧客が求めるものに応え、収益性の高いプロジェクトに参加すると、組織内で成功しやすくなります。こうした成功追求のメカニズムが資源配分プロセスに重要な影響を与え、破壊的技術への注力を妨げるのです。

これを防ぐ方法は、別々の組織で、別々の顧客を追求することだというのが、クリステンセンが示す処方箋です。

米IBMはパソコン業界に参入し、当初は大きな成功を収めました。これはニューヨーク州の本社から遠く離れたフロリダ州に、独自の部品調達網や販売チャネルをもとに競争上のニーズに適したコスト構造を自由に形成できる自律的な組織を新設したためだとの指摘があります。

IBMがその後、パソコン市場の収益性と市場シェアを維持できなかった大きな要因は、同社がパソコン部門と主流組織を緊密に連携させると決めたことにその原因があるとされているのです。

ケーススタディ ディスク・ドライブ業界での破壊的技術への対応

クリステンセンの『イノベーションのジレンマ』は、ディスク・ドライブ業界の歴史のなかで、破壊的技術への対応で成功した企業として、カンタム・コーポレーション（Quantum Corporation）を挙げています。（151～152頁）

カンタム・コーポレーションは、1980年代前半にミニコン市場に8インチ・ドライブを提供する大手メーカーでした。しかし、次世代製品の5・25インチ・ドライブに完全に乗り遅れてしまいます。カンタムが最初の5・25インチ製品を発売したのは、市場に同製品が出回り始めてから約4年も後のことでした。先行した5・25インチの後発企業がミニコン市場を侵食し始めたため、カンタムの売り上げは急速に減少を始めます。

1984年に、カンタムの社員数人が、デスクトップ・パソコンの拡張スロットに挿入する薄型3・5インチ・ドライブの潜在市場に気づき、カンタムを辞し、新会社を設立しようとしました。このドライブは、カンタムの収入源であるミニコン向けではなく、パソコン向けの製品でした。

カンタムの経営陣は、社員の独立の動きを支援し、プラス・デベロップメント・コーポレーションというこのスピンオフ事業に出資して80％の株式を保持し、新会社をカンタムとは別の場所に設立させました。完全に独立した組織と独立した経営陣によって、プラス・デベロップメントは新市場に参入したのです。

1980年代半ばにカンタムの8インチ・ドライブの売り上げは落ち込み始めますが、プラスの3・5インチ製品の売り上げ増によって補完することができました。87年には、カンタムの8インチ製品と5・25インチ製品の売り上げはほとんどなくなります。そこで、カンタムはプラスの残りの20％の株式も取得し、実質的に旧カンタムを閉鎖して、プラスの経営陣をカンタムの上級管理職に据えることにしました。そして、アップルなどのデスクトップ・パソコン・メーカー向けの3・5インチ製品の改善を図りました。こうして、カンタムは3・5インチ・ドライブ・メーカーとして再生し、持続的イノベーションによって上位のエンジニアリング・ワークステーション市場へも進出し、さらに2・5インチ・ドライブへの持続的なアーキテクチャーのイノベーションにも成功しました。新生カンタムは、8インチ・ドライブの売り上げを完全に失いながらも、ディスク・ドライブ生産台数で再び世界最大手となることに成功したのです。

なお、カンタムは、ハードディスク部門を2001年に売却しますが、テープドライブ分野において、現在も世界のトップクラスのシェアを維持しています。

【破壊的技術に直面した経営者への四つのサジェスチョン】

クリステンセンは、破壊的技術に直面した経営者に対して、次のような対応を勧めます（『イノベーションのジレンマ』３０３頁）。

① 破壊的技術の開発を、そのような技術を必要とする顧客がいる組織にまかせることで、プロジェクトに資源が流れるようにする。

② 独立組織は、小さな勝利にも前向きになれるように小規模にする。

③ 失敗に備える。最初からうまくいくと考えてはならない。破壊的技術を商品化するための初期の努力は、学習の機会と考える。データを収集しながら修正すればよい。

④ 躍進を期待してはならない。早い段階から行動し、現在の技術の特性に合った市場を見つける。それは現在の主流市場とは別の場所になるだろう。主流市場にとって魅力の薄い破壊的技術の特性が、新しい市場をつくり出す要因になる。

4 処方箋の提示——顧客視点で理論構築

クリステンセンは『イノベーションのジレンマ』で、理論について「ある行動が引き起こす結果とその理由を説明するもの」と定義します。さらに、その定義に基づいて「どのような条件下で、何が、何を、なぜ引き起こすのか」を詳しく解明しようと試みます。それによって、ある結果を避けるための行動を考えやすくなるとみたのです。

クリステンセンがイノベーションについての理論を詳しく解明するうえでカギとなったのは、三つの仮説です。具体的には①イノベーションは（既存製品の改良など）持続的なタイプと（それまでのリーダー企業にとって脅威となる）破壊的なタイプに分類できる②破壊的なタイプは持続的なタイプが生み出した市場のほとんどを代替する③既存企業は株主と顧客の要求に合理的に対応しようとするがゆえに、破壊的なタイプにうまく対応できない——というものです。

ここで注目すべきなのは、クリステンセンがそのときの大半の顧客のニーズに沿っているかどうかでイノベーションを分類したことです。これまでのイノベーションの多くの分類方法が技術の革新度合いを判断基準としていたのに対し、顧客の視点から見た点で独創的なものでした。

持続的イノベーションは、大半の顧客が要求してきた性能を継続的に高めていくものです。これに対して、破壊的イノベーションは、短期的には「製品の性能を引き下げる」側面を持っています。それでも一部の新しい顧客に評価されるうちに、やがて他の顧客にも画期的な低価格や使い勝手のよさをもたらします。

この新しい分類に基づいて、クリステンセンは、既存企業は破壊的イノベーションにうまく対応できないと予測します。その予測ができたからこそ、企業は「既存組織とは別の組織で破壊的イノベーションに取り組む」しかないという処方箋を示すことが可能だったのです。

ケーススタディ 理論構築の3段階のプロセス

クリステンセンは、確固とした理論を構築するには、次に示す3段階のプロセスを踏む必要があると主張します。(『イノベーションへの解』20〜31頁)

① 理解の対象となる現象を記述する。
② 現象をいくつかに分類する。
③ 現象を引き起こす理由を説明する。

①は、例えば、イノベーターが成功を目指して取る行動や、そうした行動がもたらす結果を記述することです。クリステンセンは、悪い経営理論が生まれるのは、研究者が1つか2つのサクセスストーリーを性急に観察し、見るべきものを十分に見たと思い込むときだと言います。重要なのは、失敗したケースも観察することです。しかし、すべての事例を観察することは不可能です。

そこで②が重要になります。ある行動がすべての企業において同じ結果をもたらすということはありません。場合分けが必要なのです。『イノベーションのジレンマ』においては、破壊的イノベーションの存否が「状況の場合分け」にあたります。破壊的イノベーションが進行する場合に、持続的イノベーションによる性能の向上に取り組むことは、長期的にはよい経営成果をもたらさない結果になります。

次に、③として、「既存企業は株主と顧客の要求に合理的に対応しようとするがゆえに、破壊的イノベーションに組織的意欲を持つことができず、その結果対応が遅れる。」という説明が行われます。

研究者は、自説では説明できない現象や、予想外の現象の発生を示す例外にしばしば遭遇します。その場合、再び②の分類作業に戻ることになります。場合によっては、①の現象の記述をやり直す必要がある場合もあるでしょう。

新しい分類に従って自説を再構築し、この自説を用いれば、以前の観察結果を説明できるだけでなく、例外と思われた現象も説明できるようにすることで理論は進歩します。

クリステンセンが、『イノベーションのジレンマ』で示したモデルを、『イノベーションへの解』で3次元のモデルに発展させたのは、そのようなプロセスの結果なのかもしれません。

なお、上記の3段階のプロセスからなるクリステンセンの「理論に関する理論」は、理論の連続的な進歩を想定するものですが、理論に関する理論には、理論同士には「共約不可能性」があるという主張もあることを付記しておきます。これは、異なる理論の間には、両者の優劣を比較する共通の尺度は存在しないという立場であり、理論の発展には飛躍があるという主張です。

【置き換えか棲み分けか】

最後に、イノベーションについて、クリステンセンの概念区分（分類）とは異なる概念区分を示しておきたいと思います。実は、私は、どのような理論でも、完成したものではありえず、完全な予測能力を持たないと考えています。その証拠として、クリステンセンとは異なる概念区分の存在を示したいと思います。理論は常に発展し続けるものなのです。あるいは理論は並立するものなのです。

クリステンセン理論は、破壊的イノベーションによる市場の主流部分の入れ替え（代替）を主張します。しかし、イノベーションには部分的にのみ市場の代替を行うものもあるのではないでしょうか。

図3を参照してください。ある時点における代替品と既存品の関係は、いくつかのパターンに分類できます。

まず代替品の機能に対する買い手の評価が、既存品を全て上回っているかと、部分的に上回っているかで二つに分類できます。次に代替品に新ニーズと結びついた新しい機能が存在するか、存在しないかで二つに分類できます。ＩＣカード（の乗車券）には電子マネーという新機能が付加され、ＩＣタグには非接触識別という新機能があります。

上記の二つの分類を組み合わせると、図のように四つの分類が可能です。ある製品がどの代替パターンに当てはまるかは、代替品の技術の進化によって変化します。たとえば、デジタルカメラは、「部分拡張代替」であったものが、「完全拡張代替」（フィルムカメラの機能をほぼ全部持つ）に変化していったものです。この分類に従えば、クリステンセンの言う「破壊的イノベーション」とは、実は「部分代替」から「完全代替」へ変化する場合を言っていると位置づけることができます。

図3　代替パターンの分類と事例

	ニーズと結びついた新しい機能が存在しない	ニーズと結びついた新しい機能が存在する
完全 ※あらゆる機能で優位	**完全類似代替**　既存品→代替品 音楽用CDとレコード クオーツ時計と機械式時計 液晶ディスプレイとCRT（ブラウン管） デジタル音楽プレイヤーとポータブルMDプレイヤー	**完全類似拡張**　代替品 既存品 パソコンとワープロ 携帯電話と固定電話 電子辞書と紙の辞書 デジタルカメラとフィルムカメラ <進行中> ICカードと切符
部分 ※部分的に優位	**部分類似代替**　既存 代替品 長距離トラックと貨物鉄道 ペットボトルと金属容器 電子レンジとガスレンジ <進行中>電気自動車とガソリン自動車	**部分拡張代替**　既存 代替品 紙おむつと布おむつ パソコンとメインフレーム スマートフォンとノートパソコン <進行中> ICタグとバーコード

（出所：根来龍之『代替品の戦略』東洋経済新報社、2005年、一部加筆）

しかし、イノベーションの中には、かなり長い期間をとっても、「部分代替」にとどまるものもあります。たとえば、メインフレーム（大型汎用機）はクリステンセンの主張とは異なり、未だに金融機関などで使われており、パソコンに置き換わるにはまだまだ時間がかかりそうです。これは、「部分拡張代替」の期間が続いていることを意味します。

　この分類を前提にすると、それぞれの代替パターンについて、異なるアクションが必要です。たとえば、既存品の企業から見た場合、「完全類似代替」においては、当面の需要への収益重視の対応と撤退戦略が必要ですが、「部分拡張代替」においては、代替されない機能を評価するセグメントへの注力と代替品との棲み分け戦略が必要になります。（詳しくは、根来龍之『代替品の戦略』〈東洋経済新報社〉を参照ください。）

『マネジメント』

ピーター・ドラッカー著

変化を作り出すのがトップの仕事

森健太郎

（ボストンコンサルティンググループ　シニア・アドバイザー）

マネジメント／Management:Tasks, Responsibilities, Practices　1973年
ピーター・F・ドラッカー（Peter Ferdinand Drucker）著
邦訳:ダイヤモンド社、『マネジメント』[上][中][下]
（ドラッカー名著集[13][14][15]）2012年／上田惇生訳

1　経営学の父——求められるものを平易に説く

本章では、経営学の父、ピーター・ドラッカー（１９０９〜２００５）著の『マネジメント』を取り上げます。ソニー創業者の故盛田昭夫氏やユニクロの柳井正会長をはじめ、ドラッカーの愛読者は数知れません。もし必読の経営書を1冊だけ挙げるとしたら、間違いなくドラッカーの本でしょう。

ドラッカーの著作は多岐に及びますが、その中核をなすのが経営論三部作です。１９５４年に『現代の経営』を発表、企業の中核機能は「マーケティング」と「イノベーション」であると論じます。１９６４年の『創造する経営者』では経営戦略を正面から取り上げ、企業の目的は「顧客の創造」であるとしました。

そして、ドラッカーが万人のための経営学として世に出したのが、今も世界中で広く読まれている１９６６年の『経営者の条件』です。１９７３年にドラッカー経営学の集大成として書かれた『マネジメント』は、翻訳版は１０００ページを超える総合書です。

ドラッカーの言葉はわかりやすく、数式や難解な理論はありません。若い読者が手に取ると、当たり前のことが並んでいて何がすごいのかピンとこないかもしれません。最初はそれでもかまいません。将来、初めて部下を持った時、全社プロジェクトに抜擢された時、壁にぶち当たった時などに、ふと本棚のドラッカーを思い出して、また読んでみる。すると、ドラッカーは必ず、新たな気付きを与えてくれ、励ましてくれます。私もそうでした。

『マネジメント』の中でドラッカーは、現代社会を「組織社会」と捉えて、マネジメントこそが「社会の要」であり、社会の中核を担う崇高な存在であると位置付けます。社会の進歩と人の幸せは、企業、政府、NPOなどのさまざまな組織が、マネジメント層によっていかにして運営され、どれだけの成果を生み出すことができるかにかかっているからです。

そして、マネジメントは「実践と行動」によって誰にでも学べるものであると説き、企業にとって、管理職にとって、そして経営陣にとって、具体的に何が求められているのかを考察します。

ケーススタディ 経営者を目指す君へ

Welcome to Management!（経営者の道にようこそ！）

「いつか経営者になりたい」。ピーター・ドラッカーの『マネジメント』を手に取る人の中には、そんな高い志を持つ人が少なくないでしょう。皆さんをドラッカーは温かく迎えてくれるはずです。

このケーススタディでは、将来、NPOの経営を目指す若手ビジネスマンAさんに役立つ「ドラッカーの読み方」を考えてみましょう。

ドラッカーは『マネジメント』の中で、マネジメント（マネジャー）こそが「社会の要」であり、社会の中核を担う崇高な存在であると位置付けています。社会の進歩は、企業、政府、NPOなどのさまざまな組織が、マネジメント層によっていかにして運営され、どれだけの成果を生み出すことができるかにかかっているからです。きれい事に聞こえるかもしれませんが、ドラッカーはそのような社会における使命や位置付けをとても重要視しました。

また、ドラッカーは、マネジメントは誰でも学ぶことができる「万人のための教養」であり、とても普遍的なものだと語っています。Aさんの目標はNPOでの活躍ですが、実際にNPOを見ると、企業経験を積んだ方が数多く活躍されています。組織を率いて、人の強みを活かし、成果をあげて、社会にインパクトを与えるという能力の多くは、営利・非営利を問わず共通なものです。

従って、将来NPOを目指すとしても、ドラッカーはAさんに、若い頃に企業で経験を積むことを薦めるかもしれません。

そんなAさんにふさわしいドラッカーの著書はどれでしょう。

［ このドラッカーがお薦め ］

ドラッカー自身は、晩年のインタビューで、自身が最も重要だと考える著作として、次の6冊を挙げています（ジェフリー・A・クレイムズ著『ドラッカーへの旅』から）。

『企業とは何か』（1946）
『現代の経営』（1954）
『創造する経営者』（1964）
『経営者の条件』（1966）
『断絶の時代』（1969）
『イノベーションと企業家精神』（1985）

若いAさんが、将来NPOのマネジメントを目指して自己成長のヒントを得ることを目的に読むとしたら『経営者の条件』か上田惇生氏編集の『はじめて読むドラッカー：自己実現編「プロフェッショナルの条件～いかにして成果をあげ、成長するか」』をお薦めします。前者には原著特有のいい意味での荒削り感とパンチがあり、一方、後者はよくまとまっていて全体感があります。

また、名言集、格言集が好きな読者には、『ドラッカー名言集（上田惇生編）』がお薦めです。さすがドラッカー、いくつも心を打つ言葉があります。私が好きな言葉を三つだけご紹介しましょう。

① 自らの強みに集中せよ

不得意なことの改善にあまり時間を使ってはならない。自らの強みに集中すべきである。弱みを平均並みにするよりも、一流を超一流にする方がはるかに容易である

② 自ら変化をつくり出せ

変化をマネジメントする最善の方法は、自ら変化をつくりだすことである

③ 何によって憶えられたいか

私が13歳の時、先生が生徒一人ひとりに、「何によって憶えられたいかね」と聞いた。誰も答えられなかった。先生は笑いながらこう言った。「今答えられるとは思わない。でも、50歳になって答えられないと問題だよ。人生を無駄に過ごしたことになるからね」

ちなみに私が最初に手にしたドラッカーは、ソ連崩壊やテロリズムの広がりを予測した『新しい現実』（1989）でした。当時、高校時代、United World Collegeという国際学校で寮生活をしており（今でも懐かしい6人部屋です）、50カ国を超える国籍の同級生たちと共に、ベルリンの壁崩壊に大きな衝撃を受けていました。

偶然図書室でこの本を手にして、「何なんだ、この人は！」と驚愕したのがドラッカーとの出会いです。

ドラッカーは経営書にとどまらず、このような現代社会を捉える本も数多く出しています。弱冠30歳の時に初めて世に問うた書籍、『経済人の終わり——全体主義はなぜ生まれたか』（１９３９）は、ファシズムの本質を鋭くえぐり、かの有名なイギリス首相チャーチルの絶賛を受けています。マネジメントの父であるとともに、20世紀最大の哲人と呼ばれる所以です。

さて、話が少し脱線しましたが、ドラッカーは、ＮＰＯの重要性をいち早く説いたことでも知られており、１９９０年に発表した『非営利組織の経営』は、ＮＰＯに携わる人々のバイブルとも言われる名著です。ＮＰＯのマネジメントを目指すAさんにとって、21世紀をＮＰＯの世紀と見通していたドラッカーの著書はかけがえのない糧となることでしょう。

2 企業の目的——「我々の事業は何か」を問う

ドラッカーは、企業の目的は「顧客の創造」であると定義し、そのための基本的な機能は二つだけであると論じます。「マーケティング」と「イノベーション」です。

ここで言うマーケティングとは、狭い意味の広告宣伝ではなく、顧客を理解し、営業しなくても自然と売れていくような状態を創りだすことを意味します。米アップルのｉＰｈｏｎｅなどはその好例でしょう。企業のあらゆる機能の中で、唯一アウトソースできない中核機能であるとし、その重要性にもかかわらず多くの企業で「言葉だけで終わっている」と指摘します。

イノベーションはドラッカー経営学の中核テーマの一つです。社会のニーズ、社会の問題を事業機会として捉えて、顧客の新しい満足を生み出すことを指します。ドラッカーは社会的なイノベーションの重要性を説き、その担い手として流通業を例に挙げます。コンビニや宅配スーパーなどは、社会的イノベーションそのものです。

次にドラッカーは事業の定義へと筆を進めます。「我々の事業は何か」を問い続けることの重要性を説き、この欠如が企業衰退の最大の原因であると言います。事業の定義なしに投資を行ってもばらまきに終わり、また一度定義しても予想以上に早く陳腐化する、と注意を喚起します。

事業を定義するには、まず顧客からスタートすべきとドラッカーは説きます。①顧客は誰か、②どこにいるのか、③何を買うのか、④彼らにとっての価値は何か、を考察しなければなりません。しかし「我々の事業は何か」という問いの答は、論理的に導かれるものではなく、勇気を必要とする意思決定です。それ故にドラッカーは、これこそトップマネジメントの最も重要な責任と役割であると位置付けたのです。

ここまでお読みいただいて、株主、利益といった言葉が出てこないことにお気付きでしょう。ドラッカーは利益は企業と社会にとって必要であり、企業活動と意思決定に規律を与えるものとしてその意義を認めながらも、「企業の目的ではない」とし、行き過ぎた利益至上主義に異を唱えます。正鵠(せいこく)を射たものと言えましょう。

【もし新規事業プロジェクトに抜擢されたら】

世の中が変革期を迎える中で、新規事業に本腰を上げて取り組む企業が増えています。読者の皆さんのような若手クラスも、「若いフレッシュな視点を」と、プロジェクトメンバーに抜擢されることがあるかもしれません。

ここでは、全社を挙げた新規事業プロジェクトに、若手メンバーとして選抜されたBさんと一緒に、ドラッカーを読み解いてみましょう。経営陣は「既存の枠に捉われずに自由に考えてくれ」と言いますが、あまりに多くの可能性があり、途方に暮れてしまっている。そんなBさんにドラッカーはどんなヒントを与えてくれるでしょうか。

ドラッカーの問いの中でも最も有名なのは、「我々の事業は何か」でしょう。ドラッカーは「事業とは何か。そして何であるべきか」を問い続けることこそ、トップマネジメントの最も重要な責任と役割であると言います。それほど重要な問いなのです。

さて、ここに重要なヒントが隠されています。ドラッカーはBさんにこう問いかけるでしょう。「新規事業について考える前に、あなたの会社の事業はそもそも何ですか」

ドラッカーはコンサルタントとして数多くの企業を支援してきましたが、こんな逸話があります。

ドラッカーが「あなたの会社の事業は何ですか」と問うと、その企業の社長は「缶の製造です」と答えた。ドラッカーは「容器の製造ではないのですか」と問い、コンサルティングのほとんどがその会話で終わってしまった。

多角化の方法は二つしかない

「缶の製造」では成長余地がなくても、「容器の製造」なら新たなビジネスチャンスが見つかるかもしれない。実際に企業の新規事業と多角化の歴史をひも解くと、このような事業の「拡大再定義」や、その時代時代に合わせた「新たな解釈」がその多くを占めます。言い換えるならば、全くの飛び地ではないということです。

ドラッカーは続けます。多角化（新規事業）を成功させるには、事業間の何らかの一体性が必要で、それには方法は二つしかない。一つは、共通の市場（顧客）のもとに、事業、技術、製品・サービス、活動を統合すること。もう一つは、共通の技術のもとに、事業、市場、製品、活動を統合すること。ドラッカーは、この二つの軸のうち、市場（顧客）による統合の方が一般的には成功しやすいと言います。

自動車メーカーを例に挙げると、市場（顧客）軸での展開とは、顧客に対して、自動車、自動車保険、車検・整備、中古車販売、レンタカー…と自動車関連サービスを広く提供していくイメージで、技術の軸での展開とは、エンジンをはじめとする技術力を活かして、バイク、ボート／クルーザー、航空機、発電機などへと広げていくイメージです。

その上でドラッカーは、イノベーションの着眼点として、確度の高い順に七つの「機会」を挙げます（ドラッカーは、イノベーションについて発すべき最も重要な問いは、「それは正しい機会か」であるとしています）。

① 予期せぬ成功と失敗を利用する
② ギャップを探す
③ ニーズを見つける
④ 産業構造の変化を知る

⑤ 人口構造の変化に着目する
⑥ 認識の変化をとらえる
⑦ 新しい知識を活用する

［予期せぬ顧客にチャンスあり］

予期せぬ成功の例として、ドラッカーはＩＢＭ躍進の逸話を例に挙げます。

ＩＢＭがコンピューターを作った時、それは科学計算用のものだった。ところがすぐに、企業が給与計算などの「世俗的」な仕事に使い始めた。当時最も進んだ技術を持っていたユニバックは、科学の偉業たるコンピューターが世俗的な企業によっていわば汚されることを嫌った。これに対してＩＢＭは、企業側のニーズに驚かされつつもただちに応じ、自社のコンピューターを企業向けに設計し直し、４年足らずで市場トップの地位を得たのだ。

ドラッカーは、このように予期せぬ顧客や使われ方が現れた時、またはその逆に、当然使ってくれるだろうと思っていた顧客が使ってくれなかった時には、そこに大きなチャンスが潜んでいることが多いと説きます。

また、人口構造の変化は、ドラッカーがいち早くその重要性に着目したことで知られています。

1976年には『見えざる革命～来るべき高齢化社会の衝撃～』を執筆し、高齢化社会について詳しく語っているほどです。高齢化、少子化、単身世帯化、晩婚・非婚化などは、いままさに多くの日本企業にとって共通のテーマでしょう。ここで興味深いのは、人口構造の変化の多くが「予測可能」であるにもかかわらず、企業にとって実りあるイノベーションの機会となるのは、「多くの企業や公的機関がそれを無視してくれるから」であるとドラッカーが言っていることです。頭ではわかっているけど、なかなか本腰を入れて取り組まないというのは、よくあることですね。

六つめの「認識の変化」については、ドラッカーは水の入ったコップを例にこう語ります。コップに水が「半分入っている」と、「半分空である」とは、量的には同じだが、意味は全く異なる。とるべき行動も違う。世の中の認識が「半分入っている」から「半分空である」に変わる時、イノベーションの機会が生まれる。世帯普及率が5割に達して伸び悩み始めた時、男性向けだと言われてきた商品・サービス、一部の富裕層を相手にしてきた事業…などに対して、「これまでの常識」を疑ってみてはどうかと、ドラッカーは投げかけます。

もちろん、これらを全て考察したところで、そう簡単に新規事業が見つかり、成功するわけではありません。最後に、ドラッカーはこう付け加えるでしょう。

「イノベーションとは姿勢であり、行動である」

「前向きな姿勢とエネルギーなしには、新たなものは生み出されない」と、Bさんを励ますに違いありません。

3 マネジャーの役割と使命──「権限より責任」が基本スタンス

マネジャー（管理職）とは何でしょう。

ドラッカーはマネジャーとは「組織の成果に責任を持つ者」と定義します。「部下の仕事に責任を持つ者ではない」とあえて対比しているところにドラッカーの洞察があります。責任はあるけど権限がない、とついぼやいてしまいますが、まず責任ありきというのがドラッカーのスタンスです。

ドラッカーは、組織の成果をあげるためには、次の3点が重要と説きます。

①問題ではなく、機会に目を向ける。②人の強みを引き出し、人の弱みを無意味にする。③今日必要なことと将来必要なことのバランスを取る。機会と人の強みに常に焦点を当てるところが、ドラッカーの真骨頂です。

マネジャーになると誰でも悩むのが意思決定でしょう。ドラッカーは答えを見つけるより、問題を明らかにすることの大切さを挙げます。議論に移る前にまず問題の所在を関係者でしっかりと共有し、「その問題に着手することのコンセンサス」を得ることが重要としました。

その例としてドラッカーは、経営会議で異論が出ない時は「議論不十分」として追加の検討を求めた、という米ゼネラル・モーターズ（ＧＭ）の名経営者スローンの逸話を取り上げています。

少し堅い話をさせてください。

平等な現代社会において、マネジャーが部下に対して「権限」を持つことの正統性とは何でしょうか。企業の所有者である株主から、社長が事業の執行を任され、さらにその権限移譲としてマネジャーは権限を持つのでしょうか。

ドラッカーは、組織社会における唯一のリーダー層がマネジャーであり、組織を率いて成果をあげること、人の強みを生産的なもの、公益のものにすることこそがマネジャーの社会的な使命であるとします。その社会的使命と責任を全うするために、必要な権限を与えられているというのです。

ドラッカーは資本主義を認めながらも、行き過ぎた倫理性の欠如を理由に、その社会的な正統性に疑問を呈します。そこに正統性と価値観、人間性の息吹を吹き込むのが、経営者でありマネジャーなのです。

ケーススタディ

初めて部下を持ったら

上司の欠点には誰しもすぐ目が行くものですが、いざ自分が部下を持つことになると、戸惑うものです。責任範囲は広がる、部下の面倒もみなくてはならない。「いい上司」として部下に好かれたいけど、一方で顧客の要求や上からのプレッシャーは厳しく、いつもやさしい上司でいては成果はおぼつかない。多くの人は板ばさみになりながら、こうつぶやきます。「いったい、どこから手をつければよいのだろう」

今回は、入社5年目で初めて部下を持つことになったCさんと一緒に、ドラッカーの『マネジメント』を読み解いてみましょう。

初めて部下を持ったCさんに、ドラッカーはまず、こうアドバイスするでしょう。「いろいろなことが気になるでしょうが、次の二つに注力してみてください」

① 「組織の成果」を挙げること
② 部下の「強み」に焦点をあてること

ドラッカーによると、マネジャーになったCさんの最も重要な役割と責任は、部下一人ひとりを「オール5」に育て上げることではありません。部下それぞれの5の分野の強みを活かしながら、3の分野の弱みは他の部下や自分でカバーし合って、チーム全体としての成果を最大化することが、Cさんに求められる役割と責任です。スポーツに例えると、経営（マネジメント）は、サッカーや野球と同じ団体競技です。

ドラッカーは、マネジャーは「組織の成果に責任を持つ者」と定義して、「部下の仕事に責任を持つ者ではない」とあえて対比をしていますが、野球の監督やキャプテンを思い浮かべると、イメージが湧きやすいかもしれません。

ボストンコンサルティンググループ（BCG）でコンサルタントの育成担当を長年務めてきた私の経験から言っても、プロフェッショナルは「強み」を起点にしてしか一流になりません。ドラッカーも、部下の強みに焦点を当てることで、組織の成果が上がり、かつ部下も育つという考え方です。

【机上の学問よりも、実践と行動を】

①と②を理解したAさんに、ドラッカーは次の課題を与えます。

③「机上の学問よりも、実践と行動を」

ドラッカーは、マネジメントとは実践であり、その本質は知ることではなく、行うことにあると繰り返し述べています。ドラッカーは、マネジメントの基本的な仕事として、次の五つを挙げます。

1　「目標を設定する」こと
2　誰が何を担当するかを「組織する」こと
3　「動機付けとコミュニケーション」を通じて、チームをつくること
4　「評価をする」こと
5　自分自身を含めて、「人材を育成する」こと

石切り工の話を例にドラッカーはこう語ります。
三人の石工がいた。何をしているかを聞かれて、それぞれが、「暮らしを立てている」「石切りの最高の仕事をしている」「教会を建てている」と答えた。
三人目の石工こそ、マネジャーである。

【身につけていなければならない唯一の資質は】

ドラッカーは、これらのスキルは全て実践と行動を通じて学ぶことができるとしていますが、学ぶことのできない資質、初めから身につけていなければならない資質が一つだけあると言い

ます。

「最近は、愛想をよくすること、人を助けること、人づきあいをよくすることがマネジメントの資質として重視されているが、そのようなことで十分なはずはない」

「事実、うまくいっている組織には、必ず一人は、手をとって助けもせず、人づきあいもよくない者がいる。この種の者は、気難しいくせにしばしば人を育てる。好かれている者よりも尊敬を集める。一流の仕事を要求し、自らにも要求する。基準を高く定め、それを守ることを期待する。何が正しいかだけを考え、誰が正しいかを考えない」

こう説いた上で、ドラッカーはマネジャーについて最も重要な資質について言及します。

その資質とは、

④「才能ではない。真摯さである」

「真摯さ」は、ドラッカー経営学の精神を理解する上で重要なキーワードなので、少し補足させてください。「真摯さ」と翻訳されていますが、原著では「Integrity」です。Integrity は日本語に訳しにくい英語の一つで、私も一語でしっくりくる和訳にまだ出会っていません。真摯さに、倫理性や、人格や行動の統合感のようなニュアンスが加わった感じでしょうか。

余談ですが、BCGでは、我々が重んじる価値観を九つ掲げていますが、その筆頭にくるのがIntegrityです。"Integrity means distinguishing right from wrong and doing the right thing.”と定義付けています。

ドラッカーは続けます。

「真摯さはごまかせない。特に部下には、上司が真摯であるかどうかは数週間でわかる。無能、無知、頼りなさ、態度の悪さには寛大になれる。だが真摯さの欠如は許さない。

知識がさしてなく、仕事ぶりもお粗末であって判断力や行動力が欠如しても、マネジメントの人間として無害なことがある。しかし、いかに知識があり、聡明であって、上手に仕事をこなしても、真摯さに欠ける者は組織を（そして最も重要な資源である人を）破壊する」

若い読者のみなさんにとってはピンと来ないかもしれませんが、実際に優れた企業の人事というものはこのような考え方で行われているものです。ドラッカーはCさんに言うでしょう。「あなたの持ち前の真摯さをもって、自信を持って進みなさい。マネジャーに求められる資質は、才能ではない。人づきあいのよさでもない。真摯さですから」

さあ、これで初めて部下を持つCさんも勇気づけられたはず…。しかしドラッカー自身が指摘している通り、マネジメントとは実践であり理論ではありません。明日から部下にどう接すればいいか。それを考えるとCさんは、やっぱり不安を感じてしまいます。そんなCさんをドラッカーはこう励ますに違いありません。

⑤「失敗を恐れずに！」

ドラッカーはこう言っています。

信用してはならないのは、間違いを犯したことがない者、失敗したことがない者である。そのような者は無難なこと、安全なこと、つまらないことにしか手をつけない。そのような者は、組織の意欲を失わせ、士気を損なう。

人は優れているほど多くの間違いを犯す。優れているほど新しいことを行うからである。

最後にまとめてみましょう。初めて部下を持ったCさんへの、ドラッカーからの五つのアドバイスです。

① 「組織の成果」を挙げることに注力する
② 部下の「強み」に焦点をあてる（その結果、組織の成果も上がり、部下も育つ）
③ 机上の学問よりも、とにかく「やってみる」（実践と行動ありき！）
④ これからは、人の上に立つ者として、「Integrity（真摯さ）」が求められる（能力よりも重要な資質）
⑤ 決して、守りに入らない（失敗を恐れず、伸び伸びやる）

4 トップマネジメントの仕事──自ら変化を作り出す

ドラッカーが『マネジメント』の締めくくりに置いたのが、トップマネジメントについての考察です。ここでドラッカーはトップマネジメントの仕事を①「我々の事業は何か。何であるべきか」を考えること②基準と規範を定め、自ら良識機能を果たすこと③組織とその精神を創り上げること、と定義します。

こうしたトップマネジメントの仕事は、企業の発展ステージや置かれた状況によって大きく異なるので、継続的な見直しが必要だと説いています。

ドラッカーは「現業の仕事を続けるトップマネジメントの方が健全な本能の持ち主である」と指摘しており、トップマネジメントが現業を抱えることを必ずしも否定しません。ただし、グローバル企業のトップは例外だというのがドラッカーの考え方です。

グローバル化した企業の活動は、複雑性・多様性が一気に高まります。グローバル企業のマネジメントは国内企業とは本質的に異質であり、戦略・構造・姿勢に関して、トップマネジメントに対し異なる要求を課しているというわけです。

全社レベルのトップマネジメントチームは、いかなる国・事業のトップをも兼ねてはならないと強く戒めています。その上で、組織の多階層化は官僚主義をもたらすとして、意思決定の現地化を求めます。また、コングロマリット企業のグローバル化は極めて難易度が高いとし、グローバル企業は多角化の誘惑に打ち勝つ必要があると論じます。

もう一つ、ドラッカーがトップマネジメントの能力を測る試金石と位置付けるのが「イノベーション」の推進力です。「変化をマネジメントする最善の方法は、自ら変化を創りだすこと」であり、トップはその先頭に立つべきと考えるからです。

最後にドラッカーはトップマネジメントにこう言います。「部下に大きな責任を与え、重要な分野を任せることができない理由をあれこれ挙げる。『優秀だがまだ準備ができていない』と。これはまさにトップ自身に準備ができていない証拠である」。トップでなくても、身につまされますね。

ケーススタディ　中期経営計画の策定

ドラッカーは『マネジメント』の締めくくりとして「トップマネジメントの役割」を考察しています。まだトップマネジメントの方は少ないかと思いますが、経営企画や事業部スタッフの一員として経営計画の策定に携わるチャンスはあるかもしれません。
今回は、経営企画部で初めて中期経営計画の策定を担当することになったDさんと一緒に、『マネジメント』を読み解いてみたいと思います。
ドラッカーは『マネジメント』の中で、長期計画の本質は「戦略的な意思決定」であると述べています。初めて中期経営計画の策定に関わるDさんに対して、ドラッカーは五つのアドバイスをするでしょう。
アドバイス① 明日何を行うかではなく、明日のために「今日何を行うか」を示しなさい
『マネジメント』の中でドラッカーは「計画とは、未来の意思決定に関わるものではない。未来を考えて、今日取るべき行動のために、今日意思決定を行うことである」と述べています。「しかし、いまだに我々は、明日行う意思決定について計画しがちである。楽しいかもしれないが無益である」。夢を語るだけでは経営計画としては不十分、ということです。
アドバイス② 「昨日を（過去を）体系的に廃棄する」ことに着手しなさい
ドラッカーは、「陳腐化したものを廃棄することなしに新しいことに取り組んでも、何の成果も生まない」と述べます。「企業は業績に貢献しない活動を切り捨てることによって成長する。業績に貢献しない活動は企業の力を枯渇させるだけである。真の成長力を傷つけるだけ」だからです。

アドバイス③　網羅的ではなく、「メリハリ」を付けなさい

事業活動の中から重要なものを抜き出して、そこに人・モノ・カネという経営資源を集中的に投入する計画を立てる、という意味です。ドラッカーは「集中の決定は、基本中の基本ともいうべき重大な意思決定」であると、その重要性を繰り返し説いています。

もちろん、集中の決定にはリスクを伴いますが、ドラッカーは「それ故にこれこそが本当の意思決定」だと言うのです。

アドバイス④　イノベーションの目標を盛り込みなさい

第2節でも論じましたが、ドラッカーの言うイノベーションとは、社会のニーズ、社会の問題を事業機会として捉えて、顧客の新しい満足を生み出すことを指します。ハイテク業界に限定されたものではありません。

アドバイス⑤　実行推進責任者と、締め切り期日、成果の尺度を設定しなさい

ドラッカーは「そもそも戦略とは、資源、特に優秀な人材をどこに配置すべきか（を決めること）である」と述べ、最高の人材を今の担当から引き抜いて、明日のために優先配置できないなら、そのような計画は全く意味をなさないと強調しています。

昔の日本企業には、各部門の計画をホッチキスで束ねたような網羅的な中計が散見され「ホッチキス中計」と言われたものです。しかし、ここ数年は企業の変革意識の高まりを受け、ドラッ

カーが求めているようなメリハリを利かせた中計が増えてきているように思います。

さてドラッカーからもらった五つのアドバイスを理解した上で、経営計画策定の実務にとりかかるとしましょう。そこで最も悩むことの一つが、全社目標の設定でしょう。特に、将来の利益や売上の成長目標をどう設定するか。

ドラッカーは「企業にとっての成長の目標とは、量的な目標ではなく、質的な目標でなくてはならない」と述べています。ドラッカーに「わが社は何%の成長を目指すべきですか」と尋ねても、答えてはくれません。しかし『マネジメント』を読み解くと、いくつかのヒントを見つけることはできます。

【成熟市場だからこその成長戦略】

まずドラッカーは、競争力を維持するために「最低限必要な成長率」を意識すべきだ、と述べています。例えば、新興国やハイテク業界で、仮に市場が年率15%で成長していたら、それを上回る成長を達成しないと限界的（マージナル）な存在になってしまうからです。

では、日本のような低成長の国ではどうでしょうか。ドラッカーは、歴史をひも解くと、経済が低成長の時期こそ、実は（安定期ではなく）激動期で、変化は急激となり、成長できない産業や企業は衰退を始めると説きます。逆説的ですが、成熟市場であるからこそ、成長戦略が必要との考えです。

利益については、ドラッカーは、「企業の目的ではない」として、行き過ぎた利益至上主義に対して異を唱えます。一方で企業が自らの将来のリスクをカバーし、将来に向けた投資を行い、事業活動を通じて社会に貢献し続けていくためには、一定水準以上の利益率が必要であると述べています。

そして、将来への投資と現在の利益とのバランス、売上と利益率のバランス…などの「さまざまな目標間のバランス」が、優秀な企業とそうでない企業を分ける、と指摘しています。Dさんも、ぜひドラッカーの五つのアドバイスを意識しながら、中期経営計画の策定に取り組んでみて下さい。

『ビジョナリー・カンパニー』

ジェームズ・コリンズ他著

基本理念で束ね、輝き続ける

森健太郎

（ボストンコンサルティンググループ　シニア・アドバイザー）

ビジョナリー・カンパニー／Built to Last:Successful Habits of Visionary Companies　1994年
ジェームズ・C・コリンズ（James C. Collins）、ジェリー・I・ポラス（Jerry I. Porras）共著
邦訳：日経BP社、1995年／山岡洋一訳

1 「偉大な企業」の基本理念——巨大組織を束ねる求心力に

時代を超えて輝き続ける「偉大な企業」は、そうでない企業と何が違うのか。この問題を解き明かそうとしたのが、米経営学者のジェームズ・C・コリンズらが著した『ビジョナリー・カンパニー』です。1994年に出版されて以来、世界中の経営者に読まれてきました。

米ゼネラル・エレクトリック（GE）、IBM、ボーイングなど偉大な企業として登場する18社は、いずれも経営者や主力商品の交代を重ねてきました。コリンズはまず各社の特徴として「進歩への飽くなき情熱」を挙げる一方で、それぞれが守り抜いてきた基本理念を持つと指摘します。「基本理念を維持し、進歩を促す」というのが本書の中心テーマです。

基本理念がなぜ重要なのでしょうか。まず企業が発展するのに伴って、「大組織化」「多角化」「グローバル化」「人材の多様化」などを通じて遠心力が高まりますが、基本理念が組織を束ねる「求心力」となります。

加えて、基本理念は社員一人ひとりの「判断軸」となるため、細かい規則や管理を必要とせず、自主自律と起業家精神を育みます。

また、利益を超えた目的と存在意義を示すことで、事業領域を広げていく際の「道しるべ」となるとともに、大胆な挑戦を促す「奮い立つ勇気」を生み出します。

さらに、基本理念があるからこそ、経営者や事業などそれ以外の要素を変えても、企業としての「継続性」を確保できるのです。

コリンズは、基本理念の構成要素を「基本的価値観」と「目的（存在理由）」に大別しますが、18社に共通する項目は一つもないと指摘します。内容よりも、組織に本当に浸透しているかどうかが重要と考えます。そのうえで、基本理念を「慣行」や「前例」と混同してはならないと注意を促します。混同すると前例などにしがみつくことになり、組織が硬直してしまうからです。

ケーススタディ

比較調査で他の企業との「違い」をあぶり出す

著者のコリンズは、時代を超えて輝き続ける『ビジョナリー・カンパニー』の調査対象とした18社は「皆、本社ビルを持っている」としています。

コリンズは、この本社ビルの件を例に「ビジョナリー・カンパニーの共通点は何か」という問いの立て方は間違っていると説きます。「これらの会社が、他の会社と比べて、本質的に違う点は何か」という問いを立てるべきだとして、そのために、「比較調査」という手法を用いています。
具体的には、18社のビジョナリー・カンパニーそれぞれについて、比較対象となる企業を選んで「違い」をあぶり出していくのです。ご参考までに、以下に企業の一覧を示します。

【ビジョナリー・カンパニーと比較対象企業】

ビジョナリー・カンパニー（創業・設立年）	比較対象企業
シティコープ（１８１２年）	チェース・マンハッタン
Ｐ＆Ｇ（１８３７年）	コルゲート
フィリップ・モリス（１８４７年）	Ｒ・Ｊ・レイノルズ
アメリカン・エキスプレス（１８５０年）	ウェルズ・ファーゴ
ジョンソン＆ジョンソン（１８８６年）	ブリストル・マイヤーズ
メルク（１８９１年）	ファイザー
ＧＥ（１８９２年）	ウェスティングハウス
ノードストローム（１９０１年）	メルビル
３Ｍ（１９０２年）	ノートン

フォード（１９０３年）　GM
ＩＢＭ（１９１１年）　バローズ
ボーイング（１９１５年）　マクダネル・ダグラス
ウォルト・ディズニー（１９２３年）　コロンビア
マリオット（１９２７年）　ハワード・ジョンソン
モトローラ（１９２８年）　ゼニス
ＨＰ（１９３８年）　テキサス・インスツルメンツ
ソニー（１９４５年）　ケンウッド
ウォルマート（１９４５年）　エームズ

18社は、７００社（回答は１６５社）の最高経営責任者（ＣＥＯ）へのアンケート調査で回答が多かった20社をベースに、そこから１９５０年以降に設立した企業を除いています。意図として、コリンズは以下の5点を挙げています。

① 業界で卓越した企業である。
② 見識のある経営者や企業幹部の間で、広く尊敬されている。
③ 私たちが暮らす社会に、消えることのない足跡を残している。

④　ＣＥＯが世代交代をしている。
⑤　当初の主力商品（またはサービス）のライフサイクルを超えて繁栄している。

よく「企業の寿命は30年」「企業は3代続くかどうかが分かれ目」などと言われますが、１９５０年以降に設立した企業を除いているのは、そのような意図でしょう。

【「12の崩れた神話」――意外な発見】

ビジョナリー・カンパニーが他の企業と何が違うのかについては、後ほど順番に説明していきたいと思いますが、ここでは、コリンズが「意外な発見」として著書の冒頭で挙げている「12の崩れた神話」の一部を紹介しましょう。つまり、比較調査をしてみたら、実は関係なかったというものです。

①　すばらしい会社を始めるには、すばらしいアイデアが必要である。

18社のうち、革新的な製品やサービスが大成功を収め、好調なスタートを切った会社は、米ジョンソン・エンド・ジョンソン（Ｊ＆Ｊ）、ゼネラル・エレクトリック（ＧＥ）、フォード・モーターの3社だけだそうです。

コリンズは次のように言います。「すばらしいアイデアを持って会社を始めるのは、悪いアイデアかもしれない。ビジョナリー・カンパニーには、具体的なアイデアを全く持たずに設立されたものもあり、スタートで完全につまずいたものも少なくない」

ビジョナリー・カンパニーの究極の製品は「企業そのもの」であり、すばらしいアイデアにとらわれすぎると、組織づくりがおろそかになりがちというのがコリンズの洞察です。「長距離レースに勝つのは、ウサギではなくカメである」とコリンズは例えます。

② ビジョナリー・カンパニーには、ビジョンを持った偉大なカリスマ的指導者が必要である。

「カリスマ的指導者は全く必要ない。かえって会社の長期の展望にマイナスになることすらある」というのがコリンズの見解です。

ビジョナリー・カンパニーの歴代の最高経営責任者（ＣＥＯ）の中には、世間の注目を浴びるカリスマ的指導者のモデルに当てはまらない人もおり、むしろそうしたモデルを意識して避けてきた人もいると指摘します。

これは、後述する「第5水準のリーダーシップ」にもつながる洞察です。

③ ビジョナリー・カンパニーには、共通した「正しい」基本的価値観がある。

ビジョナリー・カンパニーの経営理念には共通した項目は一つもないそうです。内容よりも「理念をいかに深く信じているか」「会社の一挙一動にいかに一貫して理念が実践され、息づき、現れているか」が重要と説きます。

コリンズは、ビジョナリー・カンパニーが「何を価値観とすべきか」という問いを立てることはないとします。そうではなく、「我々が実際に、何よりも大切にしているものは何なのかという問いを立てる」と指摘しています。

④ビジョナリー・カンパニーは、万人にとってすばらしい職場である。

コリンズは、ビジョナリー・カンパニーは、ある集団が示す熱烈な支持を意味する「カルト」のような強い文化を有すると言います。その企業の基本理念と高い要求に「ぴったりと合う」者にとっては、最高の職場である一方で、「水が合わない」人にとっては、居場所はありません。「中間はない」とコリンズは言います。

ビジョナリー・カンパニーは決して、万人にとって「やさしい」「居心地のよい」職場ではないのです。

2 輝き続ける──「不断の改善」などが必須要素に

「一度成功したからといって、それを続けていてはならない。周囲の状況は常に変化しているからだ」。世界最大の小売りチェーン、米ウォルマート・ストアーズ創業者のサム・ウォルトン氏はこんな言葉を残しています。

このような覚悟は、時代を超えて輝き続けるビジョナリー・カンパニーに共通するものです。しかし、覚悟だけでは企業は変わりません。コリンズは組織としての具体的な「仕組み」を重要視し、三つ挙げます。

一つめは、日本企業のお家芸とされた「不断の改善」です。ここでまず注意すべきなのは、ビジョナリー・カンパニーの多くが残りの二つの仕組みも同時に取り入れていることです。

二つめは、「たくさん試して、うまくいったものを残す」方法です。粘着メモ「ポスト・イット」で有名な米スリーエム（3M）が代表例です。技術者が勤務時間の一部を自分で選んだテーマや創意工夫に使える「15％ルール」や、売上高に占める新製品比率で高い目標を掲げるなど、多くの挑戦を可能にする仕掛けを織り込んでいます。

三つめが「社運を賭けた大胆な目標」です。米ボーイングが好例でしょう。経営陣は「不可能に近い」と思われるような大きな課題を技術部門に与え、自らも不退転の決意で経営資源を投入する。その結果、技術部門は奮起して、画期的な新型機「747」を開発しました。

ソニーも唯一の日本企業として登場します。「我々は恐れを知らなかったので、大胆なことができた」。創業者の井深大氏の言葉が印象的です。

これらの取り組みは、全てがうまくいくわけではありません。事実、ビジョナリー・カンパニーの大半が、過去に何らかの危機に陥っています。それでも進歩への情熱を絶やさず、逆境から必ずはい上がってくる「ずば抜けた回復力」こそが、「偉大な企業」とされるゆえんなのでしょう。

ケーススタディ

計画のない進歩——米3Mを成功に導いた「仕組み」

時代を超えて輝き続けるビジョナリー・カンパニーが、周囲の環境変化に適応し進化を続けるための、組織としての「仕組み」を持っている例として、「たくさん試して、うまくいったものを残す」方法を取ったスリーエム（3M）と、「社運を賭けた大胆な目標」を打ち出したボーイングについて、詳しく検討していきましょう。

3Mが2002年まで使っていた正式社名をご存じでしょうか。ミネソタ・マイニング・アンド・マニュファクチャリングです。設立当初の事業はマイニング（採鉱）の名前が示す通り、研磨材原料の採掘です。それが失敗に終わって、致命的ともいえる打撃を受けます。そして、何カ月にもわたって、会社が生き残れる事業はないかと模索していくのです。その後、サンドペーパーを経て、塗装などの際に周囲を汚さないために貼る保護用のマスキングテープ、接着テープの「スコッチテープ」へと広がっていきます。

米ヒューレット・パッカードの創業者の一人、ビル・ヒューレットは「特に尊敬し、手本にしているのは3Mだ」と述べています。その理由は「3Mが次にどう動くか、誰にも分からない。本当にすごいのは、3M自身、次にどう動くのかが、多分分かっていないことだ」としています。そのうえで「次の動きを正確に予想することができなくても、同社が今後も成功を続けていくことは、確実だと言える」と締めくくります。

まさに3Mの本質を捉えた言葉です。「たくさん試して、うまくいったものを残す」やり方は、ダーウィンの進化論のようなアプローチで、いわば、「計画のない進歩」と言えます。ボーイングの「社運を賭けた大胆な目標」とは対照的です。

【コリンズが3Mから得た五つの教訓】

コリンズの調査によると、3Mをはじめとして、ビジョナリー・カンパニー18社のうち、15社が（比較対象企業と比べて）「たくさん試して、うまくいったものを残す」アプローチを積極的に採用しているそうです。コリンズは、3Mから得た五つの教訓を挙げます。

①「試してみよう。なるべく早く」

3Mの行動原則である。結果がどうなるか、正確に予想できなくてもかまわない。一つが失敗したら、次を試してみる。とにかく、何があっても「じっとしていてはダメ」だ。活発に動くことで、予想もしなかった変異を作りだせる。

②「誤りは必ずあることを認める」

進化の過程には誤りと失敗が付きものであることを認めるべきである。3Mの元最高経営責任者（CEO）、ルイス・レアーは「もし、秘訣があるとしたら、失敗した事業はそうと分かった時点でなるべく早く捨てることだ」と話している。

進化論において突然変異と自然淘汰がセットであるように、「たくさん試して、うまくいったものを残す」アプローチにおいて、試すことと捨てることはセットである。

③「小さな一歩を踏み出す」

小さな変わった問題が、大きな機会の出発点になる。小さな一歩が、大きな戦略転換の基礎になる。

④「社員に必要なだけの自由を与えよう」

ビジョナリー・カンパニーの多くは、比較対象企業と比べて、権限分散が進み、業務上の自主性を社員に認めている。

⑤　重要なのは仕組みである

3Mから最も学ぶべき教訓は、以上の四つの点を単なる考え方に終わらせず、いくつもの具体的な仕組みに落とし込んだことだ。経営者の「指導力」だけでは、会社は変わらない。具体的、かつ強力な仕組みが必要である。

最後の仕組みについては、本章第1節でも一部を紹介しましたが、本書には14の「進歩を刺激する仕組み」が具体的に紹介されています。示唆深いので、ぜひ一読をお勧めします。

【大胆な目標と不退転の決意――ボーイングが活用した「仕組み」】

ボーイングが大型機「747」を開発することを決めた取締役会で、ある役員が「開発がもしうまくいかなかったら、いつだってやめられる」と発言した時、当時の社長のビル・アレンは顔をこわばらせてこう反論したそうです。「やめるだって。とんでもない。ボーイングが開発を宣言するからには、会社の全資源をつぎ込んででも、必ず完成させる」

747の開発は、1965年当時の航空機市場の常識からすると極めて野心的な計画で、実際にボーイングはその後、経営が破綻する一歩手前まで追い込まれました。

なぜ、ボーイングはそこまでして747を開発しようとしたのでしょうか。経済的な動機もさることながら、航空機業界のパイオニアであるという自らのアイデンティティーに立脚した強い衝動があったからでしょう。

「なぜ、我々が747を開発するのかだって？　なぜなら我々はボーイングだからだ」というアレンの言葉も残っています。

コリンズは、このような「社運を賭けた大胆な目標」について「極めて大胆であり、理性的に考えれば『とてもまともとは言えない』というのが賢明な意見になるが、その一方で、『それでも、やってできないことはない』と主張する意欲的な意見が出てくる『グレー』の領域に入るものである」と述べています。それに続けて「『会社の資源を全てつぎ込んでも、必ず完成させる』という不退転の決意を伴って、初めて意味のあるものとなる」と結論づけます。言い換えれば、不退転の決意を伴わない「大胆な目標」ほど、意味のないものはないということです。

747の開発は産業史に残る大事業ですが、コリンズによると、ビジョナリー・カンパニー18社のうち14社が「社運を賭けた大胆な目標」という強力な仕組みを活用してきたと言います。最後にボーイングの基本理念を引用します。

・航空技術の最先端に位置する。パイオニアになる。
・大きな課題や冒険に挑む。
・安全で質の高い製品を提供する。
・誠実に倫理にかなった事業を行う。
・航空学の世界に寝食を忘れて没頭する。

私は最後の項目が最も好きです。アレンは「ボーイングは常に明日へ飛躍しようとしている。寝食を忘れて仕事に没頭する者だけが、明日へ飛躍できる」と話しています。

3 偉大な企業のリーダー――野心と謙虚さを併せ持つ

コリンズは2001年に『ビジョナリー・カンパニー2』を発表し、普通の企業が時代を超えて輝き続ける「偉大な企業」へ飛躍するための道筋を論じました。そこでのキーワードは「Goodは Greatの敵」です。偉大な企業が数少ないのは、多くの企業が既に「よい企業」という立場に安住しているからだ、という意味を込めています。

よい企業に安住している状態から抜け出し、飛躍のきっかけをつくるのは、〝野心〟あふれる最高経営責任者（CEO）の登場です。調査対象の全ての躍進企業に共通して見られます。

ところが、そのCEOの退任後に、これら躍進企業の行く末は二つに分かれます。偉大な企業に向かって飛躍を続ける場合と、一代限りでどこにでもある会社に後戻りしてしまう場合です。

後戻りしてしまう企業のCEOは、カリスマ的だが個人としての野心が強く、「群れの中で自分が一番大きな犬でなければ我慢できない」タイプのリーダーです。このタイプのリーダーが去った企業は往々にして衰退していきます。

一方、よい企業を偉大な企業に導くCEOは、野心は偉大な企業のCEOと同じくらい強いものの、その目標は個人的な成功ではなく会社の成功に向いています。「私は幸運と素晴らしい人たちに恵まれた」が口癖で謙虚ですが、偉大な企業をつくるためならどんな困難も乗り越える不屈の精神を兼ね備えています。

コリンズはこうした資質を持ったリーダーを企業幹部に見られる五つの水準の最高位にあると位置付け、「第5水準のリーダーシップ」と名付けます。個人としての謙虚さと経営者としての意志の強さという一見、矛盾した性格を持っている、と指摘します。

第5水準のリーダーの真の力は、経営陣の人事についての厳格さに表れます。だからこそ、自らが去った後にも、偉大な組織と優秀な後継者を残すのです。

ケーススタディ

リーダーシップの五つの段階

「経営者は無視して、他の要因を探ってくれ」

著者のコリンズは『ビジョナリー・カンパニー2』の調査チームに対して、そう口酸っぱく

表1　リーダーシップの5つの段階

第１水準	有能な個人	才能、知識、スキル、勤勉さによって、生産的な仕事をする
第２水準	組織に寄与する個人	組織目標の達成のために自分の能力を発揮し、組織の中で他の人たちとうまく協力する
第３水準	有能な管理者	人と資源を組織化し、決められた目標を効率的に効果的に追求する
第４水準	有能な経営者	明確で説得力のあるビジョンへの支持と、ビジョンの実現に向けた努力を生み出し、これまでより高い水準の業績を達成するよう組織に刺激を与える
第５水準	第５水準の経営者	個人としての謙虚さと職業人としての意志の強さという矛盾した性格の組み合わせによって、偉大さを持続できる企業を作り上げる

表2　第５水準のリーダーの「二面性」

職業人としての意志の強さ（Professional Will）	個人としての謙虚さ（Personal Humility）
素晴らしい実績を生み出し、偉大な企業への飛躍をもたらす	驚くほど謙虚で、世間の称賛を避け、決して自慢しない
どれほど困難があっても、長期にわたって最高の実績を生み出すために必要なことは全て行う堅い意志を示す	静かな決意を秘めて行動する。魅力的なカリスマ性によってではなく、主として高い基準によって組織を活気づかせる
偉大さが永続する企業を築くための基準を設定し、基準を満たせなければ決して満足しない	野心は自分個人ではなく、企業に向ける。次の世代に一層の成功を収められるように後継者を選ぶ
結果が悪かった時に、窓の外ではなく鏡を見て、責任は自分にあると考える。他人や外部要因、運の悪さのためだとは考えない	鏡ではなく窓を見て、他の人たち、外部要因、幸運が成功をもたらした要因だと考える

指示していたと言います。普通の企業が「偉大な企業」へと飛躍する鍵は「偉大な経営者がいたから」だという安易な思考を避けたかったからです。

ところが、調査を深めれば深めるほど、偉大な企業に飛躍した企業の経営者には「めったにない特徴」が一貫して見られることが、客観的事実として浮かび上がってきたそうです。その特徴こそ、先に述べた「第5水準のリーダーシップ」だったのです。

「第5水準って何?」「自分は、第何水準だろう?」などと気になる読者も多いでしょう。本書から、リーダーシップの五つの段階を引用してみましょう(表1)。

【「二面性」——第5水準のリーダーの最大の特徴】

コリンズは、第5水準のリーダーの最大の特徴として「個人としての謙虚さ」と「職業人としての意志の強さ(不屈の精神)」という一見矛盾する「二面性」を兼ね備えていることを挙げます。表2をみると、その二面性がよく理解できるでしょう。

これらは「経営者たる者、謙虚であるべきだ」などという理想論を述べたものではありません。前述のように、偉大な企業へと飛躍した企業群と飛躍できなかった企業群を丁寧に比較検討していった結果、導き出された客観的な観察事実であるという点が、大変示唆深いのです。

企業経営において、第5水準のリーダーと、第4水準以下のリーダーとの違いが最も顕著に表れるのが、「組織づくり」と「後継者選び」です。もっと絞って言うなら、「第5水準のリーダーを継続的に育む組織」をつくり上げることだと言ってよいかもしれません。

【100年間、素晴らしい経営陣を輩出し続けてきた組織】

この考え方は、『ビジョナリー・カンパニー』の1、2を通じて、偉大な企業の創業、偉大な企業への飛躍について考察してきたコリンズの中核テーマです。コリンズは米ゼネラル・エレクトリック（GE）の元最高経営責任者（CEO）、ジャック・ウェルチを例に挙げて、まず「ウェルチが抜群の実績を残したのは確かであり、米国の企業経営史に残る経営者であることは確かだ」と語ります。しかし、それに続いて「ここが決定的なポイントなのだが、歴代のGEの経営者もそうなのだ。ウェルチはGEを変えた。歴代の経営者も変えた」と指摘するのです。最後に「我々はウェルチを尊敬してやまないが、本当にすごいのは、100年にわたって素晴らしい経営陣を輩出してきたGEという組織である」と結論づけます。

コリンズはさらに、米国の建国を例に挙げて、考察を続けます。「当時のヨーロッパ諸国の繁栄は、国王（または女王）の資質に大きく左右された。国王が偉大で賢明な指導者なら、王国は繁栄した」というのがコリンズの歴史的な認識です。これに対し、米国では「1787年の憲法制定会議の最大の課題は『誰が大統領になるべきか。最も賢明な人物は誰か』ではなかった」と指摘します。米国の建国者たちが力を注いだのは「『我々がこの世を去ったのちも、優れた大統領を継続して生み出すために、どのようなプロセスを作ることができるのか。我々が目指す国を築くには、どのような指針と仕組みを作るべきか』であった」とみるのです。

こうして整理してしまうと簡単なようですが、コリンズは、有能な経営者ほど、自分の卓越した能力で企業を引っ張るあまり、組織づくりをおろそかにしてしまったり、後継者選びに失敗してしまったりすることが多いと言います。

「Goodは Greatの敵」「有能さは真の偉大さへの敵」とはまさに言い得て妙だと思います。

4 従業員によい規律を——理念に沿い自ら行動する

「ローマは一日にして成らず」。このことわざが示すように、時代を超えて輝き続ける偉大な企業になるための決定打や奇跡の瞬間はありません。一歩ずつ、粘り強く、責任をもって仕事を成し遂げていく「規律」が必要です。実際、偉大な企業には、驚くほど勤勉で徹底して仕事に取り組む人が大勢いるものです。

コリンズは「よい規律」と「ダメな規律」について説明します。ダメなタイプの一つめは、官僚的な規則や管理による規律です。こうした規律は起業家精神を失わせてしまいます。二つめのダメなタイプは強権的な経営者の下でもたらされる規律です。その経営者が去った途端、たがが緩んでしまうからです。

一方、よい規律は、わざわざ規則などに定めなくても、従業員が自律的に行動する「規律の文化」とも呼べるものです。コリンズは起業家精神と規律の文化の二つを備えた組織を「偉大な組織」と定義します。

規律の文化をつくるにはまず、基本理念に沿って自ら行動できる従業員を育成することが重要です。次に仕事の基本的なシステムやプロセスを確立し、それを順守した事業運営をしなければなりません。しっかりした仕事や事業の「枠」があるからこそ、その中で個々の従業員は自由と責任を両立できるのです。

事業戦略にも規律が必要です。コリンズは、経営者が最も避けるべきなのは根拠のない楽観主義だと指摘します。そのうえで、①自社が世界一になれる②経済的原動力になる③情熱を持って取り組める――という三つの要件を満たした事業に取り組まなければならないと主張します。

どんなに利益を上げていても、三つの要件を一つでも満たさない事業は捨てる規律が必要といいます。その理由について「偉大な企業は、機会が不足して飢えるのではなく、多すぎる事業機会に消化不良になって苦しむ」からだと説明します。

ケーススタディ 「ハリネズミの概念」——飛躍への三つの要件

世の中には、ハリネズミ型の人とキツネ型の人がいると著者のコリンズは言います。

「キツネは、賢く、機敏で、毎日新たな作戦を考えては、ハリネズミを仕留めようと襲いかかる。ところが、キツネの方がはるかに知恵があるのに、勝つのはいつもハリネズミだ」と指摘します。ハリネズミは「『何度失敗しても懲りない奴だなあ』と、身体を丸め、鋭い針を全方向に突き立てて、防衛する」特徴があるとしています。

コリンズは、偉大な企業に飛躍した企業はハリネズミに似ており、比較対象企業（偉大な企業に飛躍できない企業）はキツネに似ていると言います。

「ハリネズミは単純でさえない動物だが、たった一つ、肝心要の点を知っており、その点から離れない。キツネは賢く、さまざまなことを知っているが、一貫性がない」

コリンズはこのような比喩を使って、「ハリネズミの概念」という考え方を提示します。偉大な企業になるには、次の三つの円が重なる部分を深く理解し、単純で明快な戦略に結び付けていくことが鍵だと言うのです。

①自社が世界一になれる部分

②経済的原動力になるもの

③情熱を持って取り組めるもの

一つひとつ見て行きましょう。

① 自社が世界一になれる部分

自社が世界一になれる部分はどこか。そして、同様に重要な点として、世界一になれない部分はどこか。

一点、念のため補足しますが、ここで言う「世界一」とは、必ずしもグローバル展開をして世界市場でナンバーワンになるという意味ではありません。日本市場で、あるいは東北地方でナンバーワンになる（世界中の他のどの企業にも負けない）ということでも構いません。

「自社が世界一になれる部分はどこか」という問いは、一見簡単なようですが、実際の企業経営においては、「プライド（自負心）」や「虚勢」「根拠のない楽観」「能力のワナ」などが邪魔をしてしまい、本当に理解している企業は極めて少ないとコリンズは言います。

プライドや虚勢というのは、例えば「総合〇〇」（総合商社、総合家電、総合流通、トータルソリューションプロバイダーなど）というような概念に固執してしまったり、業界の下位企業であるにもかかわらず業界トップ企業と同じようなフルライン化を志向したりすることです。

「根拠のない楽観」というのは、例えば、かつては業界トップで今は3位に低迷している企業が、いずれトップに返り咲く「ハズだ」と期待したり、新規事業や新商品に起死回生の逆転ホームランを期待したり、日本市場が縮小均衡の中でグローバル化すれば何とかなると期待するような状況でしょうか。

「能力のワナ」というのは、コリンズの例えを借りると、高校の頃、数学が得意だった学生が、必ずしも数学者として大成するとは限らないということです。つまり、仮にその企業のコア・コンピタンス（得意分野）だったとしても、それが世界水準かどうかはまた別の話です。「何かをうまくできるからと言って、利益を上げていて成長しているからと言って、それで最高になるとは限らない」と判断する規律が重要と説きます。

つまり、自社の置かれた厳しい現実を直視した上で、どこにも負けない事業になり得る部分にだけ注力することが、偉大な企業への唯一の道なのです。

② 経済的な原動力になるもの

コリンズによると、偉大な企業へと飛躍した企業は、経済的原動力を強化する鍵を、「○○当たり利益」というシンプルな財務指標に結晶化させています。

例えば、ジレットは、カミソリの本体と使い捨ての刃のトータルでの価値を認識し、かつての部門（製品）別利益から、顧客一人当たり利益をどう最大化するかという指標に転換します。同様に、米国の小売企業クローガーは、地域シェアがスーパーマーケットの採算を決めるとの認識から、1店舗当たり利益から、地域の人口1000人当たり利益に指標を変更しています。米国西部の有力銀行ウェルズ・ファーゴは、規制緩和による価格競争の激化を見越して、ローン1件当たり利益から、従業員一人当たり利益に変更しています。

これらは、戦略と経済原理に立脚した「究極のKPI（重要業績評価指標）」と言ってもよいかもしれません。KPI導入がうまく行かない典型的な原因として、①KPIが多すぎる②こっちを立てればあっちが立たずという「トレードオフ」関係にあるKPIが混在し、何を最優先したらよいかが明確でなく、全てが中途半端になる——の二つがあげられます。「究極のKPI」を明確にして、それを軸にした事業運営を行うというのがミソでしょう。

③　情熱を持って取り組めるもの

最後に、定性的ですが、意外と侮れないのが「情熱」です。コリンズによれば、偉大な企業への飛躍を遂げた企業は「会社の事業に皆で情熱を傾けよう」と呼びかけたわけではありません。むしろ、正反対な賢明な方法、すなわち、「自分たちが情熱を燃やせることだけに取り組む」方針を取っています。

よく、新規事業の議論などで、美しい「べき論」が展開されますが、経営判断に携わる一人ひとりが、「仮に自分がその責任者だったら、残りの企業人生（あるいは少なくとも向こう10年間）を賭ける情熱が心の底からわきあがってくるか」と問うことが、ありきたりですが、非常に重要です。

企業買収も同様で、情熱がわかない事業を手に入れても、うまく行きません。

偉大な企業へ飛躍する企業は、これらのハリネズミの三つの円に従って、規律を持って企業運営を進めます。コリンズによると、三つの円が定まるまでには平均すると4年間を要するが、一度定まってまい進し始めると、数年で飛躍の時を迎えるといいます。

逆説的ですが、ハリネズミの三つの円が定まっていない比較対象企業（偉大な企業へ飛躍できない企業）ほど、成長に固執し、成長を闇雲に追求してしまうことが多いそうです。「どれほどの対価を払っても成長を達成する」「これだけの金額をかければ、成功を収められる」といった表現が資料の随所に出てくるそうです。

このハリネズミの概念ですが、自分の仕事について考えてみるとわかりやすいとコリンズは言います。

① 持って生まれた能力にぴったりの仕事であり、その能力を生かして、恐らくは世界でも有数の力を発揮できるようになる（自分はこの仕事をするために生まれてきたのだと思える）。

② その仕事で十分な報酬が得られる（これをやってこんなにお金が入ってくるなんて、夢のようだと

思える）。

③ 自分の仕事に情熱を持っており、仕事が好きでたまらず、仕事をやっていること自体が楽しい（毎朝、目が覚めて仕事に出掛けるのが楽しく、自分の仕事に誇りを持っている）。

我々はハリネズミなのかキツネなのか、自社についても、自分自身についても、改めて考えてみたいものです。

『最強組織の法則』

ピーター・センゲ著

学習するチームをつくり全員の意欲と能力を引き出す

森下幸典

（PwC Japan 執行役常務）

最強組織の法則──新時代のチームワークとは何か／
The Fifth Discipline:The Art and Practice of the Learning Organization 1990年
ピーター・M・センゲ（Peter Michael Senge）著
邦訳：徳間書店、1995年／守部信之訳

1　学習するチーム――全員の意欲と能力を引き出す

日本企業の組織力とチームワークは、かつて世界で高く評価されてきました。しかし、現在の複雑で変化の激しい環境下において、各企業はその問い直しに迫られています。米経営学者のピーター・センゲが１９９０年に発表した『最強組織の法則』は、新たなチームワークのあり方への指針を与えてくれます。

センゲは「これからの組織は、一人の大戦略家の指示に従うのではなく、あらゆるレベルのスタッフの意欲と学習能力を生かすすべを見いだす組織、すなわち、学習する組織（ラーニングオーガニゼーション）であるべきだ」と主張します。そのために必要な五つのポイントを掲げています。

一つ目は「システム思考」です。それは、自分が直接関わる個別の事象だけでなく、全体の相互作用を理解し、それを有効に変えていくすべを把握させるための知識とツールの総体です。

二つ目は「自己マスタリー」です。マスタリーとは習熟度を指し、個々人が習熟度を上げるための努力が組織の活力を生み、ラーニングオーガニゼーションの土台となるという考え方です。

三つ目は「メンタルモデルの克服」です。我々の心の中に固定化されたイメージや概念を客観的に見直し、その時に良いと判断した内容でも時代や環境の変化に応じて考え方を変えなければならないという意味です。

四つ目は「共有ビジョンの構築」です。センゲは「本物のビジョンがあれば、人々は学び、力を発揮する」と言います。そうせよと言われるからではなく、そうしたいと思うから人は行動するとみるのです。

最後の五つ目は「チーム学習」です。一人一人は優秀でも、組織として優秀かどうかは別の話です。センゲは「すばらしいチームははじめからすばらしかったわけではなく、すばらしい成果を生むすべを、チームが学習したのだ」と強調しています。

ケーススタディ 全社プロジェクトでエースたちが露呈した弱点

製造業A社では経営効率化のために、全社的な業務改革と情報システムの刷新に取り組んでいます。顧客管理、モノの流れを一元管理するサプライチェーンマネジメント、会計をはじめ会社の主要な業務を見直し、最終的には各部署の情報が集約されて、経営トップに対して意思決定に必要な情報がタイムリーに提供されることを目指した、大がかりな構想です。

社長の号令によりプロジェクトが立ち上がり、各部門からエースが集められて、A社内では10年に一度の大改革、という機運でプロジェクトは始まりました。

メンバーは日頃感じていた問題点を洗い出し、それを改善するためのアイデアを新しいシステムに組み込んでいきます。設計、開発と順調に作業は進みましたが、いよいよシステム全体を連携させてテストする段階に入って、問題が発生しました。チームごとに設計、開発してきたシステムそれぞれの品質は十分なものだと思っていましたが、各部門間で接続してみると、データの受け渡しがきちんとされなかったり、不都合な処理が行われたりすることが発覚したのです。

例えば、営業部門で注文を受ける際に、顧客と取引条件について約束をしますが、どのような支払い条件を提示するかということについて、経理部門の要望が反映されていませんでした。また、ある商品が非常に人気となり、短期間で多くの注文を受けた場合、A社の営業部門はどんどん注文を受け付け、すぐに納品できない場合には予約扱いにします。生産部門は、たまったオーダーを消化するために残業を増やし、それでも足りない場合は増員やそれに伴う教育に多くの労力を費やすことになります。仕入れ部門は、増産に備えて可能な限りの材料の確保に努めます。

メンバーの二つの「気付き」

しかし、このやり方では、需要の変動に対応することができません。営業部門が注文を受ける段階で、生産能力や納期の情報をにらみながら、顧客に対して正確に納期を回答し、顧客の意向を確認しながら注文を受け付けることをしないと、予想以上に顧客を待たせたり、品質が低下したりして、結果として信頼を失うことになるのです。

この時、各部門のメンバーは、自分の担当業務は熟知していたけれども、それが次の部門に渡った後にどう処理されていたのか、最終的に経営者や取引先にどのような形で提供されていたのかの理解が不足していたことに気付きました。メンバーは至急ワークショップを開き、全体の関連性、相互依存性を確認しながら、設計コンセプトを見直しました。

また、このプロジェクトの仕事を通じて、各メンバーはもう一つのことに気付きました。それは、一から十まで命令されて動くのではなく、自分で考える姿勢です。特にプロジェクト形式のような一度きりの仕事の場合、後戻りはできません。何度も同じことをやり、結果を出すための方法が確立されたルーチンワークとは違い、プロジェクトでは想定外の出来事もしばしば起こります。起こった事象を冷静に分析し、どのように対応すべきか、自分で考えて迅速に動くことが肝要なのです。

2　システム思考革命——物事の依存関係と全体の構造を見る

社会現象の因果関係は複雑化し、ビジネスパーソンが意思決定するために必要な情報量も急増しています。正しい判断をするためには、情報を整理し因果関係を把握するノウハウが不可欠です。センゲは本書で「システム思考革命」の必要性を唱え、学習する組織（ラーニングオーガニゼーション）の中核的な考え方として位置付けます。

システム思考とは、物事の依存関係を確認し、全体の構造を見いだすことです。センゲは「木を見て森も見る」ことが必要だと主張し、ある個別の事象の原因を特定するだけでは済まないと指摘します。様々な事象の相互の関連性と全体の中での重要性を理解し、どの部分に働きかければ最も効果的に問題を解決できるのかを見いだすことが重要とみるのです。これを「レバレッジの原則」と定義します。

ただ、効果的な作用点は通常見えづらいものです。また、経営管理における多くの施策は、それを実施すれば一度は業績が好転しますが、後に悪化しがちです。短期的に状況を好転させる方法はたくさんありますが、それだけで問題自体が消えたと錯覚してはならないのです。

例えば、需要があるからと増産すれば、いずれ在庫や設備などの余剰に悩む可能性もあります。低価格で良いサービスを提供しているつもりでも、人材確保や教育を怠れば、価格も質も維持できなくなります。こうした点について、センゲは「スナップショットとしての出来事よりも、プロセスや構造を見ることが必要」と指摘します。

このように、システム思考は全体を見るための考え方ですが、事象を正しく捉えるためには、戦略の結果をフィードバックする仕組みが重要となります。フィードバックを通じて、現場の最前線で発生する「遅れ」を適切に把握します。戦略を実行する場合、的確なフィードバックがタイムリーでなければ、致命傷になりかねないのです。

ケーススタディ

ある行政機関の10年後を目標にした変革プラン

A国のある行政機関では、10年後のあるべき姿を見据えた変革プランの策定に取り組みました。組織の上位職層から中堅層、現場のリーダークラスまでを対象として、ビジョン策定のためのワークショップを開催しました。

この行政機関が目指したのは、中央集権型で早急に課題を解決することではなく、組織全体あるいはチームとして業務の全体構造を見つめ直すことです。その観点から、どのように変革すべきかの四つの着眼点を見つけ出しました。それが「効率」「俊敏性」「説明責任」「統合」の四点です。

この行政機関では、「効率」は日々の業務のやり方を改善しながら向上させるべきものと位置付けて、いくつかの具体的な目標を定義しました。その一つ目が「組織、部署間での業務の重複を解消する」ことです。プロセスの見直しと同時に、システム化により可能な限りの自動化を目指します。組織の機能やシステムを最大限活用することは、限られた人的資源を活用して成果をあげるために重要なポイントになります。

また、長期的にコスト低減効果を享受するために、シェアードサービス（間接業務などの集約）の導入やアウトソーシング（業務の外部委託）、契約単位の集約化、サプライヤーに対する費用対効果の明確な説明なども実施します。

人的資源を「自分だけのもの」と思い込む管理職

さらに、組織で働く人材そのものにも変革が必要です。特に管理職が人的資源を「自分だけのもの」と思って使う傾向が見られたため、その意識を変える取り組みが必要でした。生産性

を向上し、継続的に改善活動やトレーニングをするためには、十分な作業環境を提供すること
も必要です。

これらの目指すところは、無駄を最小化し価値を最大化するための革新的なソリューション（問題解決）の導入と、仕事に対する主体性と意欲の高い人材を活用し、生産性を向上させることです。

次は「俊敏性」についてです。外部および各部門からの要求に迅速に応えるためには、個人からチームまで全てのレベルにおいて、能力が高く、柔軟性を持った人材が必要です。また、様々なニーズに対応するためには多様性も持たなければなりません。

外部関係者との強固な協力関係も重要です。さらに、この行政機関では、継続的な改善、改革をもたらす組織文化の醸成も目標に掲げ、具体策に取り組むことにしました。

「説明責任」に関しては、組織内外ともに透明性を確保することを重視しました。例えば、投資に関する情報について、コストや選択肢を含めて、タイムリーに共有することを目指します。

また、パフォーマンスの評価に関する首尾一貫性、個人と組織の責任範囲のバランス調整にも取り組みました。職員一人ひとりに、仕事に対するオーナーシップを持たせることを目指して、日々の仕事の意思決定を任せるようにしました。

【個人の成果だけで評価しない】

最後の「統合」に関しては、「共通の目標に向かって、様々なスキルを持った人材がひとつのチームとして協力し合う」ことを目標としました。人的資源が全ての機能や部署を通じて統合的に管理され、統合されたプロセス、システムおよびナレッジシェア（知識共有）の仕組みによってサポートされている形をあるべき姿として定義しています。そして、部門間での連携を促すとともに、成果は個人および全体の両面で評価します。

これらの改革にあたって、この行政機関では特に「変革のポイントは人である」と認識しました。当事者である各職員に変革の必要性と意義を十分に浸透させ、それを理解してもらうために、客観的なデータやシステマティックなアプローチ、定期的なモニタリングとフィードバックの仕組みが重要と考えたのです。

3

個人の学習を通して学ぶ組織――ビジョンを共有し全員でプレー

センゲは本書で「組織は個人の学習を通して学び、継続的な学習を追求することによって、ラーニングオーガニゼーションが生まれる」と述べています。ここでいう学習は、単に知識や情報を得るためのものではなく、真に望む結果を獲得するための永続的な能力開発のプロセスを指します。

センゲは個人の成長と学習を「自己マスタリー」と定義し、能力と技術だけでなく、心の成長を含めて自己の能力を押し広げ、創造的な視点で生きることが大切だと説きます。そうした姿勢からは単なるアイデアではなく、必ず達成したいという強い欲求に基づいたビジョンが生まれます。組織の成長には、全ての職階に自己マスタリーを持った人材が必要です。

「名案だというアイデアはどういうわけか実行されないことが多い」とセンゲは指摘します。それぞれの人の心の奥底に存在するイメージである「メンタル・モデル」と、新しい見識との間のギャップが原因となります。リーダーはメンタル・モデルの存在を認識したうえで、どうそれを変化させ、アイデアを実行可能なものにするかを考える必要があります。

組織の様々な活動への結束をもたらすためには「共有ビジョン」が必要であり、センゲは「一人の人間のビジョンを組織に押し付けてはならない」と説きます。もちろん、最初は一人のアイデアから始まりますが、トップダウンでそれを押し付けるのではなく、理解者を増やす努力が欠かせません。共有ビジョンが普及すれば、それは企業の根幹をなす強固な価値観になります。

共有ビジョンを持った組織のメンバーは、それぞれが一緒にプレーする術を知っていなければなりません。組織においては「チーム学習」をマスターすることが必要です。これにより、組織は複雑な問題に対応したり革新性や調和を生みだしたり、他のチームを育成したりすることが可能になるのです。

ケーススタディ

新サービス開発に見る「学ぶ組織」のつくり方

通信事業A社では、顧客に対して新しいサービスの提供を考えており、そのためのビジョン策定に取り組んでいます。具体的には、加入者に対するコールセンターのサービス内容を改善しようという試みです。

ビジョン策定を担うプロジェクトチームは、まず、経営層にインタビューし、次に現場の作業状況を視察して、現状のサービスの問題点や新しいサービスに関するニーズを把握しました。

その結果、新しいサービスは「敏感さ」「信頼性」「柔軟性」「可視性」の四つの基本コンセプトに基づいて考案すべきだというアイデアをまとめました。

現場を視察すると、A社の現状では、コールセンターのオペレーターが使用するシステムの使い勝手が悪く、必要な情報に瞬時にアクセスできないことが分かりました。また、複数の加入者からの照会を同時に処理することができず、回答するまで長く待たせてしまっています。システム部門に改善要求をしても、実際に機能が変更されるまでには相当の期間を必要とします。

結果として、加入者からの問い合わせの回数が増えてしまいますし、顧客満足度が低下するリスクにもつながります。プロジェクトチームは、これらを「敏感さ」に関わる課題として認識しました。

次に、プロジェクトチームは、システムの「信頼性」に着目しました。A社では、数々の異なるシステムツール群が存在しており、その世代もまちまちで、全体の整合性をとった管理ができていませんでした。結果として、データの内容が間違っていたり、データそのものが古いといった問題につながったりしていました。

【　学びを生かす——目標達成に向けて見いだした「三つの視点」　】

また、市場環境の変化や現場の改善要求に迅速に対応できないという問題があり、「柔軟性」に関わる課題として認識しました。新しい機能を開発してリリースする際の変更の手順や品質管理にも問題がありました。

さらに、業務のライフサイクルやチャネルをまたがった形で、それぞれの担当者が全体的に物事を見る姿勢が欠けていました。報告に関しても、タイムリーさや一貫性が欠けていました。これらは「可視性」に関わる課題で、ビジネス機会の損失につながります。

これまでのサービスは、画一的で個々の加入者に相対したものではなく、その場で解決できる内容も限定的で、何度も違う担当者につなぎ直さなければなりませんでした。

プロジェクトチームがこのような複雑な課題を四つの基本コンセプトに整理できたのは、経営者へのインタビューに加え、現場の状況を直視するきめ細かい観察によって学び、組織の壁や各メンバーの専門性など、心の内に知らず知らずのうちに固めていた「メンタル・モデル」を変化させることに成功したからといえるでしょう。その結果、浮かび上がってきた課題を改善し、個々の加入者がワンストップで提案型のサービスを受けられるようにすることを明確な目標として掲げることができました。

この目標達成のために、A社では業務プロセス、人と組織、テクノロジーの三つの視点から、改革を行うことにしました。業務プロセスについては、各部門の業務内容を組織横断的に見直し、業務の重複をなくして集約し、新たな業務プロセスを設計し直しました。具体的には、加入者のアカウントと履歴の情報を参照しやすくしたり、スマートフォンなど様々な方法で問い合わせができるようにしたりしました。

［「360度」の視野から漏れなく検証］

人と組織については、より良いサービスを提供するために必要なステークホルダー（利害関係者）を全て取り込んでいるかを検証し、不十分なところは強化しました。サービス品質に関しては、組織をまたがってモニタリングする仕組みを導入しました。

いわばチームプレーによって視野を「360度」に広げ、漏れなく検証したのです。テクノロジーについては、ビジネス要件の変化に迅速に対応するために適したインフラストラクチャーやツールの導入を進めることにしました。

チームは一連の作業を通じて、基本コンセプトを共有し、一緒になってプレーし、学習する方法を習得していきました。その結果、先入観にとらわれることなく、複数の組織にまたがって複雑に絡み合った課題を解きほぐし、新サービスの開発に道筋をつけることができたのです。そこから打ち出した施策によって、A社は加入者一人ひとりの嗜好や特性に対応したサービスが提供できるようになり、加入者にとってはワンストップでサービスが利用可能になりました。そしてこれらのことは、顧客に対して一貫したブランド経験を提供し、評価を高めることにつながるのです。

4 リーダーの役割——全員が理解できる学習プロセスを設計

センゲは本書の中で、現在のように変化の早い時代に対応するためには、全員が考えて全員が行動する「ラーニングオーガニゼーション」の構築による分権を進めることが重要だと主張しています。そのためにトップマネジメントは「思考力をつけること」「チーム学習能力を高めること」「共有ビジョンを描き浸透させること」が求められると指摘しています。

組織を効率的に運営するためには、管理職の時間の使い方も重要です。学習することの重要性を認識しても、その時間を確保することは容易ではないからです。自分が必要だと思うことに時間を使えない原因は何か、どうしたら改善できるのかを分析し、自己の習慣を変える努力をすることが不可欠です。

ワークライフバランス（仕事と生活の調和）の重要性も見逃せません。組織の目標に注力するあまり、個人や家族が払う犠牲を考慮する余地がなくなってはいけません。

分権化を通じて事業の責任が現場に移った組織では、リーダーはどんな役割を担うべきでしょうか。センゲは「組織全体に目をくばり、指導理念や核となる価値観、使命を生みだし、ビジョンを常に発展させていくこと」だと主張します。組織をシステムとして捉え、それに変化をもたらす内外の諸力を組織全体が理解できるように学習プロセスを設計することが重要な役割となります。

また、リーダーは必ずしも答えを知っている必要はなく、「学ぶことで、結果を達成するために必要な事柄が得られる」という自信を周囲に植え付けることができればよいと考えます。センゲは「人が後についていこうとする人物とは、何かの信念をもち、その信念に基づいて目的を達成する力を持つ人物である」と語ります。その中核となるものがラーニングオーガニゼーションの大切さを最も深く認識し、率先して学習する人であろうとする姿勢なのです。

ケーススタディ

一流大卒で語学堪能な現地採用スタッフの嘆き

サービス業のA社では、シンガポール法人における人材マネジメントに課題を抱えていました。

A社では、現地法人の社長をはじめ主要な管理職を日本からの駐在員が担い、現地で採用されたローカルスタッフが各部門の業務をサポートする組織構成になっています。

A社の事業は好調で、シンガポールにおける業務も拡大していますが、組織が大きくなるにつれ、ある問題が顕在化してきました。ローカルスタッフの士気が低下しているのです。

A社は海外事業の歴史も長く、グローバルにブランドが認知されており、現地採用に際しては、各地域の一流大学を卒業し、語学にも堪能な優秀な人材を獲得できています。しかし、ローカルスタッフの声に耳を傾けてみると、こんな意見が聞こえてきました。

「社長はもちろん、各部門のリーダーは日本人の駐在員で占められており、ローカルスタッフには昇進のチャンスが少ない」

「ローカルの商慣習、法規などを熟知しているつもりだが、こちらのやり方で仕事を任せてもらえない」

「上司である駐在員が短期間のローテーションで異動してしまうので、信頼関係を構築する時間が足りない」

「会議が終わった後、日本人だけで日本語で話をしているが、何を話しているのか分からない」

様々な課題が浮かび上がり、A社は対応を迫られることになりました。

【 日本人駐在員に抜け落ちていたもの 】

そこでA社では、駐在員、ローカルスタッフを含めた現地法人の全社員を対象に、調査を実施しました。その結果から、個人差はあるものの、マネジメントを担う日本人駐在員のリーダーシップが不足していることが顕在化しました。具体的には「リーダーが組織の方向性を示せていない」のです。

グローバルな仕事環境においては、ジョブディスクリプション（職務内容）を定義して、各人の責任範囲を明確にしておくことが一般的です。一方、役割責任を付与する立場である日本人マネジメント側は「書面よりも口頭でフレキシブルに、かつ能力に見合った役割・責任を与えたい」という意向が強く働きがちです。

このような意識のズレがある中で、A社の現地法人でも、リーダーが目指す方向性がはっきり語られないことも少なくありませんでした。現地採用した新人に対しても、長年勤めている社員から、「この仕事はこうやるもの」と属人的な仕事の引き継ぎがされてきました。そこには内外の環境変化に対応する工夫はあまり見られませんでした。

調査で浮かび上がったのは、センゲが「ラーニングオーガニゼーション」構築による分権を進めるうえでマネジメントに求められると指摘していた「思考力をつけること」「チーム学習能力を高めること」「共有ビジョンを描き浸透させること」が欠けている現実でした。

日本人駐在員たちはこのような意識が希薄だったため、日本人同士に比べ、よりきめ細かいコミュニケーションが必要なはずのローカルスタッフに対して、組織の方向性を打ち出せないでいたのでした。

「学習する組織」になる手法をリーダー育成に生かす

そこでA社では、グループごとにミーティングを開き、まず日本人駐在員が日本の本部の戦略を伝えたうえで、それをどう実行するかの決意を伝えました。そして、チームメンバー全員で「自分たちは何をすべきか」を話し合い、各人の役割を考える土壌をつくりました。

このミーティングにおいては、サーベイの結果という客観的なデータを基に議論を進めたため、比較的短い時間で、相互理解と共通認識が醸成されました。リーダーは個別の「誰が」でなく、「何を（ビジョン・行動）」を軸にコミュニケーションすることに留意しました。

リーダーたちは、分権化により事業責任が現場に移った組織において担うべき役割としてセンゲが挙げていた「組織全体への目くばり」や「指導理念や核となる価値観、使命の創造」、さらには「ビジョンを常に発展させていくこと」を意識し、変化の影響を組織の全員が理解できるようにする学習プロセスについて考え始めたと言えるでしょう。

この議論を通じて、今まで「自分の役割範囲を守ること」と「より高い給与・福利厚生を得ること」に強い執着を持っていた人が、他のメンバーとのコミュニケーション量を増やし、少しずつ大きな役割を担うようになっていくといった効果も見られました。

グローバリゼーションやM&A（合併・買収）といった、より多様性の高まる現代の事業環境においては、センゲが提唱するような「ラーニングオーガニゼーション」すなわち「学習する組織」になるための手法を生かしながら、強いリーダーをしっかり育成し、組織の学習力を向上させる方策をつくり上げることが今後ますます重要になるでしょう。

『プロフェッショナルマネジャー』

ハロルド・ジェニーン他著

自分を犠牲にする覚悟が経営者にあるか

楠木建
（一橋大学大学院国際企業戦略研究科 教授）

プロフェッショナルマネジャー／Managing　1984年
ハロルド・ジェニーン（Harold Sydney Geneen）、アルヴィン・モスコー（Alvin Moscow）共著
邦訳：プレジデント社、2004年／田中融二訳

1　アートとしての経営――流行の「理論」に惑わされるな

著者はハロルド・ジェニーン。邦訳の副題は「58四半期連続増益の男」です。1959年にITTという企業の社長兼最高経営責任者に就いた彼は、副題にあるように14年半に渡り、連続増益という成果を出したすご腕経営者です。当時のITTはM&Aを通じ、エイビス・レンタカーやシェラトン・ホテルなど350社を傘下に収め、巨大コングロマリットに成長しました。

本書は30年以上前に書かれた本です。往時の巨大企業ITTもすでに存在しません（同社はジェニーンの引退後に解体）。「コングロマリット」という経営形態も今や時代遅れの感がありま す。しかし、「経営」という仕事の本質は今も昔も変わりません。一流の「経営の教科書」としての本書の価値は古びていません。率直かつ苛烈なメッセージが、プロの経営者の肉声として、次々と飛び出します。「経営」という仕事を志す人に、自信をもってお薦めできる本です。本書を読めば、経営とはどういう仕事か、経営者の持つべき覚悟とは何か、自分が経営という仕事に向いているかどうか、たちまちにしてわかるでしょう。

ジェニーンが強調しているのは、経営は「アート」であり、「サイエンス」ではないということです。彼は皮肉たっぷりに言います。「趣味や服装の流行のように、次々に現れては消える『最新の経営理論』を当てにしていては、経営なんかできるわけがない。どんな理論も複雑な問題を一挙に解決してくれるということはあり得ない」

経営者が直面する問題は、単に複雑なだけではありません。それぞれの会社の成り立ちや実情に影響を受けるものであり、しかも前例のない一回限りのものです。単純な公式で解けるわけがありません。自然科学などとは異なり、「こうやったらこうなる」という法則はそもそも経営には存在しないのです。本書が経営書として傑出しているのは、「アートとしての経営」の教科書であるということにあります。

ケーススタディ

セオリーなんかじゃ経営できない

ジェニーンはアートとしての経営を正面から見据えた経営者です。本書の最初に出てくる「セオリーG」という話でいきなり主張が全開になります。要するに「セオリーなんかじゃ経営できない」というのがジェニーンの言いたいことです。

セオリーGのGは、ジェニーン（Geneen）のG。つまり「セオリー・俺」ということです。これにはちょっとした背景の説明がいります。

ご存知の方も多いと思いますが、全盛期の半ばにダグラス・マクレガーという高名な経営学者がいました。彼が提唱した「セオリーX・セオリーY」は一世を風靡した「経営理論」です。簡単にいえば、前者は「人は本来サボりたい生き物である」という性悪説の経営で、後者は「人は本来すすんで仕事したい生き物である」という性善説の経営です。マクレガーの「セオリーX・セオリーY」は、「セオリー」というよりは、経営の前提となる人間観の違いを捉えた洞察として理解するのが適切でしょう。

XとYのどちらに人間観を置くかによって、あるべき経営はまるで変わってきます。20世紀前半まではセオリーXを前提とする経営が支配的だった。しかしこれは過去のもので、これからはセオリーYの立場に立った経営が求められる。これが当時のマクレガーの主張でした。

ところが、しばらくたつと、これにかぶせる形で「セオリーZ」というのが出てきました。1970年代の日本的経営ブームの流れと重なってベストセラーとなったウィリアム・オオウチ（日系3世のアメリカの経営学者）の『セオリーZ』です。

いまの新興国のように、当時の日本経済は伸び盛りでした。自動車、カメラ、テレビなどが怒涛のようにアメリカに輸出されました。それまでは低コスト・低価格の象徴だった「メイド・イン・ジャパン」が、その優れた品質を武器に、「ハイテク分野」でも米国市場を席巻します。元気いっぱい、青春真っ只中の日本企業からの挑戦を受けて、米国企業はタジタジとなりました。

アメリカから見た日本企業のマネジメントの「不思議な特徴」は、いつの間にか「日本的経営」として注目されるようになりました。チームワークを支える和の精神、所属する企業への従業員のコミットメントと一体感、毎日朝礼で社歌を歌う、職場全員で旅行、秋には家族も一緒に運動会、会社は「家」であり組織は「家族」。隔世の感がありますが、当時のアメリカ人やアメリカ企業にとって、こうした特徴を持つ「日本的経営」は「経営のベスト・プラクティス」として認識されていました。

今から考えれば、当時の「日本的経営礼賛論」には、日本企業が文化的、時代的文脈の中で自然にやっていたことが、普遍的に有効な経営モデルとして安易に強調されすぎていたという面があります。しかし、当時の日本企業（とくに製造業）の勢いを考えれば、セオリーZにはそれなりの説得力がありました。

ジェニーンがこの本を書いていたころは、「セオリーZ」に象徴されるような、日本的な経営が大流行りでした。家族主義的な経営、終身雇用、バランスのとれた経営者の教育、労使協調などを通じて、従業員に国や家族に対するのと同様の忠誠心を会社に対して持たせる。こうした精神的インフラがあるから、不断の品質改善が進む。みんなせっせと働く。

これに対して、そのころのアメリカは「セオリーZ」の正反対だとされ、問題視されていました。短期雇用が基本で、職業の専門化が進み、個人的な忠誠が優先して、会社への忠誠心が犠牲になっている。こんな対比がまことしやかに論じられたものでした。

米で礼賛された「日本的経営」の虚実

こうした当時の論調に対するジェニーンのリアクションは実に明快です。「思いやりのあるバラ色の日本の職場と、寒々としてストレスに満ちたアメリカの職場」という対比は単純すぎる。仮にそのとおりだったとしても、アメリカには個人の自由と機会の平等の伝統がある。これを温情主義や謙譲、無私といった日本に固有の価値と本当に交換したいと思うアメリカ人がどれだけいるだろうか。

確かに日本には優れた点が多々ある。だから日本は産業の発展と繁栄を成し遂げた。しかし、日本人の価値観は何世紀にもわたって培われた文化的文脈のなかで、ほかにはありようのない発展の仕方で形成されたものだ。アメリカの価値観もまたしかり。自己の能力に応じて学び、成長し、稼ぐ自由こそがアメリカを支えてきた価値観であり、それのどこがいけないのか、とジェニーンは言い切っています。

100%賛成です。これは良いか悪いかの問題というよりも、「社会の持ち味」の違いにすぎません。マネジメントの手法やツールは選べます。しかし、持ち味は選べません。その時点で目を引く「ベストプラクティス」にとかく目を向けがちなのですが、本当の経営者はどうやっても変えられない「持ち味」のほうを重視するものです。

その後の日本の成り行きも似たり寄ったりでした。１９９０年代になると、「セオリーＺ」はどこへやら、バブルがはじけて日本的経営はもうダメだ、お先真っ暗だ、それにくらべてアメリカの経営はなんと優れていることかという論調が幅を利かせました。実際に、アメリカの真似をして「経営革新」をした企業も後をたちませんでした。それでどうなったでしょうか。セオリーＧでジェニーンが指摘していることを裏返せば、そのまま近年の日本の経営の迷走ぶりを反省するいい材料になります。

ジェニーンはさらに議論を進めます。セオリーＺだの日本的経営だのいっても、それはアメリカから日本へ出掛けていった観察者たちが、グループ討論とか、社歌の合唱とか、工場の笑顔といった表層的なものを見て、「オーマイガッ！　これこそ日本的経営の秘密だ！」など と興奮しているだけなのではないか。実務の意思決定の部分では、日本もアメリカも同じ企業経営、さして違わないはずだ。品質管理、生産計画、市場調査、財務管理といった部分で、日米の実務家がやることはほとんどかわらないはずだ、というのがジェニーンの醒めた見解です。「経営理論」は信用しないにしても、非常に客観的でロジカルなものの見方をする人だということがよくわかります。流行の「理論」に惑わされることなく、本質を見よというシンプルなメッセージに僕は大いに感動をおぼえました。

2 経営は成果がすべて——自分を犠牲にする覚悟はあるか

本書の原題はずばり"Managing"。経営とは成果をもたらすことであり、マネジャーとは成果をたたき出す人間である。これが著者であるハロルド・ジェニーンの信念でした。

仕事についてはドライでプラグマティック。彼にとって、経営とは成果以外の何物でもありません。経営論とは突き詰めれば3行で終わると喝破しています。「本を読むときは、初めから終わりへと読む。ビジネスの経営はそれとは逆だ。終わりから始めて、そこへ到達するためにできる限りのことをするのだ」

この本は「やろう!」と題された最終章をこんな言葉で締めくくっています。「言葉は言葉、説明は説明、約束は約束……何もとりたてて言うべきことはない。だが、実績は実在であり、実績のみが実在である——これがビジネスの不易の大原則だと私は思う。実績のみが君の自信、能力、そして勇気の最良の尺度だ。実績のみが君自身として成長する自由を君に与えてくれる。覚えておきたまえ——実績こそ君の実在だ。他のことはどうでもいい」

真実を突いた言葉です。芸能人のようなスター経営者にスポットライトが当たる昨今、「セレブ」になりたいだけで経営者を目指す輩がいます。しかし、著者の言う「優れた経営者」は地味な存在で成果が全て。スポットライトが当たるのは成果であって、本人ではありません。経営者というのは「割に合わない」仕事だと考えた方がよい、と彼は言い切ります。

著者は58四半期連続増益という偉業をなしとげた名経営者でした。にもかかわらず、この本には驚くほど「自慢話」がありません。理論なんかで経営はできない。優れた経営にアメリカも日本もない。誰かの成功事例や、学校で習った知識が役に立つような甘いものではない。国も時代も超えた本質をつかみ取ってほしいという思いだけでジェニーンはこの本を書いたに違いありません。

ケーススタディ できるエグゼクティブの机は散らかっている

もちろん僕は直接お目にかかったことはありませんが、ハロルド・ジェニーンは一見して「いい人」では決してなかったと思います。はっきりいえば、お世辞も言い訳も一切通用しない、経営の裏も表も知り尽くした、とにかく「おっかないジジイ」というイメージです。

僕は経営者の評伝や自伝、回想録を人よりずいぶん多く読んでいる方だと思いますが、これほど無私な本にはお目にかかったことがありません。自慢でもなく、記録でもなく、懐古でもなく、自分の経験を凝縮した経営の教科書としてこの本を書いています。怖いけれども偉いジジイです。

本書の素晴らしいところの一つに、エピソードがとても豊かなことがあげられます。本質的な経営の原理原則であるほど、ともすると当たり前の話として受け流されてしまいがちです。よほど文脈の部分を手抜きなく丁寧に説明しないことには人の心に響きません。その点、これでもかというほどきっちり文脈を押さえたうえで諄々と問いかけ、語りかける本書の記述のスタイルは、類書にはない迫力で五臓六腑に染み渡ります。

これは僕の推測ですが、ジェニーンは在籍中からＩＴＴのマネジャーや社員にこういうスタイルで、具体的なエピソードを豊富に交えて、仕事とは何か、経営とは何かについての彼の考えを言って聞かせていたのではないでしょうか。「いいかお前ら、そこに座ってよく聞け。経営ってものはな……」というように。

そういう細やかなエピソードのなかでもとりわけ秀逸なのが、本書に出てくる「エグゼクティブの机」の話です。

きれいな机のエグゼクティブと、散らかっている机のエグゼクティブ、どちらが仕事ができるか。ジェニーンに言わせると、机の上がきれいに片付いているエグゼクティブはダメ。机の上がきれいなのは、やるべき仕事をどんどん他の人に委譲してしまっているから、というわけです。

「エグゼクティブとしてすることになっている仕事を本当にやっているなら、彼の机の上は散らかっているのが当然」とジェニーンは言っています。「なぜなら、エグゼクティブの職業生活そのものが、〝散らかった（雑然とした）〟ものだからである」。ビジネスとは、前例のない、予想もできないこととの連続であり、あらかじめ狙いを定めて取り組めるものではありません。

この意味で、経営者の仕事は担当者のそれとはまるで違います。担当者であれば、自分の仕事の領分が組織的な分業の体系によってあらかじめ決められている。これに対して、自分の仕事はここからここまで、と区切れないのが経営者の仕事です。必要とあらばあらゆることに突っ込んでいかなければなりません。ようするに、「担当がないのが経営者の仕事」なのです。

【「商売の本筋」を自分の目と頭で見極める】

ジェニーンが「経営は成果がすべて」というのは、彼の「狙撃方式」の経営に対する批判に明確に示されています。きっちり将来の計画を立てて、そのとおりに経営しようとするやり方を、ジェニーンは軽蔑的な意味をこめて「狙撃方式」と呼んでいます。たとえば、こういうのが狙撃方式です。これからなにが一番重要になるか。それはエネルギー分野だ。だとしたら油性掘削事業が有望だろう。それをやっている会社のリストをつくって比較検討し、一番いいX社を買収しよう…。

ところが交渉に乗り出してみると、ほかの会社の戦略家たちも同じ理由からX社に狙いを定めているものです。外的な機会をひととおり調べるだけでは、みんなだいたい同じことを考えているわけです。その結果、買収価格はどんどんどんどん吊り上がります。

よしんば買収できたとして、それを何年で回収できるのか？　その間に石油不足という問題自体が片付いてしまったらどうなるのか？　要するに、経営というのは、誰にも等しく降りかかる機会をとらえるだけではだめで、達成するべき成果、最終的な出口を見極めて、そこから逆算して考えなくてはならないということです。

ジェニーンは対照的な事例として、ハイスクール出のトラック運転手が築いた工作機械の会社の話をしています。この運転手は、会社をつくりあげていく試行錯誤のなかで、縁があったスクラップ集積場を安値で購入して多くの利益を上げました。このくず置き場が稼ぐ1ドルも、石油掘削会社が稼ぐ1ドルも、同じ1ドルには変わりません。だとしたら投資に対するリターンが大きいのはどちらのほうか？　これを考えるのが、成果から逆算する経営です。

ジェニーンに言わせれば、このトラック運転手は、たまたま訪れた機会を捉え、誰も目をつけていなかったビジネスに参入したわけです。一方、きれいな机のエグゼクティブは、机上で最大の投資収益をもたらしそうな買収などの「ビッグ・イベント」にこだわるため、いまそこにある潜在的な好機を見逃してしまいがちです。

要するに、いついかなるときでも商売の本筋を自分の目と頭で見極める姿勢こそが大切で、その姿勢をキープしようと思えば机の上はおのずと散らかってしまう。これが「エグゼクティブの机」の話でジェニーンが言っていることです。

ジェニーンはたしかに厳しい人ですが、自分にも大いに厳しかった。その職業生活は徹底した自己献身に貫かれていました。自らを犠牲にしてでも成果を出すのが経営者です。経営者をめざす人が絶対に読むべき本だと僕が思うのは、本書がそうした経営者としての覚悟をストレートに問いかけているからです。

3　経営者は超リアリストであれ――フワフワした「かけ声」は危うい

著者のハロルド・ジェニーンは地に足が着きまくっている超リアリストです。英語でいう「ハンズオン」、現場主義、実務主義に徹しています。本書には自分のアタマで考え抜いたこと、自らの経験に照らし合わせて１００％納得できることしか書いてありません。

こうした著者の真骨頂が出ているところを本書から拾ってみましょう。何かというと「求む！社内起業家」といった言葉を口にする経営者は多いものです。しかし、ジェニーンは大企業の経営には起業家精神は必要ない、と喝破しています。

大きなリスクを取って一発当てる仕事と、何百万、何十万ドルという資産を託され、大企業を動かす仕事とはその性格や求められる資質、能力が根本的に異なります。大企業の経営者は一つの試みに会社を賭けることはできません。起業家精神は大企業の哲学とは相反している、というのがジェニーンの考えです。

起業家は革新的で独立独歩で、大きな報酬のために常識的な限界以上のリスクを進んで冒します。一方、大企業の経営者は比較的小さな報酬のために、斬新的な、比較的小さなリスクを冒すことしか許されない、と彼は言います。大企業を率いて、着実に成果を出す経営者としては、そこに評価がかかっているというわけです。

「起業家精神が大切だ」とか「シリコンバレーに学べ」というようなことをジェニーンは決して口にしません。それどころか、自らが経営を主導したＩＴＴのマネジャーには、起業家精神にあふれた人は必要ないとまで言い切っています。

以上、ジェニーンの思考様式の一例を紹介しましたが、起業家精神の重要性はその企業や経営スタイル次第です。強調したいのは、ジェニーンの思考と行動における、率直さです。その時々の美辞麗句に左右されず、リアリズムで成果との因果関係を突き詰める。経営にとって極めて大切なことだと思います。

ケーススタディ

イノベーションの正体とは

ハロルド・ジェニーンは言葉にこだわる人で、この辺にも彼のリアリストぶりが色濃く出ています。経営者が言葉を発する以上、それは会社や経営のリアルな実体をきちんと表していなければならない、という考え方です。

ジェニーンが退任してから、ITT内で「創造的マネジメントに対するハロルド・S・ジェニーン賞」という制度が設けられました。これは、社員30万人のうち創造的な働きをした人を5、6人表彰して賞金を出すというものでした。

ここでもジェニーンは受賞者について「創造的ではあるが、企業家的と呼ぶのは至当でない」と念押ししています。「なぜこれほど優秀な人たちが、何もかも独力でやって、利益を一人占めにしようとせず、会社のために富を創造することができたのか」という問いを立てたうえで、ジェニーンは、それは何よりもパーソナリティの問題だと答えています。

ほとんどの会社員は、会社が与えてくれる挑戦と報酬に満足している。必要とあらば残業もするだろう。しかし、過大なリスクをものともせず、独力で事業を起こして成功したりすることには、そもそもITTの多くの人はあまり関心がないし、また関心を持つべきでもない、というのがジェニーンのスタンスです。たしかにITTのような巨大なコングロマリットであるにもかかわらず、多くの人が企業家的なパーソナリティとモチベーションをもって仕事をしたとしたら、企業としての成果はおぼつかないでしょう。

ようするに、「言葉が軽い」人はリアリズムに欠けるわけで、経営者としては不適格だということです。にもかかわらず、フワフワした「かけ声」で経営しようとする人が今も昔も大勢います。

例えば、最近のはやり言葉でいうと「イノベーション」。「イノベーションが大切だ」「今こそイノベーションを!」というかけ声は後を絶たないのですが、この言葉の意味をリアリズムで突き詰めている人は決して多くないと思います。「イノベーション」という言葉を、単に「何か新しいことをやればいいことが起きる」程度の意味合いでしか使っていない人が少なくないのではないでしょうか。

そもそもの定義からして、「イノベーション」は「進歩」とは異なる概念です。昔から「進歩」という言葉なり概念があったにもかかわらず、「イノベーション」という新しい概念が生まれたのは、それが進歩とは違う現象をとらえようとする言葉だからです。品質や性能がよくなる、機能が向上する、こうした現象は進歩であって、イノベーションではありません。仮に新しい技術が開発できたとしても、それがもたらす結果が既存の評価基準に沿って物事を「よりよくする」だけであれば、イノベーションではないのです。

成功事例の「つまみ食い」は意味がない

経済学者のシュンペーターは、イノベーションの本質を「非連続性」にあると考えました。後にドラッカーが定義したように、イノベーションとは「従来のパフォーマンスを評価する次元自体が変わること」なのです。ここにイノベーションの非連続性があります。

具体的な例でいえば、かつてのソニーのＷａｌｋｍａｎや少し前のアップルのｉＰｏｄは、いずれも言葉の性格の意味でイノベーションでした。これらの製品が実現した価値の本質は、製品が小型軽量になったことでも音質が向上したことでもありません。それまでの「音楽の楽しみ方」を根本的に変えたということにイノベーションの正体があります。

ここまで世の中にインパクトを与え、人々の生活を変え、社会を変えてこそのイノベーションなのですが、「今こそイノベーションを！」と口ではいいながら、そこまで意識して、本腰を据えて取り組んでいる経営者は少ないでしょう。ジェニーンはこの種の経営者が陥りがちな罠に繰り返し警鐘を鳴らしています。

リアリズムが大切だといっても、それは「具体性を重視する」ということではありません。個別具体の事柄ばかりを追いかけていると、かえってジェニーンが批判するフワフワした経営になりがちです。例えば「ベストプラクティスを取り入れよう」という姿勢です。

新聞や雑誌、書籍を読むとさまざまな企業の「ベストプラクティス」についての情報は容易に手に入ります。例えば、イノベーションの話の続きでいえば、「オープン・イノベーション」。素人はこういう話に弱いもので、ある会社でオープン・イノベーションへの具体的な取り組みが華々しい成功を収めていることを知ると、すぐに「よし、これからはオープン・イノベーションだ！うちでもさっそく取り入れよう」と同じことをしようとします。

しかし、こうした「つまみ食い」は成果につながらないことがほとんどです。ジェニーンが本書で繰り返し強調しているように（たとえば、当時の「日本的経営ブーム」に対するジェニーンの醒めた見解はすでにお話ししました）、個別具体の施策はその会社や事業の文脈におかれてはじめて意味を持つものです。他社で成功した「ベストプラクティス」であっても、自分の会社、自分の事業、自分の仕事の総体の中に根を下ろさなければ、現実の成果にはつながりません。

星野リゾートの社長である星野佳路さんは、さまざまな経営書を読み込んでいる勉強熱心な経営者として有名です。星野さんはこう言っています。「ある経営モデルを自社に取り入れるのであれば、丸ごと全部取り入れなければ意味がない。つまみ食いは禁物だ」。部分的にしか取り入れられないものは、むしろ端から取り入れない方がよいという考え方です。これもまた、経営におけるリアリズムの重要性を物語るエピソードです。

4 人間こそが主役——経営者が噛み締めるべき真実

経営は成果が全て。強烈なリアリズム。本書の著者、ハロルド・ジェニーンの経営をみると、機械のように成果を追求する経営がジェニーン流なのか、と早合点する人がいるかもしれません。

実際はその真逆です。本書が経営の教科書として説得的なのは、冷徹な経営哲学の根本に人間への深い洞察があるからにほかなりません。ジェニーンは徹頭徹尾「人間主義」の経営者でした。

巻末近くに彼が「経営についての個人的なすすめ」として自らの経験を通じて確信した原理原則をまとめています。いかに彼が人間の本性について洞察に富んだ人であったかがわかるでしょう。

・本来の自分でないものの振りをするな
・事実と同じくらい重要なのは、事実を伝える人間の信頼度である
・組織の中の良い連中はマネジャーから質問されるのを待ち受けている
・物事の核心を突く質問を嫌がるのはいんちきな人間に決まっている
・とりわけきわどい決定はマネジャーのみが行わなくてはならない

集団を率いて動かし、彼らが仕事をすることによって成果を出すのが経営者です。そのためにはとにかく人間と正面から向き合うことが大切になります。これは本当にキツい仕事です。ときには「悪者」の役を務めなければなりません。

経営者たるもの「人生の快適な面を放棄する決意と高い職業意識が自分にはあるだろうか」を自ら問うべし、とジェニーンは言います。しかし、それだからこそやりがいのある仕事だ、というのが彼の結論です。「自分がビジネスの世界で過ごした全ての歳月を楽しんだと断言できる」

この本を読めばいい経営者になれるわけではありません。しかし、経営者というのがどういう仕事か、経営者に必要な覚悟とは何かについては、嫌というほどわからせてくれるでしょう。その意味で本書は経営者にとって「最高の教科書」なのです。

ケーススタディ

「組織」と「人間」で振り子は揺れた

ハロルド・ジェニーンは「すべての良い経営者の最も重要かつ本質的な要素は情緒的態度である」と断言しています。経営の「理論」は社会「科学」の産物。社会科学は自然科学のアナロジーで動いている世界。だから、理論はとかく人間という変数を軽視しがちです。

ジェニーンによれば、その最たるものが第二次世界大戦後にもてはやされた「時間動作研究」です。これは、工場での流れ作業や、オフィスでの事務仕事に含まれる動作と手順を計測・分析して能率向上のための作業標準をつくるための研究でした。ジェニーンは、こうした経営アプローチを「科学まがいの大騒ぎ」で「無意味の一言」と切って捨てています。その手の「似非科学的」な手法は、低いレベルの反復的な作業にしか適用できない。そんな「科学」はなくても、職長や監督が有能な人間であれば、それぞれの仕事の現場で能率を上げさせることなどいくらでもできる、というのが彼の信条です。

ジェニーンの人間主義をうかがわせるもうひとつのエピソードが、PPM（プロダクト・ポートフォリオ・マネジメント）に対する彼の反論です。いまでは注目する人が少なくなりましたが、当時としてはPPMはコングロマリット企業の経営者が競って導入する「最先端の経営理論」

であり、一世を風靡していました。ＰＰＭをご存知の方も多いと思いますが、かいつまんで言うと、その事業の市場成長率と自社のシェアという二つの軸を使って、自社が保有する複数の事業を「スター」（花形）、「キャッシュ・カウ」（金のなる木）、「クエスチョンマーク」（問題児）、「ドッグ」（負け犬）に分類し、会社全体の資源配分を最適化していくという手法です。

「こんなものにはとてもついていけない」と、ジェニーンはなかば呆れて書いています。「そんな方式はうまくいくはずがないばかりでなく、われわれが二〇年間ＩＴＴで築いてきたもの――合意された一連の目標に向かって、全速力で前進する、全体がひとつのチームとなった経営の信頼――を台なしにしてしまうだろう」。

例えば、成熟した市場で高いシェアを持つ事業はキャッシュ・カウと位置づけられます。そういうレッテルを貼られた事業部で、自分たちが上げる利益はよそに持っていかれるのを見ながら働いている従業員が面白いわけがない、というのがジェニーン一流の洞察です。ドッグ（負け犬）がドッグになったのも、経営者の失敗の結果だ。それを低成長・低利益とみるや見切って売れというのは、経営責任の放棄に他ならない。なぜその事業が負け犬なのかを突き止めて、犬は犬でも優秀なグレイハウンドに仕立てる努力をするのが経営だ、とジェニーンは言うのです。

こういう人間中心の考え方こそが、ジェニーンの経営の根幹にありました。彼はＩＴＴを当時としては世界最大のコングロマリットに育て上げたわけですが、着任したときのＩＴＴについての知識はゼロ「以下」だったと本書の中で告白しています。つまり、それまで自分が外にいてＩＴＴについて読んだり聞いたりしていたことは、間違いだらけであったというのです。組織図を見ただけで会社なんてわかるものではない。生きた人間の日常的な相互作用がＩＴＴという会社の正体であって、その80％まではマネジメントの顔を突き合わせての会議によって生じたものだった、としみじみ振り返っています。

組織の枠組みよりも、そこで働いている人たちの気持ちが会社を動かす。情熱こそが事業の推進力となる。考えてみれば当たり前のことですが、こうしたジェニーンのメッセージは古臭くなるどころか、書かれた当時よりもむしろ今日的な示唆に富んでいるといえるでしょう。

【金銭と経験がビジネスの報酬】

ジェニーンが経営をしていた当時とくらべて、現代は情報技術も飛躍的に発達し、仕事のほとんどのやりとりをメールですませることが可能になり、電話会議もテレビ会議もやりたい放題。その結果、「人間こそが主役」というこの当たり前の真実が希薄になって、組織を機械的に動かせるかのような誤解がますます広まっています。

「今日的で洗練された経営」は、客観的なＫＰＩの設定や測定や分析に執心するあまり、どんどん人間の要素を排除しがちです。「そのほうがなにか上等な経営をしている気になるし、なにより経営者にとって楽だからだ」とジェニーンは言います。経営は人がやるもの。機械のようにあるインプットを入れれば約束されたアウトプットが出てくるわけではありません。

ジェニーンの経営はその逆を行きます。測定も分析では本質はつかめない。自らのセンスこそが拠り所です。経営センスの中核にあるのが彼の人間に対する深い洞察です。それは長年の経営という仕事経験の中で練り上げられたものが結晶化した知恵に他なりません。長くて深くて濃密な経験こそが経営者を形成するのです。

「ビジネスの世界では誰もが二通りの通貨――金銭と経験――で報酬を支払われる。金は後回しにして、まず経験を取れ」というジェニーンの言葉。これこそ彼の生き様そのものでした。経営者を志す人が噛みしめるべき言葉だと思います。

ジェニーンは１９９７年にお亡くなりになっているので、現世ではかなわないことなのですが、僕の『ストーリーとしての競争戦略』は、彼に読んでもらったと仮定して、「学者の戯言には変わりないが、ま、これならある意味アリかな？」と言ってもらえるような本にしたいという基本姿勢で書いた本でした。

来世で機会があったら感想を聞いてみたいという気もしますが、どうせあの世でも経営者としてバリバリやっているでしょうから、「このクソ忙しいのに、何が悲しくてテメエの長々とした世迷言につき合わなきゃいけないんだ？　おととい来やがれ！」と一蹴されることはまず間違いないでしょう。

『巨象も踊る』

ルイス・ガースナー著

リスクテイクと闘争心による巨大企業再生

高野研一

（コーン・フェリー・ジャパン前会長）

巨象も踊る／Who Says Elephants Can't Dance:Inside IBM's Historic Turnaround　2002年

ルイス・V・ガースナー・Jr.（Louis V. Gerstner, Jr.）

邦訳:日本経済新聞出版社　2002年／山岡洋一・高遠裕子訳

1　ＩＴ革命の洗礼を最初に受けたＩＢＭ――時代の変化を読む

本書はいわゆる理論家の書いた経営書ではありません。ルイス・ガースナーという経営者が書いたＩＢＭ論です。しかし、ガースナーの頭の中は非常に整理されていて、経営理論を当時の同社に応用して語っているといっていいでしょう。経営論の中ではあまり語られることのない「勝つための情熱」「企業文化の変革」などについても独自の哲学が展開されています。

ＩＢＭは１９９０年代の初頭に倒産の危機に直面しました。オープン化＆ダウンサイジングという情報技術（ＩＴ）業界の第一の変革期が訪れましたが、その方向性や影響力を読み違え、シリコンバレーを中心とした西海岸の起業家たちに、事業領域を侵略されていったのです。

ガースナーは時代の変化の背後にある力を解明し、その先に続く将来像を描き切りました。それが我々が「クラウドサービスの時代」と呼ぶ姿なのです。今起こっているＩＴ業界の第二の変革期は、アップルやグーグルの台頭を促し、日本のエレクトロニクスメーカーに苦境をもたらすことになりました。アマゾンのようなＥＣサイトや、ＬＩＮＥのようなアプリの普及により、小売業や電話会社などにも変化が訪れています。

ＩＢＭの経営危機を歴史の中で俯瞰（ふかん）すると、ＩＴ革命の波が最初に決壊させた堤がＩＢＭであり、そこから流れ込んできた潮流が、多くの企業を飲み込もうとしているかのように見えます。ガースナーが当時考えていたことの多くは、実際に起こっているのです。

モバイル端末の普及でパソコンの売り上げが下がり出す、クラウドサービスが商取引や人の関わり方を変える、企業が水や電力を買うのと同じように情報サービスを買うようになる、国の利益と市民の利益が衝突する時代が来るなどといったことです。

こうした観点でＩＴ革命の洗礼を最初に受けたＩＢＭから多くを学ぶことができるのではないかと考えます。ガースナーのものの見方は経営論としても学ぶところが多いのです。

ケーススタディ

ガースナーが見抜いていた情報革命の本質

本書はＩＢＭの経営危機と再生を題材に書かれた本ですが、その背景には情報革命の波が流れています。この本を改めて読んでみる中から、情報革命の本質が浮かび上がってきます。ここでは、情報革命が我々の仕事に及ぼす影響について考えてみたいと思います。

まず、本書の中で、ガースナーが当時情報革命をどのように認識していたのかが分かる一節をそのまま紹介します。

「ネットワークによってコンピュータや通信、企業や人の交流のあり方が変わる過程を表現した『雲』の図を見せられた。中央には雲の形が描かれ、そこにパソコンや携帯電話を通じて繋がる個人と、ネットワークに繋がった企業や政府、大学などがある。IBMの戦略が正しいとすれば、雲が全ての交流の中心になり、二つの革命が起こる。ひとつはコンピューティングにおける革命、もうひとつはビジネスにおける革命だ。

ネットワークによってコンピュータ技術は一変する。パソコンなどのクライアントから、企業内の大型システムや雲、つまりネットワークに負荷が移るからだ。これにより、パソコンを技術革新と投資の中心に押し上げてきたトレンドは反転する。パソコン技術で潤っていた企業への影響は火を見るより明らかだ。

さらに重要なのが、雲で示された巨大で世界的なネットワークが、多くの企業や学校、政府、消費者の関係に革命を起こす点だ。商取引、教育、医療、公共サービスなど様々なものが変わる」

この一節から、当時ガースナーが考えていたことの多くが、これまですでに起こってきていることが分かります。

特に、パソコンで潤っていた企業（マイクロソフトやインテル）からネットワークへ覇権が移ることは、ガースナーにとって余程痛快だったようで、本書の中に繰り返しこの話が出てきます。

ケーススタディ

「勝ち組企業連合」が作り出すエコシステム

私が勤務するヘイグループが、毎年フォーチュン誌と共同で実施している「世界で最も賞賛される企業」のランキングを見ても、マイクロソフトやインテルの順位が下がる一方で、セールスフォース・ドットコム（クラウドサービス）やクアルコム（モバイルネットワーク）の順位が上がるなど、情報革命の痕跡が明らかに現れています。

それだけではありません。GE、P&G、J&Jといった、かつてトップ10の常連だった企業が11位以下に後退する一方、アップル、グーグル、アマゾンがトップ3を3年連続で占めるなど、産業革命から情報革命への転換が企業の評価にも表れてきています。

情報革命の本質は、全ての情報やコンテンツがインターネットプロトコル（IP）に基づきフォーマットされたデータに還元され、コンピュータで一元的に処理できるようになったところにあります。

これにより、かつては異なるメディアに載って届けられ、専用端末で消費されたテレビ番組・ラジオ（電波）、音楽・ゲーム（CD）、映画（DVD）、電話（電気信号）などが、今ではインターネットを介してタブレット1枚で利用できるようになりました。このため、多種多様な専用端末をつくって利益をあげていた日本の家電・通信機器メーカーが直撃を受けたのです。

また、ハードをつくる技術がもはや強みではなくなり、重要な機能は半導体とソフトウェアに集約されるようになりました。半導体やソフトウェアは印刷技術を使って生産できるので、ポスターや書籍と同じように、材料さえあればいくらでも量産できます。このため、供給量をコントロールできなければ価格はあっという間に下がるようになりました。ナンバーワン以外の企業が中途半端な規模で利益を稼げる時代は過ぎ去ったのです。

これによってハードウェア製造の商流が日本や先進国から、台湾・中国にシフトしました。また、情報通信関連のビジネスで覇権を握るためには、ハードだけでなく、ソフトやコンテンツも含めたクラウドサービス全体としての付加価値を考える必要が出てきました。もはや大企業とはいえ、一企業だけで問題を解決できる段階は通り過ぎてしまいました。問題の大きさが企業の器を超えてしまったのです。そしてエコシステムと呼ばれる勝ち組企業連合が企業に取って代わるようになりました。

ケーススタディ 「守り」に入らず「攻め」に転じろ

日本企業が情報革命の荒波の中を生き残るためには、こうしたエコシステムの中に入って行って問題解決の主導権を取るか、専用のハードウェアが必要となるBtoBの世界に戦場を移すかが求められるようになっています。

情報革命の波に最初に翻弄され、混乱するIBMの中で、ガースナーは企業文化を塗り変えることに活路を見出しました。当時ガースナーが企業文化を変えるために掲げた「原則」の一部を見てみましょう。

・市場こそが、すべての行動の背景にある原動力である
・成功度を測る基本的な指標は、顧客満足度と株主価値である
・起業家的な組織として運営し、官僚主義を最小限に抑え、つねに生産性に焦点を合わせる

つまり、ガースナーが伝えようとしたことは、「革命的な環境激変の中で守りに入らず、攻めに転じろ」ということです。市場の変化から目をそむけず、むしろそれに対峙し、戦う人の集団をつくる。それ以外に革命の波を生き抜く道はないということです。いま、同じような荒波に直面している企業にとって、大いに参考になる話ではないでしょうか。

2　ＩＢＭ復活への序章——社外に開かれた経営改革

本書を読んで、ルイス・ガースナーの卓見に感心させられるのが、１９９３年3月に開いた新最高経営責任者（ＣＥＯ）就任記者会見直後のＩＢＭの経営幹部との初会合の場面です。そこでガースナーは45分間で次のような内容を伝えています。

・わたしがこの仕事を引き受けた理由
・官僚体質の打破、社員数の適正化に踏み込むこと
・ＩＢＭ解体論が本当に正しいのかどうか
・士気を高めるために幹部全員の指導力が必要
・最初の90日の優先課題（①資金流出を止める、②94年には利益を計上、③主要顧客別戦略の策定、④第3四半期までに適正規模を達成、⑤中期戦略の策定）
・30日以内に検討すべきこと

後から振り返ると実行すべき点は、就任前の45分間で全て語られていました。企業再生の場面でやるべきこと、ＩＢＭが克服すべき課題、復活のための論点が簡潔に網羅されているのです。

ガースナーは同社の次期CEO選考委員会から候補者に挙げられた時、最新の財務資料の提供を求め、資金繰りなどを評価しました。そして、「1年ほどで売り上げ減少が止まらなければ全てが終わる」という結論に達し、一度は辞退しました。

しかし、「アメリカのために引き受けてほしい」「今必要なのは事態を掌握し、行動に戻るよう活を入れられる経営者だ」と口説かれ、この職を引き受けました。短期間でIBM再生のための論点を導き出すとともに、自らの退路を断ったリーダーの姿が浮かび上がります。

日本でも外部からトップを招くケースが出てきましたがまだ少数です。そのため、自分がトップに立ったら何を課題や論点として設定するか、事業をどう伸ばすかについて、真剣に討議する機会を与えられた人は少ないです。激しい環境変化に適応するため、こうした機会をいかに自社のリーダーに与えていくかが日本企業にとっての課題となるでしょう。

ケーススタディ

ヘッドハントで「変革者」を獲得する

ここではCEOのヘッドハントの実態について、もう一度、より詳細に取り上げることにしたいと思います。

1993年1月、IBMの取締役会はジョン・エイカーズCEOの引退を決め、次期CEO

の選考委員会を設けました。委員長はジョンソン＆ジョンソンの経営者であったジム・パークが務めました。

米国の取締役会は日本とは異なり、ＣＥＯ以外は社外の取締役です。このため、業績が悪化すると、まずＣＥＯに改善策の提示と実行を求め、それが成果を生まなければＣＥＯの交替が選択肢となります。

我々日本人から見ると会社の経営が不安定になるのではないかと心配になりますが、コーポレートガバナンスの利いた国では株主に対する説明責任が最優先課題になります。このため、企業の再建に関して最も説得力のある者をＣＥＯに就けるべきという思想が浸透しているのです。

多くのＣＥＯ候補が経営再建策のコンペを行い、その中で最も説得力のあった者が、政策とともに選ばれるという形をとります。米国の大統領選を見れば、その思想が強く現れていることが分かるでしょう。

実際この時もＧＥのジャック・ウェルチやアライド・シグナルのラリー・ボシディなどの名前がマスコミで取りざたされる中で、ガースナーに絞り込まれていきました。

パークはＩＴのバックグランドがなく躊躇するガースナーを、「取締役会が探しているのは情報技術に詳しい経営者ではなく、広範囲な分野を扱える指導者であり、変革者なのだ」と口説きました。

「殺し文句は「アメリカのために引き受けてほしい」」

そこでガースナーはＩＢＭの再生が可能かどうかについて考え始めます。最新の財務資料と短期・中期の見通しに関する情報の提供を求めました。また、１９８０年代のＩＢＭの経営幹部で、一度引退した後に再建のために取締役として呼び戻されていたポール・リゾーとの面談を求めました。

ガースナーが着目したのは主に二つで、資金繰りと製品ラインごとの現状でした。評価が難しい情報が多い中で、リゾーの助言を引き出しながら、「1年ほどでメーンフレーム部門の売上減少が止まらなければ、全てが終わる」という結論に達し、一度は辞退しました。

当時ガースナーはＲＪＲナビスコのＣＥＯであり、そこで十分な処遇を受けていました。このため、今の地位を投げ打って、倒産する可能性の高い会社にわざわざ出向く必要もなかったわけです。

しかし、ここで失業中の元ＣＥＯで妥協するほどＩＢＭの取締役会もヤワではありませんでした。パークは「アメリカのために引き受けてほしい」「今必要なのは事態を掌握して、行動に戻れるよう活を入れられる経営者だ」とガースナーを説得したのは前述の通りです。

結局ガースナーはその言葉に口説かれ、再建を請け負うこととなりました。日本人から見ると、企業のCEOというより、プロスポーツの監督を探す時のような印象を受けるでしょう。

日本で社外取締役の活躍の場が少ない理由の一つとして、「自社の事業のことを知らない」ことが挙げられます。しかし、この時のIBMを見ると、新CEO選定の委員長を務めていたのはジョンソン&ジョンソン（ヘルスケア企業）のジム・パークであり、ITの世界の門外漢であったことが分かります。

また、そのパークが、「いま探しているのは情報技術に詳しい経営者ではなく、事態を掌握して、行動に戻れるよう活を入れられる経営者だ」と語っています。

【 経営とは何か――問題を掌握し人と組織を動かす 】

つまり経営とは、会社の技術に精通していることではなく、現状の問題や課題を掌握し、その解決に向けて人や組織を動かす力であると考えられているのです。

実際、ガースナーは、前任のCEOのエイカーズに関して、「事業の将来性や課題のほとんどを正しく理解していることが分かった。しかし、彼の口からは企業文化、チームワーク、リーダーシップに関する話が全く聞かれなかった」と語っています。つまり、問題は事業の理解にあったのではなく、組織を動かし実行する力にあったのです。

こう考えると、日本において外部からトップを招く際に最も難題となるのは、自社の事業を理解していないことではなく、終身雇用で内部から上がってくる経営幹部のポストを奪ってしまうことにあることが分かります。現幹部から反感を買えば、組織を動かし戦略を実行すること自体が覚束なくなります。これが、日本で外部からのトップ指名が、オーナー企業や外資系企業に限られている理由です。

いま、グローバル化や業界の垣根を越えた競争の激化、技術基盤の変革などにより、経営環境が大きく変わってきています。そうした中で、従来のビジネスモデルの中で育ってきた経営幹部が、必ずしも新しい環境の中で正しく課題を認識し、組織を動かし変革を実行する役に適さなくなってきている企業も出てきています。

また、問題解決の器が大企業からエコシステム（勝ち組企業連合）へと移っていく中で、いまほど社外に開かれた経営を行う必要性に迫られている時代はありません。

そうした時代背景の中で、社外取締役が活躍できない、社外からトップを招けない仕組みが持つ意味を、改めて考えてみる必要があるように感じます。

3 経営者は「肉食系」であれ——闘争心を植えつける

ルイス・ガースナーが戦った相手はマイクロソフトのビル・ゲイツやアップルのスティーブ・ジョブズら新世代の起業家たちです。みな若くどう猛で、相手を打ち破るためなら24時間働くこともいとわない肉食系です。

ガースナーが率いたのは家族主義的で草食系のIBMの社員たちでした。ガースナーから見て彼らは、ガラパゴスの生き物のように見えたようです。「近親交配を重ね、強さが失われていた」。

一方、IBMに心引かれるようにもなっていきました。「社員は打ちのめされ、傷つき、混乱していた。しかし、会社への愛着と正しい行動を取ろうという気概はあった」

ガースナーは社員たちを鼓舞しながら、敵と戦うための闘争心を植えつけていきました。幹部会議でビル・ゲイツらの顔写真と、IBMを見下した発言を引用。「12万5千人の職を奪ったのは彼らだ」と訴えました。それが幹部たちにショックを与え、戦う姿勢を取らせるきっかけとなったのです。

ガースナーはビジョンや戦略と同様、情熱やリーダーシップを重視しました。ハーバードを卒業して就職先にマッキンゼーかP&Gを考えていた時の話です。P&Gの面接で「金曜日の夜に帰宅しようとした頃、最新のリポートが届き、前月にシェアが0・2%下がっていたとする。翌土曜日の予定をキャンセルして出勤し、問題を解決するか」と問われました。

ガースナーは「シェアがコンマいくつ下がったぐらいで興奮するのは自分の性に合わない」と考え、マッキンゼーを選びました。後に自分が経営者になって、それが「全くの間違いだった」ことに気づきます。情熱とは成功する経営幹部に必要な原動力だったのです。

情熱や闘争心は日本の大企業では重視されることが少ないようです。しかし、異業種から競合が参入したり、海外企業との競争が激化したりしている今ほど、経営者に戦う姿勢が求められる時代もないと言えるでしょう。

ケーススタディ

「仁義なき戦い」を生き抜くために

この「戦う姿勢」こそが、いまの日本において最も必要とされているもののように感じてなりません。というのは、私の属するヘイグループでは、多くの企業を対象に組織風土診断を行っているのですが、近年日本企業に共通して見られる現象があります。それは、業種や企業にかかわらず、士気が低下している組織が急増しているということです。

いま以上に高い成果を求められることに対して心理的抵抗感を覚え、慣れ親しんだ目の前の業務に視野を閉ざし、守りに入っている社員が増えているのです。グローバルに同じ調査を実施していますが、こうした現象は他の国では見られません。

いま、多くの日本企業が中韓台をはじめとした海外の企業との競争にさらされ、市場を侵食されています。また、ソフトバンクやオリックスが発電事業に参入したり、アイリス・オーヤマが家電事業に参入したり、JR各社がファッションビルに参入するなど、業種の垣根を越えた競争も激化しています。

他にも、プライベートブランドにより小売業が製造業の聖域を侵食したり、ECサイトが物流やカード事業に、アマゾンがクラウドサービス事業に参入するなどの動きも出てきています。

中韓台の企業や、異業種からの参入組は、伝統的な業界秩序など尊重しません。むしろそれを切り崩しに来ます。文字通り「仁義なき戦い」です。こうした競争の激化に直面しながら、多くの日本企業がそれに目をつぶって、慣れ親しんだ目の前の仕事に埋没しています。つまり守りに入っているのです。

ひとたび守りに入れば外に目が向かなくなり、アンテナが退化します。これこそ外敵から見れば思う壺でしょう。いまの日本ほど、戦う姿勢が求められているところはありません。

1993年7月の記者会見で、ガースナーは「いまのIBMにもっとも必要ないものはビジョンだ」と発言し、多くの評論家から顰蹙を買いました。この言葉がその後多くの場面で引用され、「ガースナーは経費削減なら得意かもしれないが、本当に難しいのは将来に向けたビジョンや戦略を示すことだ」という批判を浴びることになりました。

この時、ガースナーはIBMのあらゆる場所に膨大な量のビジョンに関する文書があるにもかかわらず、何一つ実行されていないことに辟易していました。当時のIBMは甘いビジョンを見ることで安心し、外部の脅威に目を向けようとしていなかったのです。ガースナーは「ビジョンの議論をしている間に外敵はもうそこまで来ている。早く武器を手にとって戦え」と言いたかったのでしょう。

カルロス・ゴーンが日産のリバイバルプランを発表した時も同じような批判を浴びました。闘争心を煽ったり、コミットメントを強要したりするより、ビジョンを語ることの方が周囲には安心感を与えるということなのでしょう。ただ、会社を変えようとする時は、この種の批判を覚悟した上で、活を入れにいく必要があるということです。

【IBM再生は企業文化の改革から】

ガースナーはIBMの報酬制度も根底から変えています。それまでは、偉大なトーマス・ワトソン・ジュニアの思想に従って、家族主義的で平等な報酬配分を行う制度になっていました。これに対して、ガースナーは業績本位で、ストックオプションに重きを置いた制度を導入しました。

ガースナーはIBMの社員に株主の視点を理解し、市場の圧力を自ら感じ取ってもらいたいと考えたのです。「顧客の要望の変化といった外的な力によって我々の課題を決めなければならず、自分たちのやりたいことをやればいいというわけではない」という現実を受け入れてもらう必要があったのです。

後にガースナーは、「IBMの変革の中で最も難しかったのは、技術面でも財務面でもない。それは企業文化の改革だった。これは檻の中で育ったライオンを、ジャングルの中でも生きていけるように躾けるようなものだ」と述べています。

いま、多くの日本企業も「日本」あるいは「業界秩序」という檻の中から外に出て、ジャングルの中を生きていく必要性に迫られています。そこで必要になるのは戦う姿勢です。市場の構造を理解し、競合企業と自社のポジションを正確に捉え、自社の成功要因を発見し、磨いていく必要があります。

そして、ひとたび勝ち筋を見出したら、徹底的に横展開し、チャンスを刈り取っていく必要があります。そのために、絶えず仮説を立て、それを検証していくことにエネルギーを注がなければなりません。高い成果を求められることに抵抗したり、市場に背を向けたりして自分の得意なことだけに視野を閉ざしている余裕などないのです。

実はガースナーがＩＢＭを再生する過程で、私の属するヘイグループは6年間に渡ってリーダーシップ改革の側面から支援を行いました。その際、ガースナーが腹心と考えていた4人の経営幹部に対して心理学的診断を実施しました。

そこから明らかになったのは、彼らが一様に外に目を向け、あらゆる困難を乗り越えて、社会的にインパクトのあることを成し遂げようという性向を持っていたことです。つまり、彼らは戦う姿勢を持った人たちだったということです。

4　ＩＢＭが打った二つの大きな「賭け」——リスクテイクを学ぶ

ＩＢＭの変革は二つの大きな賭けに集約できます。一つは産業の方向性に関する賭けであり、もう一つは同社の戦略に関する賭けです。

前者はクラウド・コンピューティングの台頭です。テレビ番組、映画、音楽、ゲームなど独自の媒体と専用のハードウエアを通じて消費されていたコンテンツが、インターネット・プロトコルにより共通のフォーマットになり、一つの端末で全てを楽しめるようになります。あるいは、あらゆる機器が端末としてネットワークにつながる時代を想定したのです。

後者は、サービス主導の戦略への転換です。顧客が様々な機器やソフトを統合しなければならなくなるにつれ、ソリューションを提供できる企業を評価するようになるという予測です。ネットワーク上でビジネスを展開する企業や個人が増えれば、コンピューターの負荷が増え、それをマネジメントするニーズが高まります。そこでは、ミドルウエアが戦略的に重要な戦場になります。

こうした事業観に基づき、ＩＢＭは事業構造の再構築に取り組みました。まず、自社のミドルウェアをオープン化し、他社製のハードにも対応できるよう改めました。次にロータス・デベロップメントを買収し、多数のユーザーの共同作業を支援する「ノーツ」を入手しました。

一方、アプリケーション・ソフトでは社内の反対を押し切り撤退という決断を下しました。一連の施策と並行して、サービス事業を世界全体で一元化して分社したのです。

優れた経営者は市場構造の変化を解明するとともに、自社がどこにポジショニングすべきか、その際、何が成功要因になり、どんな事業構造を作るべきか、具体的な仮説を立てられます。ガースナーはＩＴ革命という数百年に一度の大波に直撃されながら、「市場構造」「ポジショニング」「成功要因」を具体的に特定した点が卓越した経営者と言えます。

ケーススタディ 戦い方を変える――「破壊」でも「ニッチ」でもなく

クレイトン・クリステンセンが著した『イノベーションのジレンマ』には、簡易な技術が徐々に完成度を上げてゆき、高度な技術を駆逐する「破壊的イノベーション」と呼ばれる現象が出てきます。システム３６０というメーンフレームで一世を風靡したＩＢＭが、サンやヒューレット・パッカード（ＨＰ）によるＵＮＩＸ、ウインテル連合によるパソコンの台頭に押され、苦境に陥っていた状況は、この破壊的イノベーションの代表例といえるでしょう。

その中で、ガースナーは破壊的技術と真っ向から戦うでもなく、高度な技術を必要としてくれるニッチ領域に籠城するでもなく、「戦い方を変える」という選択をしました。

コンピューター業界が根本的な変化に直面する中で、ＩＢＭにとって好ましい機会が生まれたのを、ガースナーは見逃しませんでした。多様な技術・規格・製品が市場に氾濫したことで、選択肢が増えた半面、顧客が自らインテグレーターとなり、事業に合わせたソリューションを開発しなければならなくなりました。ガースナーはここに戦う領域を見出したのです。

ハードやソフトではなく、サービス主導の事業構想のもとに「ｅビジネス」という言葉をつくり、ネットワーク型社会の中で何が重要で、何が重要でないかを決める役割を果たすようになっていきました。後にガースナーは、自分の下した決定の中でこのことが最も重要だったと語っています。

いま、コンピューターや通信機器、エレクトロニクスなどの多くの領域で、日本企業の技術的に高度な製品が、中韓台の低価格の製品に駆逐されつつあります。これも破壊的イノベーションの一例といっていいでしょう。このため、ＩＢＭが破壊的イノベーションに直面して取った行動は、多くの日本企業にとっても参考になると考えられます。

次に、ガースナーは新しい戦い方に即して、自社の事業構造を再構築していきました。「コンピューティングの新しい時代が来るという我々の見方が正しいとすれば、答えなければならない重要な問いがあった。それは、新たな環境の中で、価値がどこにシフトするのかである」。

［ 事業の売却・撤退が新たな価値を生む ］

ある事業は強みを磨くために投資し、その強みを他社にも利用可能にすることで徹底的に横展開していきました。別の事業からは撤退したり売却したりしました。当時ＩＢＭが抱えていた事業のうち、どれを強化し、どれを売却したのか考えてみると次のようになります。

①　システムインテグレーション＆サービス
②　アプリケーション・ソフト
③　ミドルウエア
④　ハードウエア＆部品
⑤　グローバル・データ通信ネットワーク

まずシステムインテグレーション＆サービスについては先にも述べたようにＩＢＭの主力事業として位置づけ、アウトソーシングやコンサルティングなどに巨額の投資を行っていきました。

次に、先述したように、アプリケーション・ソフトについては売却・撤退を決めました。

SAPなどのアプリケーション・ソフトのプロバイダーとは、競争するよりも補完関係に立つ方が有利と判断したわけです。

また、ミドルウエアについてはネットワーク対応にし、サンやHP、マイクロソフトなどの異なるプラットフォーム上でも作動するよう書き換えました。それによって「素晴らしい技術資産が自社の枠組みから開放され、業界全体に利用されるようになった」のです。

続いてハードウエア＆部品事業に関しては、OEMを通じた技術の横展開という手法を取りました。ソニーや任天堂のゲーム用半導体の開発・製造にIBMが技術を提供したことがその一例といえます。

最後にグローバル・データ通信ネットワークに関しては、かつて国境を越えたデータ転送を担う世界的通信会社がない中でIBM自らがデータ・ネットワークをいくつも構築していました。

ネットワーク事業売却という「逆張り」の発想

しかし1990年代初めになると、各国の主要な通信会社が大きく方針転換し、世界的なネットワーク事業構築に乗り出しました。そして、これらの企業が今後5年間に築こうとしている資産を、ＩＢＭがすでに持っていることにガースナーは気づいたのです。主要な電話会社のＣＥＯがＩＢＭの本社を訪れ、デジタル・サービスの共同事業をもちかけてきました。

ところが、ここでガースナーはグローバル・データ通信ネットワーク事業の売却という選択を行います。異なる業界の規制された企業と提携しても得策ではない、むしろ高値で売り抜ける方がいいと考えたわけです。「ネットワークが氾濫する方向に進めば、当社のネットワークの価値が今以上に上がることはない」。

しかし、ＩＢＭ社内の反応は、激しい抵抗という程度ではすみませんでした。ネットワーク化された世界が始まろうとしている時に、世界的ネットワーク事業を売却する論理が理解されなかったのです。

ここまで見てくると、ガースナーは経営環境の変化を利用し、投資した資産から得られるリターンを最大化すべく事業構造の再構築を行っていったことがわかります。そこでは逆張りの発想が重要になります。多くの人が合意できる打ち手からは大きなリターンは得られず、リスクを取った打ち手だけが大きなリターンにつながります。いま情報革命に直面した多くの企業にとって、こうしたリスクテイクが求められているといえるでしょう。

『ウィニング　勝利の経営』

ジャック・ウェルチ他著

部下の成長を導く八つのルール

清水勝彦

（慶應ビジネススクール教授）

ウィニング　勝利の経営／Winning　2005年

ジャック・ウェルチ（Jack Welch）、スージー・ウェルチ（Suzy Welch）

邦訳：日本経済新聞出版社　2005年／斎藤聖美訳

1 現実をよく知る――まず社内の状況を共有

「20世紀最高の経営者(manager of the century)」に選ばれた米ゼネラル・エレクトリック(GE)の元CEO(最高経営責任者)ジャック・ウェルチが書いた『ウィニング』は、読者に「そうそうこれが言いたかったんだ」と何度も思わせる芸術的な作品です。てらいのない文章で、後で考えてみれば当たり前のことを、ずばり、ずばりと指摘するこの本は、ここ30年で3本の指に入る経営書と言っていいでしょう。「読書の目的は知識ではなく刺激を受けることだ」とすれば、経営者だけでなくこれから社会にでる人も、読むたびに自分の思い込みを見直したり、考えを深めたりする刺激を味わってほしい本です。

例えば、いきなり第2章で出てくる「率直さ(Candor)」という考え方。ウェルチは「講演などで『会社から正直なフィードバックをもらっていると思う人は手を上げてください』と聞くとせいぜい10%の人しか手を上げない」と言います。企業の予算編成では、事業部が低めの要求をすることを想定して本社は「高め」の数字を出し、事業部は本社の高めの要求を想定して「低め」の数字を出す。足して2で割るその中間で予算が決まることが多いとも指摘します。

ウェルチはこうした「交渉による示談アプローチ」やみんな仲良く「作り笑いアプローチ」をして、結局本当のことは何も共有できていない状況を「実に非生産的な組織行動」と一刀両断にします。「いや当社はそんなことはない」と思う方は自分が裸でないかよく確かめた方が良いかもしれません。

経営の第一歩は「現実をよく知る」ことです。それは業績数字だけではなく、「社員や他部門がどのような情報や考えを持っているか」ということも「自分が会社でどのような評価を受けているか」もそうです。こうした「現実」が意外に共有化されておらず、通り一遍で「わかったつもり」になっていることが多いのです。

「競争相手のことなんかどうでもいい。社内でコミュニケーションが取れないことのほうが、よっぽど恐ろしい敵だ」とウェルチは言います。あなたも「そうそう」と思いませんか?

ケーススタディ

率直に意見を交わす企業文化を作る

ウェルチは『ウィニング』の中でこう言っています。

「率直に意見を交わす」ことの大切さはわかっていてもそれができない理由として、「本当のことを言って、相手の気持ちを損ねたら困る」「チームプレーヤーでないと思われてしまう」、つまり「率直であることは人間の本性に反する」。つまり、ただ「率直になれ」「言いたいことをなんでも言う風通しのいい組織を作ろう」といってても簡単にはできないということです。「コミュニケーション推進運動」のようなもので、すぐ組織の風通しが良くなると勘違いをしたりしていないでしょうか？

おそらく、もう一つあるのは、「コミュニケーション」に対する間違った思い込みでしょう。コミュニケーションとは、情報を発信することではありません。発信した「情報」となぜその情報を発信したかという「意図」が受け手と共有できることです。つまり、コミュニケーションの成否は、受け手側（会社でいえば多くの場合、部下）がどう受け取るのかにかかっているのです。それにもかかわらず、言ったのだから、メールを送ったのだから、「分かっているはずだ」と思っていることがないでしょうか？

関連して面白い調査があります。2008年に日経ビジネスオンラインに掲載されていたあるアンケートによれば、748人の回答者のうち約7割が「職場に苦手な上司がいる」と答え（過去に「いた」という回答者を含めれば9割近く）、その理由として「指導力がない」に続き「人の話を聞かない」「意見交換ができない」が挙げられています。

逆に「職場に苦手な部下がいる」かどうかを261人の管理職に聞いたところ、同じように約7割が「いる」と答え、その理由は判で押したように「言い訳をする」「言われたことしかしない」「人の話を聞かない」です。

要は、「あの上司は、自分の言っていることを分かってくれない」「あの部下は、自分の言っていることを理解していない」と言い合っているのです。アメリカでも、例えば上司の86％が「自分はコミュニケーションがうまい」と考えているのに対し、認めている部下はたった17％という報告があります。

【コミュニケーションを変えるには10年かかる】

「率直さ」「本当のコミュニケーション」を組織に根付かせるのは簡単ではありません。ウェルチでさえ10年かかっており、20年たっても「誰もが率直、というには程遠い」というほどです。

大企業であれば、そうした山の高さを認識して登り始めるべきですし、今「率直」な企業文化を持っているスタートアップ企業はどうしたらそれを失わないか真剣に取り組む必要があるでしょう。また、会社選びをするとき「率直」な企業は、（人間の本性から考えれば）初めは少し怖いかもしれませんが、長い目で見ればとても貴重なコア・コンピテンシーを持つ将来性のある会社だと思います。

ただし気を付けなくてはならないのは、そうした「率直さ」を含め、会社というのは外から見るのと、中で感じるのとは微妙に違うということです。ウェルチでさえ、GE入社初日に幻滅し、1年目でいったん辞表を書いています。期待に胸を膨らませて会社に入ると、期待が高い分悪いところばかりが目に入ってきます。しかし、会社で本当に大切なのは「何が悪いか」でなく、「何が良いか」というところではないでしょうか。もし本当に会社を辞めたくなったら、「この会社のどこが良いのか」を率直に上司に聞いてみることをお勧めします。

2 リーダーの条件——部下の成長を導く8ルール

ウェルチはリーダーシップの本質として「リーダーになる前は、成功とはあなた自身が成長することだった。ところが、リーダーになった途端、成功とは他人を成長させることになる」と指摘します。

そしてリーダーのすべきこととして八つのルールを示します。

① チームの成績向上を目指して一生懸命努力する。あらゆる機会をとらえて、チームメンバーの働きぶりを評価し、コーチし、自信を持たせる

② 部下にビジョンを理解させるだけでなく、ビジョンにどっぷりと浸かるようにさせる

③　みんなの懐に飛び込み、ポジティブなエネルギーと楽天的志向を吹き込む
④　率直な態度、透明性、実績を通じて信頼を築く
⑤　人から嫌われるような決断を下す勇気、直観に従って決断をする勇気を持つ
⑥　猜疑心と言い換えてもよいほどの好奇心で部下に質問し、部下が行動で答えるようにさせる
⑦　リスクをとることや学ぶことを奨励し、自ら率先して手本を示す
⑧　派手にお祝いする

八つのルールの中には相反するものもあります。例えば③楽天的に「大丈夫」と言いながら⑥うたぐり深く質問すること。短期と中長期の業績などもそうですが、リーダーは様々な相反するニーズのバランスを取る必要があります。バランスを取るという行為は大変難しい。「だからこそリーダーとして働くのは楽しいのだ。仕事で成長するチャンスが毎日やってくる」とウェルチは言います。逆に言えばそれが「難しくてできない」と言い訳をする人はリーダーの資格がないということです。

八つのことをしたから、急にウェルチのようになれるとは限りません。これは彼のスタイル、弱み、強みに根ざした「ウェルチ流」リーダーシップだからです。

大切なのは、こうした助言を自分に当てはめた場合、どのような「自分流」リーダーシップ

のルールを持つべきかを、早い時期に自分で試行錯誤を通じて見つけることです。リーダーになってから考えるのでは遅すぎます。現実の自分をよく知ることはここでも大切です。

ケーススタディ 危機的事件に対処する方法

ウェルチは『ウィニング』の中で、危機管理についても触れています。20年間ゼネラル・エレクトリック（GE）の最高経営責任者（CEO）であったウェルチは、いくつもの大きな事故や不祥事に自ら直面しました。そうした経験から五つの「危機管理の前提」をあげています。

①　問題は見かけよりもひどい
②　この世に秘密にしておけることは何もなく、やがてすべてが白日の下にさらされる
③　あなたやあなたの組織が危機に対処する姿は、最悪の形で報道される
④　業務手順と人を変えざるを得ず、血を見ることなく収拾できる危機はない
⑤　組織は生き残り、危機的事件のおかげでさらに強くなる

大切なのは、こうしたことは「前提」だということです。問題が見かけよりひどかったり、隠し事が公になったり、あるいはひどい報道をされると、びっくりしてうろたえたり、しまいには怒ってしまう経営者を時々見ます。サッカーの試合で、手が使えないと怒っているのと同

じで、とても恥ずかしいことです。

おそらく、一番大切なのは最後の点、危機を学ぶ「チャンス」としてより強くなることでしょう。リーダーが率先して「率直」なコミュニケーションを行い、自ら間違いを認め、何が間違っていたのかをあぶり出していかなくてはなりません。そのためには事故や失敗について、社員が自由に意見を言える雰囲気「心理的な安心感（psychological safety）」の醸成にリーダーが心を砕く必要があります。

【リーダーシップに共通する二つのルール】

このコンセプトを提唱したハーバード大のエドモンドソン教授が発見したのは、「顧客満足度の高い病院のほうが、悪い病院よりも失敗が多い」ということでした。一見おかしな事実ですが、「良い病院は心理的な安心感から、皆が自分の失敗をシェアしようとする。したがって、失敗は多く報告される。同じ失敗は起こらず、数も減少する。一方で、悪い病院は、失敗を報告すると罰せられるという不安から、失敗してもそれを隠そうとする。したがって、報告された失敗の数は少ないが、実際にはニアミスがあちこちに起こっており、同じ失敗をあちらでもこちらでもしている」ということでした。リーダーシップは危機、失敗の時にこそ普段の努力、地力が表れます。

結局自分のリーダーシップのルールは自分で決めるしかありません。人に頼ってリーダーになるなんて、考えてみれば変でしょう。「こうしたらすごいリーダーになれる」という万能薬がないのは、「こうしたらすごいリーダーになれる」本がちまたにあふれていることを見てもよく分かります。

ただし、どんなリーダーシップでも通用するであろうルールが2つあります。

一つは「あからさまに、徹底的にやる」ということです。「これくらいでいいだろう」ではだめなのです。前節のコミュニケーションのところでも少し触れましたが、リーダーは部下（フォロアー）があってのリーダーであり、フォロアーに伝わらないリーダーシップは意味がありません。もう一つは、部下の力を引き出し、成長させることです。スティーブ・ジョブズが亡くなった直後、ウォールストリートジャーナルの特集で、次のようなインタビューが掲載されていました。1998年、ジョブズがアップルに復帰したときのものです。

ビジネスウィーク誌：あなたの魔法で会社を変えられますか？

ジョブズ：あなたは何もわかってない。これはワンマンショーじゃない。この会社には才能豊かな人材がたくさんいるのに、市場からは「負け犬」といわれ自信を無くしかけている。彼らになかったのは、良いコーチと良いプランだ。

3 戦略はシンプルに――「あ、そうか!」に至る五カ条

『ウィニング』の中でウェルチが語る戦略観は出色です。「確かに、理論は面白いし、グラフはきれいかもしれない。パワーポイントで作られた大きな分厚い報告書を作ると、仕事をしたような気分になる。だが、戦略を複雑にしてしまってはいけない」。実績を上げるためには「大まかな方向性を決めて、死に物狂いで実行する」というのがウェルチとゼネラル・エレクトリック（GE）の成功理由です。

それでは持続的な競争優位を獲得するための戦略とは何か。ウェルチは「あ、そうか！（A Big Aha !）」というアイデアだと言います。「あ、そうか！」と言われても、何のことかよくわからないかもしれませんが、その場になればきっとわかります。いろいろなもやもやがすっと晴れる、補助線を一本入れたら難しいと思っていた図形の問題さっと解ける、そんな体験です。いまどきの言葉でいえば「わくわくするストーリー」でしょうか。

それではどうしたら「あ、そうか！」にたどり着けるのでしょうか。ウェルチは「5枚のシート」の質問に答えろと教えます。

① 競争の場はどのような状態か？
② 競合相手は何を考えているのだろう？
③ 自社は何をしてきたか？
④ 曲がり角の向こうには何があるか（近い将来何が起こりそうか）？
⑤ 勝利するための一手は何か？

ここで大切なのは「横並び化を避け差異化する（decommoditization）」ことです。横並び化（commoditization）すると、ほとんどの場合は価格競争に陥り、マージンがなくなるからです。日本は今、どこに行っても「飲み放題」の居酒屋が乱立しています。個人的にはうれしいですが、経営は大丈夫なのだろうかと少し心配になります。

戦略の根幹は「あ、そうか！」をはっきりさせることです。パワーポイントを何ページも使い、山のようなデータと時間を使わないと説明できない戦略というのは何かおかしいと思った方がいい。「あ、そうか！」が分からないから、難しい専門用語でごまかしているのです。中学生が理解できない戦略は機能しません。

ケーススタディ

「あ、そうか！」を見つける

ウェルチはあるところで、多くの人は「単純＝知的でない・弱い、複雑＝知的・強い」という間違ったイメージを持っているという旨の発言をしています。さまざまな経営知識、理論を使うことが悪いと言っているわけではなく、自分が本当に理解していないのに理論をこねくり回し専門用語をちりばめて「戦略」が分かったつもりになっている風潮にくぎを刺しているのだと思います。デザインの世界では「いいデザインはシンプルで美しい」という言葉があるそうですが、戦略も同じことではないでしょうか？

ウェルチは「勝ちたいのなら、戦略についてじっくり考えるよりその分、体を動かせ」と実行の重要性を強調します。そのためには「適材適所」そして「ベストプラクティスを採用して、常に改善を加えていくことだ」と言います。

要は「どんなにすごい戦略だって、人を配して息を吹き込まなくては最初から死んでいるのと同じだ。人、それも適材を」ということです。ベストプラクティスに関しては、マイケル・ポーターの発言（「Harvard Business Review」１９９６年）を皮肉って「『これ（ベストプラクティス）で競争優位を保つことは不可能だ、なぜなら簡単に模倣されるからだ』と言う人がいる。これはナンセンスだ」と喝破します。

実際ウェルチは「シックス・シグマ」など他社のベストプラクティスを取り入れ、それを徹底的に実行・改善して自社の強みの一つにしています。ウェルチは「真似する」ことも大切だし、さらにその上を行くために絶え間ない改善をしろといいます。これだけ成熟して、ほぼ情報もいきわたっていると思われるコンビニエンスストア業界で、いまだに競合店よりも1日当たりの店舗販売額が10万円以上多いとされるセブンイレブンの強みと言われる「仮説―検証」の繰り返しも、ウェルチの言う「正しい戦略と実行」の一つの形でしょう。

【 ヘネシーはどうやってブランド力を付けたのか 】

「あ、そうか！」の分かりやすい例としては、私もかかわったことがあるコニャックの「ヘネシー」（ルイヴィトンと同じ企業グループです）があります。バブル時代には「接待に使うのはヘネシー」と言われたほどのブランド力を作り上げました。後発だったヘネシーがなぜトップになれたのか？ それは、接待でお金を払う会社でも接待される側でもなく、お店の女性に的を絞って徹底的にプロモーションをしたからです。お店のママから「ヘネシーって、大切なお客様の接待に最高よ」なんて言われたら、断われるわけはありません。

結局、「あ、そうか！」は、天から降ってくるわけでもなんでもなく、現実を直視し、思い込みを排し、率直に議論をすることで、これまで見落としていた可能性を探り続けることからしか生まれないのだと思います（仮説―検証もその一つでしょう）。第1次南極観測隊の副隊長を務め、テレビ番組のモデルにもなった登山家で技術者の西堀栄三郎は、創造には「考えてみりゃあ」が大切だと指摘しています。

「いままで、こうしなければならんものだ、ああするのがあたりまえだ、そうすべきだ、何だかんだという、そういう固定観念というか、習慣があります。それをバアッと捨ててしまって、ことの本質に返って考えることを、一口で『考えてみりゃあ』というのです」。

西堀は次のようにも言います。「自分で先に絵を描いておいて、絵の通りにならないと、これはウソだと考える、こういうのは、学校出の人に案外多いようです」

最後にもう一度ウェルチの言葉を借りて復習です。「戦略とは単純に『あ、そうか!』を見つけ、大まかな方向性を決め、適切な人を配置して、しつこく、たゆまなく改善をしていくこと、それだけのことだ。これ以上複雑にしようとしたって、私にはできない」。

4 「人がすべて」の本質――厳しく公平なGE流

『ウィニング』の根底に流れるのは「人がすべてだ」という、ウェルチやゼネラル・エレクトリック（GE）の信念です。GEのリーダーシップ研修は世界最高レベルと言われ、人の強さが会社の強さになっています。

ちょっと待てよ、と思う方もいらっしゃるでしょう。ウェルチは昔、大量のリストラを断行し「ニュートロンジャック（中性子爆弾が落ちるとそこにいる人だけが死に建物は残ることから）」と言われた経営者です。GEの人事制度は、社員をトップ20％、ミドル70％、ボトム10％にランク付けし、ボトム10％を解雇する（今は若干変わっているらしいですが）厳しいものでした。そんな会社が人を大切にしていると言えるのでしょうか。

ウェルチは第3章「選別（Differentiation）」で次のように言います。「透明性の高い組織で明確な業績目標とその評価制度が整っていれば、ボトム10％の人は、自分がどういうポジションにいるかわきまえているはずだ。たいていの人は、言われる前に自分から辞めていく。自分が必要とされていない組織に、いたいと思う人はいない」。ボトム10％の人（しかも社内の全員がそれを知っている）に「優しい」会社は、「そんなにがんばらなくてもいい」というメッセージを発して本当にやる気のある人を腐らせている、とウェルチは言うのです。現実を直視し、社員一人一人の才能を最大限に発揮できるようにする（それが社内かどうかにかかわらず）ことが「人がすべて」の意味なのです。

社員を明確にランク付けし、その評価を率直に本人に知らせるのがGEの流儀。「自分の立場がわかれば、自分の運命を自分でコントロールすることができる。これ以上公平なことはあるか?」とウェルチは言います。「人がすべて」と言っている会社は多くありますが、肝心なのは、社員が能力を発揮するために具体的にどんな施策を打っているかです。よくしたもので、甘い会社には甘い社員が集まります。「仕事にやりがいがない」と感じるのは、自分がそれを求めているからかもしれません。

ケーススタディ

「成果主義」は日本に合わないのか

社員をトップ、ミドル、ボトムに選別するGEの「20―70―10ルール」は、「ベストプラクティス」としてフォードなど多くの企業で真似をされましたが、従業員からの反発や訴訟問題に発展し、取りやめた企業もまた多いといわれています。

「選別は短時間には実践できないし、してはならないものだと強調したい。選別を可能とする前提となる率直さや信頼を植えつけるのに、GEでは10年の歳月をかけたことをもっと説明するべきであった」とウェルチは述べています。

日本で一世を風靡した後、あっという間に悪者になってしまった「成果主義」にも同じことが言えるのではないでしょうか。日本企業は「長期的だ」と言われていたのに、こと人事や組織に関する限り、ちょっとやって期待した(幻想した?)成果が出ないとすぐやめてしまう…

のは資源の無駄遣いとしか思えません。「Thinking is very hard work. And the management fashions are a wonderful substitute for thinking.（考え抜くのは大変な仕事だ。だから、はやり（の経営手法）で済まそうとしてしまう）」とはドラッカーの指摘です。

「成果主義」は日本の文化に合わないという議論は根強くあります。しかし、ウェルチは自らの経験を下に「カルチャーの違いが障害となって選別ができないという口実は、まさに口実でしかない」と明言します。そういえば、日産のゴーンさんも「国の文化の違いが企業の成功や失敗の原因だという人たちは何か大事なものを見逃している」と、文化の違いを言い訳にするのを戒めていたことを思い出します。

新入社員が辞めることが問題なのではない

確かに人の辞めない会社はいい会社かもしれません。ただしそれは、社員がその会社のビジョンや文化が好きで集まり、そこで仕事にやりがいを持って取り組んでいる場合です。しかし、もしかしたら会社のビジョンなどどうでもいい人が集まり、居心地がいいから辞めないだけかもしれません。

「世の中の50％の人に嫌われていなかったら、差異化の取り組みが甘いのだ」といったのはアウトドアファッション大手パタゴニアの創業者、イヴォン・シュイナードですが、「誰でもがやっていける会社」が本当にいい会社なのかどうかは、もう一度考えてみる必要があると思います。つまり、3年で新入社員が辞めることが問題なのではなく、誰が辞めるかが問題なのです。会社の将来を担ってほしい人材が辞めているとすれば大問題です。逆に、会社に合わない人材が辞めるのは、会社にとっても、本人にとってもいいことでしょう。

ウェルチは『ウィニング』の後半4章を割いて、経営者でない人々、特に若者や女性に対して、キャリアについてどう考えるべきか持論を展開しています。昇進するためにはどうしたらいいか、上司とどう折り合うか、仕事と家庭とのバランスをどうとるか。ここでも彼の信念（あるいはバイアス）は変わりません。挑戦しろ、リスクを取れ、結果さえ出れば会社といくらでも交渉できるのだ。もしかしたら、そんなことは聞き飽きたと思う人もいるでしょう。しかし、これが現実であり、企業で生きる「前提」なのです。

自分の言うことを聞いてくれて、やりがいがあって、給料も高くて…そんな会社はありません。「手を使ってもいいというサッカーチームはないか」などとあちこち探しても見つからないのと同じです。

ウェルチ流に言えば、経営とは「あ、そうか！」を見つけ、適材を正しい方向に導いて、しゃにむに実行することに尽きます。社員の側からすれば、自分が「何の適材か」がわかれば、やりがいも成功もぐっと近づいてきます。そのためには勉強をしなくてはいけません。特に、いろいろな考えに触れ、率直な自分の評価を知り、自分自身、つまり自分の本当の強み、弱みを深く認識することが大切です。社会人の勉強の本当の目的は、知識を得ることではなく、可能性を広げることだからです。

『知識創造企業』

野中郁次郎、竹内弘高著

失われた?　日本企業の強さの源泉

岸本義之

（PwCコンサルティングStrategy&　シニア・エグゼクティブ・アドバイザー）

知識創造企業／The Knowledge-Creating Company: How Japanese Companies Create the Dynamics of Innovation　1995年

野中郁次郎、竹内弘高

邦訳:東洋経済新報社、1996年／梅本勝博訳

1　暗黙知と形式知——日本企業の強みの源とは

『知識創造企業』は、一橋大学名誉教授の野中郁次郎氏とハーバード大学経営大学院教授の竹内弘高氏が1995年に米国で出版した著書の邦訳です。英語版のサブタイトルに「いかにして日本企業はイノベーションのダイナミクスを作り出したか」とあるように、この本は日本企業が成功した理由を、独自の理論体系を構築して説明するものとなっています。

同書は主に1970～80年代の日本企業の事例を取り上げ、その成功要因は、欧米と日本では知識の作り方と使い方が異なるという点にあるのではないか、と解き明かしています。西洋哲学では、一定の文法規則で作られた形式言語で表すことのできるものが知識とされていました。日本では形式言語に表しにくい無形的な要素が重視されています。

著者は知識を形式知と暗黙知の2つに区分して分析を試みます。西洋的な知識が一個人によって創造されると考えられるのに対して、日本では知識が組織メンバー同士の交流の中で作り上げられる傾向があるとも論じています。

職人の親方から弟子に伝承されるノウハウのように、マニュアルに明文化できるものだけではなく、共に働く経験を通じて形成される知識もあるという見方です。

新商品が次々と出る日本メーカーの開発体制はラグビー的という比喩がされ、欧米の製品開発はリレー競争的としています。日本ではメンバーが共有化された暗黙知を活用し、「次はきっとこうなるだろう」と思いながら、各部署がバトンを受ける前に作業を始めているのです。

この本が出版される前にバブルが崩壊し、日本企業は輝きを失ってしまいました。組織的に知識を創造できる日本企業は、不確実な環境に対して本来ならば強みを持っていたはずです。何が本当の強みの源泉だったのかを問い直すためにも、本書を今読み返すことには意義があるのです。

ケーススタディ　パン焼きの職人芸に挑んだ松下

英語版として出版された『知識創造企業』は、1970～80年代の「絶好調」だった頃の日本企業の事例を研究して、日本企業に特有の組織的知識創造のメカニズムを解明しています。しかし、90年代以降、日本経済は「失われた20年」と言われるような低調が続いてきました。

プロ野球選手はスランプに陥ると、絶好調だったときの自分のフォームをビデオで見て、現在のフォームとの違いを確認して修正するという話をよく聞きます。では、日本企業は、絶好調時と現在とでどのように異なっているのでしょうか。

本書で紹介されている事例の1つ、松下電器産業（現パナソニック）によるホームベーカリーの発売は87年のことです。原材料の小麦粉、バター、塩、水、イースト（または、それらを調合したブレッド・ミックス）を入れさえすれば、プロの職人に匹敵するほどの品質のパンが焼き上がるという、画期的な新商品でした。パンを焼くというのは、まさに暗黙知として体得された職人の技であり、それを電子機械技術で再現するには、暗黙知の形式知化がカギを握っていたと著者は言います。

背景としては、70年代以降、日本の家電市場は成熟しはじめ、厳しい価格競争に直面した松下の営業利益率は低下していました。83年の経営3か年計画「ACTION61」（最終年度が昭和61年だったことにちなむ）では「超家電」というスローガンが使われました。家電を中心としつつもハイテクや産業用の分野に進出していこうという狙いがあったのです（皮肉なことに30年後のパナソニックもまた、産業用にシフトすると言っています）。

この結果、84年に炊飯器事業部（マイコン炊飯器）、電熱器事業部（ホットプレート、オーブントースター、コーヒーメーカーなど）、回転器事業部（スピードカッター、ジューサーなど）の3つが、1400人の電化調理事業部として統合されました。資源の重複をなくすことと、3事業部の技術とノウハウを合わせて再び成長路線に乗せることが期待されていました。

しかし、統合当初は売り上げの減少が続き、統合効果が疑問視されるようになったのです。危機感を募らせた同事業部は、米国人の日常生活のトレンドを観察するチームを組成し、「家庭用調理機器は、食事の準備を簡単にすると同時に、栄養豊かにするものでなければならない」という結論を導き出し、そのコンセプトを「イージーリッチ」としました。その直後に部品メーカーの星電器から、ホームベーカリーの商品化案が持ち込まれたのです。松下は73年にも80年にも、ホームベーカリーの開発を技術上の問題から断念した経緯があり、星電器からの提案は断ったのですが、商品アイデア自体には魅力があったため、自力で開発することにしました。

最初のプロトタイプでは、おいしいパンを作ることができませんでした。2回目の試作に際し、パイロットチームのメンバーがパン職人に弟子入りして技を学びとろうとしました。そこでわかったことは、パン生地の練りのプロセスを機械で再現することの難しさでした。

その練りのポイントを「ひねり伸ばし」という言葉で表現し、機械の仕様として具体化したところ、おいしいパンを作ることに成功しました。そして3回目には、生産部門とマーケティング部門のメンバーも加わり、パン生地を練っている途中でイーストを入れる「中麺」という方法を採用して、パンの味が向上し、コストも下がりました。こうして完成したホームベーカリーは月産5万台の大ヒット商品となり、事業部の売り上げを伸ばすことに貢献しました。

【 3回の暗黙知活用 】

ホームベーカリーという商品を開発するための最初のプロトタイプ開発には、電化研究所と旧3事業部から11人のメンバーが集められました。ハードウェアとしての製品設計、機構要素開発（モーターなど）、制御要素開発（電気周波数や温度の制御）だけでなく、パンのレシピ開発、パン生地の練りと焼き上げ技能の習得、パンの味の評価システム開発など、ソフトウェア的要素も並行して作り上げなければなりませんでした。

メンバーは何度も討議を重ねたのですが、「イージーリッチ」というコンセプトが、事業部が目指すべきイメージとしての暗黙知の共有に役立ったといいます。

ソフトウェア担当の女子社員は、大阪で一番おいしいパンを出すという評判のホテルのチーフベーカーに弟子入りし、観察・模倣しながら練りの技能を学びました。しかし、その技法をうまく設計に具体化できなかったため、エンジニア数人がホテルに派遣され、女子社員が言う「ひねり伸ばし」を実現するために試行錯誤を繰り返しました。メモやマニュアルにすることができなかった暗黙知の技能が、「ひねり伸ばし」というコンセプトに表出し、ようやく設計の具体化につながったのです。

さらに、製品価格を4万円以内に抑えるための挑戦がありました。高温で発酵が進みすぎないようにイースト入り生地を冷やすには、冷却器が必要なのですが、そのコストをどうするかが焦点でした。温度をコントロールする手段がなかった昔は、イースト以外の材料を先にミックスしておいて、後からイーストを加える「中麺」という方法をとっていたことがわかり、冷却器を使わないでパンを作るという解決策が編み出されました。これもまた、暗黙知の活用と見ることができます。

このように、ホームベーカリーの開発には、暗黙知を活用するサイクルが「イージーリッチ」「ひねり伸ばし」「中麺」の3回あったということになります。出身部署の異なるメンバー同士が、もがきながらも暗黙知を他のメンバーと共有し、今までになかった商品を短期間で開発し、大成功を収めたのです。

【「ものづくり」に安住すれば閉塞感に】

ホームベーカリーの開発に関わったエンジニアは、それまで成熟商品ばかりを扱ってきたのですが、組織内部の堅い壁を破って全く新たな商品を作った経験は自信をもたらし、次なる革新的な製品を開発したいという願望ももたらしたといいます。

近年の日本企業を見ると、２０００年を過ぎたあたりから「ものづくり」という言葉がよく使われるようになりました。アジア通貨危機を乗り越えた韓国やアジアの企業が日本のお株を奪うような海外進出を果たすなか、日本メーカーが「ものづくり」を最後の砦と見なし、そこではまだまだ負けない、という意志を持つようになったからではないかと思われます。

この言葉はややもすれば、現状肯定的に使われることが多かったのではないでしょうか。「今までやってきたことは間違っていないはずだ」という信念から、従来型技術のさらなる磨き込みに閉じこもっていったような印象があります。

１９８３年の松下も最近のパナソニックも、置かれた状況は似ていますが、80年代の日本企業には、現状の延長線上にはないイノベーションを起こそうという活力がまだあったように思えます。実際、83年の松下では将来のトレンドを先読みし、「イージーリッチ」を目指そうと、まだ存在していない新商品の開発にゴーサインを出しました。ホームベーカリーの成功後、同じ事業部から、電子自動システムによって米を炊く炊飯器も大ヒットし、こうしたサクセストーリーは口コミと社内報で社内全体に広まったといいます。

【身の丈の計画では、イノベーション望めず】

一方、今のパナソニックではどうでしょうか。「失われた20年」の間に入社した世代が40代前半までを占めているわけですから、成功体験を通じた自信もあまりないために、高い目標像を共有できにくいのかもしれません。まして上司や先輩たちが現状肯定的な「ものづくり」信念に固執しているような会社の場合は、現状の延長線上にないようなイノベーションは出てきようがありません。

また、組織の壁を越えた協働という機会も、以前より減ってしまったのかもしれません。各事業部が対前年比105％という程度の「身の丈」の事業計画を立て、それをホチキスで束ねるような全社中期経営計画が作成されるような会社では、組織をまたがったチームを組成する必要性はありません。事業部内での、あうんの呼吸の通じるメンバー同士（長年の付き合いのある下請け企業も含む）での「すりあわせ」は得意でも、事業部の外に出ると、あうんの呼吸が通じないというような問題が生じていないでしょうか。

暗黙知というのは、組織のメンバーが持つ経験的な知識が、他のメンバーが持つ経験的な知識と組み合わさって、大きな価値を生み出すものと言えます。そのためには、バックグラウンドの異なるメンバーが組織の壁を越えて協働することが重要になりますし、「やればできるはずだ」という信念、もしくは「この程度の困難はこれまでも乗り越えてきた」という自信があればこそ、イノベーションのためのエネルギーも湧いてくるのでしょう。

巨費を投じたむちゃな挑戦がイノベーションというわけではありません。組織の壁を越えて、様々な暗黙知を持ち寄って、もがきながらもそれを形に変え、高い目標に挑戦し続けてきたのが、絶好調時の日本企業の姿だったのでしょう。

2　組織が壁を越えるとき――チームの力が独創を生む

暗黙知と形式知という2種類の知識はどのようなプロセスを経て、知識創造につながるのでしょうか。著者は4つのパターンを示しています。

1つは暗黙知を暗黙知として伝えるプロセスで、共同化と呼びます。弟子が親方から技能を学ぶように経験をともにして、観察や模倣によって暗黙知を共有します。2つ目は暗黙知を形式知に変換するプロセスで、表出化と呼びます。言葉になりにくいコンセプトを他人に伝えるためには、メタファー（伝えたい概念を抽象概念になぞらえる）や、アナロジー（具体的な要素に例える）が用いられます。

3つ目は、形式知を形式知に変換するプロセスで連結化と呼びます。数値データを集計・分析したり、定性情報を整理・分類したりして、新たな意味を導き出すことなどです。

最後は形式知を暗黙知に変換するプロセスで、内面化と呼びます。形式知として得た情報や知識は、その人の過去の経験と結びついた形で、暗黙知としてのノウハウに昇華します。

欧米企業でのイノベーションは、才能を持った個人が主導する場合が多く、どのようにして知識が変換・創造されたのかは本人以外にはわかりません。日本企業のように集団で行われるイノベーションは、人から人へどのような知識・情報が伝わったのかを、ケーススタディとして調べることができます。

本書では、日本企業のケーススタディを取り上げ、暗黙知と形式知が相互作用しながら、組織の中で新たな知識を生み出すプロセスを解明しました。4段階のプロセスはその英語の頭文字をとってSECIモデルと後に名付けられました。

このプロセスは、今でも日本企業の製造や開発の現場に残っていて、それが「ものづくり」の「すりあわせ」と呼ばれています。しかしながら、それがイノベーションと言えるレベルになっていないのが、今の日本企業の悩みなのです。

ケーススタディ

キヤノンは複写機開発で缶ビールからヒント

形式知の共有を重視する欧米的なナレッジ・マネジメントとは異なり、『知識創造企業』では、日本企業を例にとり、知識がどのようにして創造されるのかというプロセスについての考察を行っています。

本書で紹介されている事例の1つ、キヤノンによるミニコピアの開発は1979年にスタートしました。すでに1970年に普通紙複写機市場に参入していたキヤノンは、小企業や個人事務所、さらには一般家庭でも使えるような小型多機能製品を開発するよう、研究者たちに要請しました。製品のだいたいのイメージとしては、①鮮明で安定したコピーが取れる、②世界最小・最軽量（20kg以下）、③最小の普通紙複写機の価格の約半分（20万円以下）、④可能な限りメンテナンスフリー、⑤クリエイティブで楽しさの要素がある――というものでした。しかし、この段階ではまだ技術的な見通しはなかったといいます。

このプロジェクトの実現可能性の調査研究チームとして、平均年齢28歳のメンバー14名（研究開発8名、生産3名、マーケティング2名、デザイン1名）が集められました。ここでの重要な問題とは「なぜ普通紙複写機はあんなに高いのか」でした。普通紙複写機の大部分は複雑でデリケートな画像複写機構を用いており、紙詰まりを別にすれば、サービス・エンジニアが処理するトラブルの97～98％はドラムとその周りのメカニズムに関係していることがわかりました。従って、このメンテナンスを減らすことができれば、複写機はもっと安くできるのです。

何度かの合宿で議論を重ねたのですが、コストを下げようとすれば信頼性も下がるということで、解決策はなかなか見つかりません。しかし、1つのアイデアが現れました。もし感光ドラムとその周りの現像器やトナーを一体化して使い捨てできるようにしたら、どうだろうか、というものでした。そうすれば定期的なメンテナンスもいらなくなります。また、部品の高寿命化を図らなくて済むため、低コスト化が可能になります。さらに、ドラム周りをカートリッジにしてしまえば、機構も簡略化でき、部品も少なくて済むので、低コストと高信頼性が同時に達成できることになります。

では、そのカートリッジをいくらで作れるのか、が問題となりました。アルミの引き抜き材をベースにした従来の感光ドラムのシリンダーを低コストで作るといっても、それには限度があります。合宿で議論をしていたチームは、ビールを飲みながらも議論を続けたのですが、そのとき、手にした缶ビールを見て、「この缶を作るのにいくらコストがかかるだろう」という話になりました。同じアルミ製品の製造プロセスとして、何が共通で、何が違っているのか、という検討をした結果、カートリッジの大きな低コスト化につながる技術を編み出すことになりました。

この調査研究チームの分析結果を見て、キヤノンは全面的な開発を決め、1980年に130人（のちには200人）の正式なタスクフォースを発足させました。当時はまだカメラ主体の会社であったキヤノンですが、同社の最大のヒット商品であったAE－1というカメラになぞらえた「複写機のＡＥ－１を作ろう」というスローガンの下、生産技術などの部門も巻き込んでいきました。さらには営業やソフトウェアの部門も巻き込み、最後には当時の賀来龍三郎社長の自宅にまで最終段階のマシンを置いてテストしてもらいました。

こうして完成したキヤノン・ミニコピアは１９８２年に発売され、大ヒット商品となっただけでなく、４７０の特許（うち３４０がカートリッジ・システム）をキヤノンにもたらしました。

【低コストと高信頼性を両立させた発想の転換】

前述したような、パーソナル複写機の5つのイメージは、インフォーマルな議論を何度も繰り返したのちに、経営陣によって設定されたガイドラインでした。単にこれまでの延長線上で、より小型の複写機を開発するというのではなく、家庭でも使えるような、段違いに小さなもの（20kg以下）を、段違いに安い価格（20万円以下）で提供するというように、インフォーマルな議論で浮かび上がった暗黙知的なイメージが、言葉として表現されたのです。

低コストと高信頼性という相反する問題の解決には、頭の切り替えが必要であったと当時の調査研究メンバーは述べています。どんなアプローチがありうるかを列挙する「拡散する頭」と、製品を作るのにどんな技術を使うのかを考える「収束する頭」です。この拡散と収束を何度かの合宿で行った結果、複写機構の全体を長寿命の部品の集まりと見るのではなく、寿命が一定の使い捨て部品からなっているという、逆転の発想が出てきました。合宿などでのブレーンストーミングは、この暗黙知を組織の暗黙知に変換するための「共同化」の手法として有効であると、著者は述べています。

そして、カートリッジを低コスト化させるアイデアとして、缶ビールのアナロジーが用いられました。メタファーとアナロジーは、暗黙知を形式化する表出化の際に用いられる手法です。どちらにも「比喩」という訳語が与えられることがありますが、著者はこの2つを別の概念として捉えています。メタファーは、自分が伝えたい（抽象的な）コンセプトを、相手が知っているコンセプトに全体的に似ていると伝えるものです。「複写機のAE－1を作ろう」というスローガンは、具体的に何をどうしようと言っているわけではないので、メタファーの例と言えます。

アナロジーとは、自分が伝えたいコンセプトのうちの具体的な要素について、他のものにどう似ているのかという共通点を伝え、逆に違いをも明らかにしようというものです。アルミ・カートリッジとアルミのビール缶は、どちらもアルミ製の筒状のものですが、片方は高く、片方は安いという違いがあります。では、ビール缶を作るようにしてカートリッジを作れないのか、という具体的な検討に移りやすくなります。

暗黙知を形式知に変化する表出化は、知識創造のサイクルの中で最も難しい部分ですが、逆にいうと、知識創造の神髄でもあります。メタファーやアナロジーは、このプロセスにおいて重要な働きをするのです。

【すりあわせだけでは、創造的なカオスは生まれず】

著者は、キヤノンの事例をGEや3Mという欧米企業と比較分析しています。ジャック・ウェルチ時代のGEは「すべての事業分野でナンバーワンあるいはナンバーツーになる」、逆にそうでない事業からは撤退するというコンセプトを提示し、トップダウンでそれを推し進めました。3Mは起業家的な社員が発明を行うボトムアップのカルチャーを持つ会社ですが、過去4年で開発された新製品による売上比率を30％にするという業績評価制度を持つことでも知られています。

キヤノンのミニコピアの場合は、トップダウンによるむちゃな要求（家庭でも使える安価で小型の複写機）に対して、平均年齢28歳のチームが実現可能性を研究して、もがき苦しみながらも、答えを導き出しました。GEの場合はCEOのウェルチの頭の中でコンセプトが創造され、3Mの場合も個々の発明家社員の頭の中で製品アイデアがひらめいたのですが、キヤノンの場合はチームでコンセプトが形成されました。

多くの日本のメーカーは今、「ものづくり」という言葉を重視し、「すりあわせ」による技術開発を得意としているといいます。実際、暗黙知を共同化したり表出化したりということは、今でも多くの日本メーカーで行われています。では、なぜ日本メーカーからイノベーションが起きにくくなったのでしょうか。

アナログ製品の「ものづくり」のほうが、暗黙知が大きな役割を果たしやすいのかもしれません。例えばコピー機の紙詰まりを防ぐ技術などは、機械工学としての側面と、生産現場の技術改善の側面において職人的な伝承が有効であり、新興国メーカーが追い付きにくいのでしょう。一方、画像データの処理といったようなデジタル情報処理の技術は、プログラムとして形式知化できるものであり、その技術の載ったＩＣ部品を購入できれば、組み立ては新興国でも容易にできます。

韓国や台湾の企業は、デジタル部品の分野で、自国内のみならず世界中に供給するという戦略を選び、大胆な投資を行って、その戦略を推し進めました。その頃、日本企業はガラパゴス・ケータイなどの内需の分野で国内同業他社との横並びの競争をしていました。アナログとデジタルという環境の違いもありますが、グローバルな規模を追求するという戦略と、国内横並びのシェア争いに追われてしまったこととの違いも大きかったのでしょう。大型テレビの製造工場に巨額を投じたのも、日本国内の地デジ化という特需に踊らされてしまったせいかもしれません。

いかに暗黙知の活用にたけていても、目標が対前年比105%とか、国内同業他社比のシェアアップというのでは、イノベーションが起こる土壌がなくなってしまいます。著者は組織的な知識創造を促進するための要件の1つとして、「創造的なカオス」を挙げています。キヤノンの賀来社長も「社員に危機感と高遠な理想を与えるのが、トップマネジメントの役割である」とよく言っていたといいます。社内に混乱は生じますが、それが引き金となって、社員が自分の考え方を根本的に変えることになり、新たな知識が組織的に創造されるのです。多くの日本企業に今足りないのは、それかもしれません。

3 前例なき商品開発——「駆け巡る30代」が担う

暗黙知を活用した組織的な知識創造が日本企業の強さの秘訣であったとするなら、なぜ、それは日本企業に固有の強みだったのでしょうか。

欧米企業の伝統的な組織運営スタイルは、トップダウンによる階層組織モデルでした。トップがコンセプトを作り、それをメンバーが実行する分業制です。1981年に米ゼネラル・エレクトリック（GE）の最高経営責任者（CEO）に就任したジャック・ウェルチは、トップダウンでメッセージを打ち出し、組織変革を主導しました。

一方、フラットな組織で自由に起業家精神を発揮してもらうのがボトムアップの組織運営スタイルです。3Mは粘着メモなどのユニークな製品を現場から生み出した会社として有名です。

日本企業の組織運営はどちらにもあてはまらないと著者は主張します。欧米流ではどちらの場合でも知識の創造は個人が担いますが、日本では組織の中で起きるからです。欧米流スタイルではミドルマネジャーの役割が無視され、むしろリストラのターゲットになってしまいます。

日本企業では逆にミドルマネジャーが重要で、トップとボトムの社員を巻き込んで知識を創造し、ビジネスを拡大させてきたといいます。

そこで、著者はこうした日本的スタイルを「ミドル・アップダウン」と名付けました。様々な部門に存在している暗黙知を共同化し、表出化させるには、組織を横断して動き回れるミドルの存在が重要だというのです。

社内横断的なプロジェクトチームを結成する場合、そのリーダーを務めるのはミドルです。社内に人脈を持つミドルが力を発揮するのです。

80年代までの日本企業はミドルが縦横に動ける環境にあったのかもしれません。近年はかつてより組織の壁が厚くなり、暗黙知の共有も難しくなったように思われます。その違いが日本企業の元気のなさにつながってはいないでしょうか。

ケーススタディ

シャープでは平均年齢32歳の電子手帳チーム

『知識創造企業』で取り上げられている日本企業では、ミドルがプロジェクトリーダーとして、多くの組織を横断的にまたがってトップやボトムの社員を巻き込み、新たな商品開発などにあたっています。そのプロセスの中で、暗黙知が活用され、集団で新たな知識が作り上げられています。では、そうしたイノベーションを起こすのに適した組織構造というのはあるのでしょうか。

本書で紹介されている事例の1つ、シャープには、1970年代の「電卓戦争」の際のプロジェクトを起源とした、緊急プロジェクト制度があり、これによって多くのヒット商品が生み出されました。その中の1つ、電子手帳のプロジェクトは85年に始まりました。

当時の成熟した電卓市場では、新興工業経済群（NIES）製品との競争も始まり、危機感が高まっていました。電卓事業部（当時）の製品企画部長は、「ICカードによって複数の目的に使える電卓」というアイデアで電子手帳の製品開発を行おうと考えましたが、そのためには、電卓技術に加えて、他の事業部の液晶表示装置や、大規模集積回路（ＬＳＩ）などの技術も使わなければならず、多くの部門から技術者を集めなければなりません。

それには、研究開発（Ｒ＆Ｄ）関係の最高意思決定機関である総合技術会議の承認を得ることが必要でした。電子手帳に入れた情報がオフィスのコンピューターともやり取りできるようになれば、電子手帳のユーザーがシャープのコンピューターやワープロも買う可能性があるとして、部門のトップたちを説得して回ったといいます。

こうした努力が実り、このプロジェクトは総合技術会議で承認され、８人のメンバーに「金バッジ」と「緊急指令発令」と書かれた辞令が手渡されました。開発の終了期限は１年で、86年10月に発売時期が設定されました。

リーダーはパーソナル機器事業部（旧電卓事業部）の技術課長、メンバーは同事業部から５人、ＩＣ事業部から１人、電子デバイス事業部門の液晶事業部から１人、平均年齢は32歳でした。この８人は通常の組織から出て、緊急プロジェクトチームに入り、その活動に専従することになりました。

「金バッジ」とは、会社のどこからでもメンバーを招集でき、プロジェクト期間中は役員と同じくらいの権限を持ち、その予算にリミットはなく、会社の施設・器具や資材を優先的に利用する権利が与えられることを意味しています。

1年後、プロトタイプが完成し、総合技術会議に提出されましたが、会議はその商品化に「ノー」という結論を出しました。メンバーは失意のうちに元の組織に戻りました。リーダーはなぜノーだったのかと分析しました。漢字が使えなかったのが最大の問題だとわかっていたのですが、漢字処理に手を付けると部品数や消費電力の問題があり開発が大変になってしまうという思いから、自らブレーキをかけていたのです。

そこで巻き返しを図るべく、社内公募制度を使ってパーソナル機器事業部内で開発チームを立ち上げ、金バッジはないものの、2カ月で漢字処理機能を持った電子手帳の開発に成功しました。87年1月に市場投入された電子手帳PA7000は、91年までに500万台を売る大ヒット商品になりました。

「緊急プロジェクト」という特命組織

シャープの日常のR&D活動は、典型的な伝統的階層組織で行われていました。技術本部の研究所は長期（3年以上）のテーマ、事業本部の研究所は中期（1・5～3年程度）のテーマ、事業部の研究所は短期（1・5年以内）のテーマに取り組み、研究の成果は「上から下に」伝達されます。その際に、「下」の事業本部や事業部の研究員が「上」の技術本部の研究所に2～3

カ月異動したり、またその逆のパターンもあったりして知識が移転されます。

しかし、戦略的新商品の開発となると、この組織とは完全に独立したタスクフォース組織が用いられます。これが緊急プロジェクトです。金バッジという特権が与えられるため、「思い切り羽を伸ばした開発ができる」のです。緊急プロジェクトのメンバーは期間中は専従ですが、期間が終了すれば元の組織に戻ります。

著者は、シャープの組織は、3つのレイヤーから成り立っていると分析しました。一番上にはプロジェクトチーム・レイヤーがあり、具体的な製品開発に向けて、新たな知識の創造に突き進んでいきます。2番目には伝統的な階層組織のレイヤーがあり、ルーティンの仕事を効率よくこなしていきます。そして3番目には知識ベースのレイヤー(組織という形はとらない)があり、上の2つのレイヤーで作られた知識が再分類・再構成されます。つまり、新たに開発された技術やノウハウが組織の中に共有され、別の事業機会にも活用できるようになるのです。

著者は、こうした組織を「ハイパーテキスト型組織」と名付けています。インターネット上の画面の青い単語をクリックすると、その単語の意味を解説する別のページに飛んだりしますが、これもハイパーテキストと呼ばれます。元のページと解説のページでは、同じ単語が違う文脈の中で用いられているわけですが、それと同様に、企業組織の中にも異なる文脈で知識が活用されることがあるというわけです。

このハイパーテキスト型組織は、マトリックス組織とは異なります。マトリックス組織では、縦軸と横軸の両方に上司がいて、両方に報告する関係になりますが、ハイパーテキスト型組織では、プロジェクト期間中はプロジェクトに専念します。単なるプロジェクトチームでは、チームが解散するとプロジェクトで得られた知識が雲散霧消してしまいますが、ハイパーテキスト型組織では、プロジェクト終了後も知識が共有され、他の商品開発にも生かされます。

1980年代のシャープの場合は、オプトエレクトロニクスというビジョンを会社として掲げていて、これに関連する知識を様々な分野に応用しようという組織的な意図が共有されていました。実際、シャープは電子手帳の成功以降も、液晶分野で様々なヒット商品を次々と出していきました。

長引く不況で活躍の場を奪われたミドル

シャープの電子手帳のプロジェクトメンバーの平均年齢は32歳でした。前節で紹介したキヤノンのミニコピアのプロジェクトメンバーの平均年齢は28歳でした。リーダーはもちろんその中では年長なのでしょうが、30代半ばぐらいだったでしょう。1980年代当時のミドルとは、30代半ばくらい（肩書でいえば課長クラス）を指す言葉だったのです。

今の日本企業と比べると、ちょっと感覚が違うのではないでしょうか。

80年代の日本企業の成功要因の1つが、ミドル・アップダウンというスタイルにあったとするならば、残念ながらそのスタイルは今の大企業には残っていないのかもしれません。30代半ばという、果敢にリスクをとってプロジェクトリーダーをやるのにふさわしい年代は、今の大企業では若手という扱いであり、責任を任せてはもらえません。

一方、課長クラスになるのは40代半ばになってしまい、果敢にリスクをとるというよりは、若干保守的になる年代です。

ミドル・アップダウンではないとするなら、今の日本企業はトップダウンかボトムアップなのでしょうか。そういうわけでもなさそうです。強烈なトップというとソフトバンクの孫正義氏やファーストリテイリングの柳井正氏が思い浮かびますが、創業者だからこそのパワーと言えそうです。ボトムアップで元気な会社というと、往年のリクルートや、近年のＤｅＮＡなどネット系企業ということになります。いわゆる大企業というと、トップダウンでもボトムアップでもないようです。あえて言うなら、前例主義ということになります。

4　日本企業よ暗黙知の共有に引きこもるな

暗黙知に基づく組織的な知識創造は日本人にしかできないのでしょうか。同質性が高いとされる日本人の特性にその理由があるのなら、知識創造をグローバル展開するのは無理なのでしょうか。

日本的な知識創造を、西洋的なスタイルと対比させてみると、次のような特徴があります。

第1に西洋では個人の中で知識創造が行われますが、日本ではミドルマネジャーに率いられた集団が知識創造を担います。

第2に西洋では文書化された形式知が重視されますが、日本では直感、比喩的言語、体験によって暗黙知が共有されます。

第3に西洋的組織は明確な分業が尊重されますが、日本的組織では境界があいまいです。

著者は知識創造のプロセスをSECI（共同化、表出化、連結化、内面化）の4段階に分けています。日本企業は暗黙知を暗黙知として伝える共同化と、形式知を暗黙知に変える内面化に強く、欧米企業は暗黙知を形式知化する表出化と、形式知を形式知に変換する連結化に強いと言えます。

米モトローラやゼネラル・エレクトリック（GE）が品質管理（QC）のために「シックス・シグマ」と呼ばれる手法を編み出したのは有名な話ですが、その原型は日本のカイゼン活動にあります。QCサークル活動は生産現場の労働者たちが経験的な暗黙知を共有して効率化を図るものですが、そのままでは海外では展開できません。

シックス・シグマはそうした暗黙知的な方法論を形式知に転換したものであり、日本的な強みと西洋的な強みを合わせた組織的知識創造が有効に機能した例と言えます。

日本的な強みのみに立脚していると、暗黙知が暗黙のまま留まってしまいます。著者は日本的な知識創造の落とし穴として、誤った多数派の意見や強硬な意見に流されやすい傾向がある点と、過去の成功体験に過剰適応しやすい点を挙げています。

ケーススタディ

新キャタピラー三菱であぶり出された企業文化の違い

『知識創造企業』では、日本企業が暗黙知の活用（共同化と内面化）に強く、欧米企業は形式知の活用（表出化と連結化）に強いという特徴を挙げています。この両者が統合されれば、グローバルな規模の組織的知識創造も可能になるのですが、それにはもちろん困難も伴います。両者のスタイルの違いがどのように摩擦を起こし、それを乗り越えるとどのような成果が上がるのでしょうか。それには、日本企業の海外での事業展開や、日本と欧米企業との合弁事業のケーススタディが示唆をもたらしてくれます。

本書で紹介されている事例の１つ、新キャタピラー三菱（現キャタピラージャパン）は、米国キャタピラーと三菱重工業との合弁会社キャタピラー三菱（１９６３年設立）が、三菱重工の油圧ショベル事業と合併して１９８７年に設立された会社です。その後、２００８年には三菱重工の出資比率が下がり、社名がキャタピラージャパンに変更され、２０１２年にキャタピラーの１００％子会社になりました。

当初から三菱重工は、自社の油圧ショベル技術に自信を持っていたため、キャタピラー三菱と三菱重工の油圧ショベル部門の合併交渉に関して、メリットが少ないとして１９７７年にいったん白紙に戻していました。しかし80年代になり、コマツが米国市場に参入して競争が激化し、キャタピラーが50年ぶりに赤字に転落すると情勢が変わり、２社の合併が実現しました。三菱重工から見ると、自社の技術をグローバルに展開する販路が開かれたことになります。

新会社が発足して、ＲＥＧＡシリーズという、日米欧の工場で生産される油圧ショベルの開発が始まりました。しかし、日本と米国の製品開発方式の違いが、次のような多くの衝突を引き起こしました。

①優先順位の違い

三菱重工ではコストを最重要視し、そのコストの中で品質のよいものを作ろうとしますが、訴訟社会の米国では安全性が最重視され、たとえ高価格であっても高性能なものを顧客は買うとキャタピラーは考えていました。

②開発思想の違い

三菱重工では研究開発（R&D）部門が主導して製品仕様を決めるため、最小コストが達成できないなら、仕様を変え、販売価格も引き下げます。しかしキャタピラーではマーケティング部門の意見が強く反映されます。利益の半分以上を部品とアフターサービスが稼ぎ出すので、ディーラーやユーザーにとっての価値が重視されていました。

③生産方式の違い

三菱重工では、プロトタイプ、パイロット機、量産準備が並行して行われるラグビー式でしたが、キャタピラーは前段階が終わってから後段階が始まるリレー式でした。

④設計思想の違い

三菱重工は、自社の明石工場の特長を生かして設計デザインも独自のものにしようと主張しましたが、キャタピラーは世界的に部品の互換性を保ちたいので、世界的標準化を主張しました。

これらの違いは、単なる言葉の壁によるものではなく、アプローチ方法の違いでした。最終的には新キャタピラー三菱が性能と安全性の点では妥協しないということ、進行については定期的にキャタピラーに報告するということを条件に、REGAプロジェクトの大枠は日本的な製品開発手法に任されることになりました。

【知識創造における日米のスタイルは対照的】

新キャタピラー三菱では、2人の本部長、2人の副本部長（それぞれ日本人と米国人）が机を並べて仕事をすることになり、多くの米国人エンジニア（最終時点の1992年には21人）が在籍してプロジェクトにあたりました。米国人はわからないことにすべてWhy?と質問したのですが、ほとんどの日本人は、なぜだ、なぜだ、と聞かれると答えられなくなったといいます。日本人エンジニアたちは、暗黙知に基づくコミュニケーションが外国人には通用しないことを思い知らされました。つまり、表出化（暗黙知の形式知への変換）が重要な課題となったのです。

日米欧の3工場で生産するための合同会議が開かれましたが、そもそもキャタピラーでは米国工場と欧州工場のエンジニアが顔を合わせることもなく、図面を送り合うだけの関係でした。一方、三菱重工のスタイルでは、設計部門と工場の関係が緩やかで、工場は現場で図面を修正していました。与えられた設計図に従わないことを誇る気風まであったのです。

キャタピラーのエンジニアは、完成製品の設計図だけでなく、製造プロセスの図面も作製し、

950あまりの組み立て作業手順にも詳細な文書説明を作成しました。まさに暗黙知を形式知化しようとしたのです。以前の日本人エンジニア同士の作業では、課長が「こう決めた」と言えば、「なぜ」と質問する人はいなかったのですが、外国人にもはっきりとあいまいなところがないように説明しなければならなくなったのです。

1991年、日本人の課長がキャタピラーの米国工場に赴任し、設計図に基づいて生産を行う際にぶつかる問題を、現場の人たちと一緒に解決するという仕事に就きました。キャタピラーにはこういう仕事はなく、そもそも設計者が工場を訪れることもありませんでした。日本的な現地・現物主義とは、まさに現場で暗黙知を共同化することです。

キャタピラーの工場では、コスト削減の意識もあまりありませんでした。米国に赴任した日本人課長が明石工場でのコスト削減の苦労話をするうちに、キャタピラー工場の米国人も興味を示すようになり、その課長の体験談と手書きのメモをもとに、米国人スタッフ数人が6カ月でコンピューターのコスト・モデリング・システムを作り出しました。これは米国人による連結化（形式知の新たな形式知への変換）の強みです。

こうして開発されたREGAは92年に発売され、販売計画を上回る実績を上げました。この開発プロジェクトにおいては、日本的な合同会議や現地・現物主義のような共同化の手段、ラグビー型の自己組織的な開発プロセスが用いられ、米国的な詳細図面、作業のマニュアル化といった表出化の手段と、コスト・モデリングという連結化の手段も用いられました。両者が共同チームを組むことによって、お互いの強み・弱みを認識し、相互補完を行うことができたのです。

海外で戦うには内向きすぎる日本企業

新キャタピラー三菱の事例は、日本企業の暗黙知の強みが、米国企業の形式知の強みと相互補完することで効果を発揮した例でした。トヨタ自動車の生産管理のノウハウも、両社の強みを生かす形で、マザー工場を核にした海外展開が行われています。例えば北米に新工場を建設する際には、そこの工場管理職たちが一定期間トヨタの日本の工場で働いて、共同体験を通じて暗黙知を吸収し、北米で展開します。近年では、南米での工場建設に際して、北米の工場がマザー工場の役割を果たしているともいいます。また、トヨタは自社の企業理念を「トヨタ・ウェイ」としてまとめ、その英語版も作成しました。トヨタが急速に世界での販売台数を拡大した背景には、そうした努力もあったのです。

グローバルに売り上げ規模を成長させ続けている会社であれば、海外へのノウハウ展開が急務であり、暗黙知のままではなく、形式知化も図っていく必要に迫られています。しかし、売り上げが停滞している会社が、コストダウンのために海外移転する場合は、そこまでの努力を行う必要はなく、むしろ国内工場は高付加価値化、海外工場は単純生産、という分業で十分なのかもしれません。

国内で、あうんの呼吸が通じる下請けメーカーと暗黙知を共有し、得意の「すりあわせ」で低コスト化を目指していれば、継続的にコスト効率は上がっていきます。しかし、急拡大する新興国市場には、段違いに低コストの商品も投入しないといけません。そのためには、現地の社員も巻き込んで、新たな商品コンセプトの設計から行わないといけないはずです。一部の企業は、そこまで踏み込んでいるのですが、多くの企業は、国内で心地よく暗黙知の共有に引きこもっているのではないでしょうか。

本書がケーススタディとして取り上げた事例は１９８０年代のものが中心で、その当時はまだ製品輸出によるグローバル化が中心でした。新キャタピラー三菱のように日米の文化が衝突するほどのプロジェクトは当時まだ珍しく、日本企業の現地の組み立て工場に日本人が赴任して現地エンジニアを教育する程度でも十分に先進的でした。

しかし、今の時代にその程度のグローバル化では海外のライバルに引き離されてしまいます。品質管理のノウハウはすでにかなり形式知化されて普及しています。欧米企業が新興国企業と組んで、形式知化されたノウハウを最大限に活用すれば、かなりのスピードで事業を拡張することも可能でしょう。それに対して、日本国内で暗黙知の世界にこもっていては周回遅れになってしまいます。海外企業と連携して、暗黙知と形式知の強みを組み合わせることが、今後のグローバル競争を勝ち抜いていくための鍵になるのではないでしょうか。

『経営戦略の論理〈第4版〉』

伊丹敬之著

戦略が成功するための5つの適合要因

岸本義之

（PwCコンサルティングStrategy&　シニア・エグゼクティブ・アドバイザー）

経営戦略の論理〈第4版〉――ダイナミック適合と不均衡ダイナミズム
日本経済新聞出版社、2012年／伊丹敬之

1

「情報」という見えざる資産――成功する経営には論理がある

『経営戦略の論理』は一橋大学名誉教授の伊丹敬之氏の代表作で、1980年に初版が刊行され、2012年に第4版が刊行された40年を超すロングセラーです。この本は、成功する経営戦略には偶然ではない論理があると解明しています。

今でこそ、企業の経営資源はヒト、モノ、カネ、情報の4つだと広く理解されていますが、4つ目の情報を「見えざる資産」と名付け、その重要性を強調したのが、40年前のこの本です。

本書では成功する戦略は5つの要因にうまく適合しているといいます。5つとは顧客、競争、資源、技術、心理です。前2者は外的要因、後3者は内的要因です。

著者は適合という言葉を能動的な意味で使っています。顧客ニーズをそのまま受け入れるのは受動的な適合ですが、それでは多様な製品を安く売るだけになり、利益が上がりにくくなります。

能動的な適合では顧客ニーズを先取りし市場を創造します。競合に対しても自社の強みを生かし、弱みを突きます。

より高いレベルではテコ的な適合があると指摘しています。顧客が顧客を呼ぶような状態や、競合が反撃しにくくなる状況を作り出すことが、テコ的な適合です。

内的要因に関しても、今ある経営資源の範囲で間に合わせる受動的適合ではなく、経営資源をよりよく生かすことも可能です。ヒト、モノ、カネは簡単には増えませんが、見えざる資産の情報はうまく使えば、増やすことができます。

戦略を実行して、見えざる資産が蓄積されるというサイクルを描くものが、成功する経営戦略なのです。身の丈の適合ではなく、ストレッチした適合を目指すことが可能になるのです。

身の丈に甘んじてじり貧に陥る企業や、むちゃな投資で経営難になる企業が多いのですが、本書が今も読まれているのは、そうした状況から脱出するヒントがあるからではないでしょうか。

ケーススタディ

清水焼が源流の村田製作所

前述の通り、1980年に初版が刊行され、2012年に改訂第4版が刊行された『経営戦略の論理』は、40年を超えて内容を進化させてきたという珍しい経営書です。本書では第3版以降、ケースブックという別冊も刊行されています。本書の章立てに合わせて、内容をより理解できるように企業の実例を紹介していて、その内容も第4版の刊行時に刷新されています。

同ケースブックで紹介されている事例の1つ、村田製作所は、もともとは京都の清水焼を源流とする企業です。同社の創業者、村田昭氏は、1939年に父の経営する村田製陶所を手伝い始めます。船舶用の電灯ソケットに使われる電気用碍子（がいし）などを製造していた同社で昭氏は営業の仕事をしていましたが、商売を大きくしようとすると、同業者より安くしないと注文はもらえないということに気づき、新たな分野を手掛けようと考えました。

最初は、大学の研究室などで使う坩堝（るつぼ）や燃焼管などの特殊磁器を手掛けようとしたのですが、これらは村田製陶所の登り窯では温度が低くて焼けません。しかし、「坩堝を受ける三角架の焼き物にひびが入って困る」という声を耳にした昭氏は、三角架であれば今の窯でも焼けると考え、材料や形状を工夫した小型炉を考案しました。

同じ頃、島津製作所から航空機部品の精密特殊陶器の製作を依頼されたものの、これも当時の村田製陶所では作れず、外部の金型工場などからも協力を断られるという「初モノ」でしたが、試行錯誤の末に何とか作り上げることができました。

さらに三菱電機の購買担当者から、酸化チタン磁器コンデンサの依頼も受けました。これまで扱ってきた磁器は絶縁物としての用途でしたが、今度は誘電体という新分野です。しかも三菱電機の技術者がなかなか製品化できなかったという「初モノ」でしたが、1944年に製品化に成功しました。このときに、村田昭氏は村田製陶所をやめ、村田製作所という企業を創業したのです。

「斜め飛び」で技術革新を連発

この酸化チタン磁器コンデンサは、軍事用通信機器向けが中心だったため、終戦とともに需要がなくなってしまいました。しかし、1947年頃からラジオ局が多く開局するようになり、同社が真空管ラジオ用の酸化チタン磁器コンデンサの寿命改善に成功したこともあって、生産が急増します。この頃同社は京都大学の研究に協力し、より性能の優れたチタン酸バリウムコンデンサの開発にも成功しています。

その後、1963年に村田昭氏が米エミー社の工場を見学したことをきっかけに、村田製作所はチップ積層コンデンサの開発に着手します。長い開発期間は要しましたが、製造技術を確立することができ、現在に至るまで続く小型化・高容量化の技術革新を支える基盤になりました。

こうした技術革新を可能にするために同社は、材料、プロセス、設計、生産、分析、評価といった一連の技術開発を社内で一貫して行っています。現在でも製造の上流工程は国内で行い、中間製品を海外の製造会社へ供給しています。セラミックと金属の層が交互に入った構造のものを一体として焼き固めるには熟練労働者の勘と経験が不可欠なためです。

村田製作所では、1940年代の、絶縁体としての磁器からコンデンサという電子部品への進出を「斜め飛び」と表現することがあるといいます。販売先も機械メーカーから電器メーカーへと変わり、少量生産から大量生産へ、高単価製品から低単価製品へとも変わりました。新たな技術で新たな市場を切り開くことが「斜め飛び」です。

第2の「斜め飛び」は、1960年代の圧電製品への進出です。チタン酸バリウムには圧電（電気を振動に変える）性能もあるのですが、京大教授のアドバイスをもとに、圧電特性を生かして不必要な電波を遮断して必要な電波だけを流すという通信機用フィルタの開発に着手しました。

6年の歳月はかかりましたが、材料をチタン酸ジルコン酸塩に変更するなどして、1961年に開発に成功しました。最初のフィルタはAMラジオ用でしたが、のちにテレビ用、移動体通信用などに展開しました。これも、誘電体から圧電体、ラジオから通信機器市場へという「斜め飛び」です。

「初モノ」への果断な挑戦――顧客ニーズにこだわる

村田製作所の2011年度売上高の分野別比率はコンデンサ36%、圧電製品14%、その他コンポーネント（EMIフィルタなど）19%、通信モジュール22%、電源他が9%となっていて、創業時の商品であるコンデンサが今でも最大事業分野です。第2の分野である圧電製品も14%あり、これは通信モジュールにも使われています。

誘電から圧電への「斜め飛び」の次は、磁性技術への応用で、電磁障害対策部品であるEMIフィルタがそうした製品です。また、モジュールというのも、部品単体のビジネスから複数部品の組み合わせモジュール事業への「斜め飛び」と言えます。セラミック材料という地面は共通しているのですが、使う技術と、対象市場が異なる分野に次々と展開したのです。「斜め飛び」だけではなく、同じ技術を応用させた「技術のにじみ出し」や、同じ事業分野向けに異なる技術を取り込む「事業のにじみ出し」（提携や買収を伴うこともある）も、同社の事業展開のパターンです。

村田製作所がこのような事業展開で成長できた理由の1つは、同社の技術的な強みが受動部品（電気信号の増幅などをしない部品）にあったためと見ることができます。能動素子（電気信号を増幅する素子）は、真空管、トランジスタ、集積回路（IC）と非連続的に進化したのですが、受動部品は連続的な技術進化であり、世代交代によるプレーヤー交代も起きにくかったのです。この連続的な技術変化の中心にいることができたのが、村田製作所です。

もう1つの重要な理由は、「初モノ」の要請に応えるという行動パターンを創業時から持ち続けていたという点でしょう。既存の商品のままで商売を大きくしようとすると、同業者より安くしないと注文はもらえないという気づきが、創業の原点でした。京大の実験室や、島津製作所、三菱電機などからの「初モノ」の要請に応えることで、同質的な安値競争に陥ることを避けることができたのです。社外の専門家の知恵を借りつつ、社内の一貫体制という資源を活用して、困難な「初モノ」に挑戦し、成功してきたと言えます。

70年の歴史からにじみ出る「5つの戦略的適合」

『経営戦略の論理』では、5つの戦略的適合の観点から戦略を分析しています。ここで村田製作所の事例を、その枠組みにあてはめてみましょう。

顧客適合に関しては、今いる顧客のニーズに受動的に適合するのではなく、「初モノ」を必要とする顧客を選択しています。このことによって、同質的な安値競争に陥ることを避け、新たな技術を獲得する機会を得ているのです。ここで獲得した技術は、他の一般顧客に展開して利益回収を図るという構図になります。こうした顧客ミックスの関係は、著者のいう「テコ的な適合」の一例にあたります。

競争適合に関しては、「初モノ」に挑戦するがゆえに、競争が少ないエリアを選択することができます。他社は後から追随してくるでしょうが、先端ニーズを先に理解しているという先行者のメリットがあります。

資源適合に関しては、セラミックに関する技術開発を社内で一貫して行っており、製造の上流工程は国内で行っています。このために、「見えざる資産」である技術的ノウハウ、用途に関する知見などを、自社内で蓄積し、共通利用できるようになっています。

技術適合に関しては、受動部品としてのセラミック技術をコアとして連続的に「斜め飛び」の進化を続けることができてきました。能動素子のように世代交代で主役が突然交代することがないのは、「筋のいい」技術を選択できた結果かもしれません。

心理適合に関しては、「初モノ」「斜め飛び」に挑戦する企業カルチャーが形成されたため、既存の技術と市場の周辺だけに安住する「身の丈」経営に陥らずに済んだとみることができます。

このように見てみると、村田製作所のここまでの約70年は、これら5つの要因に対して、受け身ではなく、能動的に選択し、働きかけてきた歴史であったと言えます。「斜め飛び」は、今までの事業とは異なるためにストレッチを要しますが、「見えざる資産」が活用できる分野であればこそ、そうしたストレッチが実現できるのです。

2 「顧客は誰だ」——ヤマト運輸が宅急便で探り当てた巨大な鉱脈

本書では成功する戦略には5つの要因への適合が必要だとしています。その1つの顧客適合について見てみましょう。

経営戦略の原点は顧客にあると著者は言います。いくら商品開発を短期化しても、顧客ニーズに合わない商品を出し続けていては、業績は伸びません。明確な意図と論理の下、「誰が顧客か」を定義すべきです。

顧客ターゲットを明確化するには捨てる覚悟も必要です。1976年にヤマト運輸が宅急便を開始したときのターゲットは主婦を中心とする個人で、百貨店などの配送からは手を引きました。そして主婦にわかりやすいように集配の簡便さ、全国一律価格、荷造り不要などを打ち出しました。

ターゲットを絞り込むことで商品コンセプトが明確になると、ターゲット周辺の顧客もその利便性に気がつき、利用するようになります。絞り込むことで広がりが生まれることもあるのです。

適合という言葉を著者は能動的な意味で使っていますが、顧客ニーズを先取りすることも能動的適合です。不確実な変化に対しても顧客との直接の接点を持つなどして、変化を先んじて察知できることと、それに対応する「見えざる資産」を蓄積することが重要です。

著者はより高いレベルのテコ的な適合もあるとしています。ある顧客が新商品を使い始めると、周囲がそれをマネしたり、商品に満足した顧客が周囲にそれを推奨したりするような効果がそれにあたります。

意図的に顧客ミックスを作り出すことも同様です。例えば、早期から商品を買ってくれる顧客や商品改良にうるさく注文をつける顧客と、そこで蓄積された「見えざる資産」を活用して量産化した製品を買って利益をもたらしてくれる顧客、という組み合わせです。

将来の成長を見越して能動的に働きかけていくことが、企業の成功には重要です。顧客を能動的に選ぶことも戦略的な適合なのです。

ケーススタディ

最初は主婦がターゲットだった宅急便

『経営戦略の論理』が示す5つの戦略的適合のうち、顧客適合の事例として本書および別冊ケースブックで紹介されているのが、ヤマト運輸の宅急便です。

ヤマト運輸は1919年に創業し、1935年には関東一円にネットワークを持つ運送会社になり、戦前には「日本有数のトラック会社」と認められる業績でした。戦後は、通運（鉄道コンテナ等を使い発戸口から着戸口まで貨物を運ぶこと）や百貨店貨物へと事業を拡大しました。しかし、鉄道主体だった長距離輸送がトラック主体に切り替わった時期に、その流れに乗り遅れてしまい、業績が低迷しました。

運輸業の中心にあるのは「B2B」の商業貨物です。お歳暮やお中元などの百貨店貨物は「B2C」にあたり、個人間の輸送が「C2C」となります。C2Cの運送は、引っ越しを除けば郵便局の小包（現在のゆうパック）のほぼ独占で、他には鉄道小荷物（86年に廃止されたチッキ）があるだけでした。

71年に父の後を継いでヤマト運輸の二代目社長に就任した小倉昌男氏は、このC2Cに参入しようと考えました。競争相手が郵便局しかいないので、一旦参入できれば、競争環境上は魅力的です。しかし、個人から荷物を集めて個人宛てに配達するのは手間がかかります。ネットワークを築くための莫大な投資を回収するためには、最初から利用者を大きく増やさないと、採算が合うまでに長い年月がかかってしまいます。

小倉社長は75年に役員会での承認を受け、社内ワーキンググループでの検討を開始しました。当時有名になった海外旅行のパッケージ「ジャルパック」のように、すべてがセットになっていて誰でも気軽に利用できるようにしたい、特に小包のような荷物を出す主婦に気軽に使ってもらえるようにしたいと考え、「頼みやすい」「料金体系が分かりやすい」「荷造り不要」「翌日届く」をコンセプトとして掲げました。

「頼みやすい」ために、荷物一つでも家庭に集荷に行くことにし、商店（特に酒屋と米屋）を取次店にしました。郵便局は集荷をしていないので、これは大きな違いになります。「料金体系が分かりやすい」ために地域帯別の均一料金で、郵便小包より高くない水準にしました。「荷造り不要」は、特に鉄道小荷物で何度も叱られてやり直すという経験をした人に、アピールすると思われました。そして「翌日届く」を原則にしたのです。

ただ早いというだけでは主婦の心理に響かないので、（当初は東京23区内と関東6県の市部限定ではありましたが）「翌日配達」と集配車の側面に書きました。こうして宅急便がスタートしたのは76年のことでした。

【三越・松下電器との決別――あえて大口顧客を捨てる】

宅急便を始めた当初、ベテラン運転手は手間がかかる集配や伝票記入を嫌がり、大型トラックの運転のほうを「偉い」とみなしていました。しかし、商業貨物では荷主に使われ、怒鳴られていたのに、宅急便では必ず「ご苦労さま」「ありがとう」と言ってもらえるので、宅急便のほうに働きがいを感じるようになったといいます。

１９７９年には、創業当初からの安定した荷主だった三越の百貨店配送業務から撤退しました。Ｂ２Ｃである百貨店配送は、Ｃ２Ｃに似た点もあったのですが、小倉社長はあえて撤退を決断しました。

同年、松下電器（現パナソニック）との取引も解消しました。ヤマト運輸にとって最大の取引先でしたが、家電を工場から大量に輸送するＢ２Ｂビジネスは、宅急便とはかけ離れたものでした。商業貨物を減らすようにと指示をしてもなかなか減らなかったのですが、このことによって、いよいよ後がないというムードを社内に植え付けたのです。この結果もあり、宅急便の取扱個数は、79年の２２２６万個から翌80年には３３４０万個に増加し、損益分岐点を超えて経常利益率５・６％を記録しました。

大口顧客からの撤退は、顧客を主体的に選択する大きな決断でした。加えて、個人顧客の中でも主婦をターゲットにするという意味で、宅急便は顧客ターゲットを主体的に選択しました。ターゲットをあえて狭くしたので、「頼みやすい」「料金体系が分かりやすい」「荷造り不要」「翌日届く」のコンセプトを設定できたのです。漠然と個人顧客を想定していたら、こうはならなかったでしょう。

「一兎を徹底して追うものは、結果的に二兎を得る」というのが、宅急便に起きたことです。このサービスが奏功すれば、主婦以外の人も利用しないはずはないのです。例えば、のちに登場したゴルフ宅急便が主婦向けでないことは明白です。ちなみに、このサービスは、ゴルフ場へコンペの賞品を宅急便で送ろうとした顧客が、「ついでにゴルフバッグも送れないか」と問い合わせたことがきっかけになって商品化されたといいます。

「サービスが先、利益は後」——すべては顧客のために

宅急便を全国展開するには、全国各地でトラック運送事業の免許を取るために当時の運輸省と様々な争いを起こすことになりましたが、営業所を全国に開設するための投資も必要でした。全国くまなく、30分以内で集荷に行くためには、警察署（緊急出動要請から30分以内に駆けつけることになっています）と同程度の数、すなわち1200カ所が必要だと判断しました。また、各営業所には最初から最低5台の集配車を配置しました。「翌日届く」を確実にするには、そのレベルが必要だったからです。

このとき、小倉社長は「サービスが先、利益は後」という標語を社員に示したといいます。目先の採算のためにサービスレベルを下げるのではなく、すごく便利なサービスだという評判

を早く高めて、取扱数量を増やすほうが得策だと判断したのです。

それでも、遠距離（例えば東京から岡山以遠）だと、翌日ではなく3日目でないと配達できませんでした。そこで、1日2便制にしました。午前中の荷物を1回ベースに集め、午後の荷物をまたベースに集めるだけなので、末端の集配車の台数は増えないのですが、ベース間の運行車の台数は2倍必要になります。ここでも「サービスが先、利益は後」ということで、まずはサービスレベルの向上を先にしたのです。

その後もサービスの拡充は続きます。1983年に開始した「スキー宅急便」のためには雪上車の開発まで行いました。89年には「夜間お届け」を開始します。在宅率が低下するなかで不在の持ち戻りが増えるのですが、最初から夜間（午後6～8時）を指定してもらえれば二度手間は減ります。98年からはさらに進んで「時間帯お届けサービス」を導入し、2002年には「宅急便メール通知サービス」も登場しました。時間帯指定という細かいサービスのためには情報システムもレベルアップする投資を行いました。

2003年には、約2000カ所あった営業所を約5600カ所のエリアセンターに分けて、権限移譲を進めました。営業所には平均20人以上のドライバーがいたのですが、これを7～10人の小集団にして、地域の密着度を高めたのです。どうすれば初回配達率を高められるかなどの工夫を共有しやすくしようという狙いがあったといいます。

ヤマトの戦略は「むちゃ」ではなかった――市場創造の鉄則とは

『経営戦略の論理』では、5つの戦略的適合の観点から戦略を分析しています。ここでヤマト運輸の事例を、その枠組みにあてはめてみましょう。

顧客適合に関しては、商業貨物の顧客を捨て、主婦をターゲットとして主体的に顧客を選択しています。このことによって、サービスの訴求点をより明確化することができました。また、顧客の声をもとに新サービスを次々と開発し、ニーズの先取りにも成功してきました。顧客との接点を自社が持っていて、そこから上がる情報（見えざる資産）を活用できる仕組みがあったと言えます。

そもそも、C2Cのビジネスでは、送る側（宅急便を利用している）から受け取る側（宅急便を知らないかもしれない）に、サービスを紹介していることにもなるので、「顧客が顧客を呼ぶ」というテコ的な適応にもなっています。

競争適合に関しては、郵便局の小包という既存の巨人に対して、反撃の難しいサービスで挑戦しています。一個でも家庭まで集荷するサービスや、翌日配送や、時間帯お届けというのは、数日で届けることを前提に組み上げられていた郵便小包の仕組みの中では追随が非常に困難でした。このように、競争相手の弱みを知って、直接的な衝突が起きないようにすることや、反撃をしにくくすることを、著者はテコ的な競争適合と呼んでいます。

資源適合に関しては、密度の高い拠点網を全国に作り上げたことが、能動的な適合にあたります。著者の定義によると資源を遊休させずに利用しつくすことが能動的な資源適合なのですが、ヤマト運輸の場合、将来を見越して拠点網や集配車を多めに配置し、それを遊休させずに済むように取扱個数を増やしていきました。

技術適合に関しては、荷物データだけではなく、個人顧客の会員データも用いてメール通知サービスを行えるというシステムなどにも投資した点が、能動的な技術適合にあたります。

心理適合に関しては、「サービスが先、利益は後」というメッセージのもとに、目先の利益を追うのではなく、顧客サービスのレベルアップの策を次々と打って不均衡を意図的に創出した点が、テコ的な心理適合にあたります。

つまり、ヤマト運輸の宅急便のここまでの40年弱は、これら5つの要因に対して、能動的に働きかけ、市場を創造してきた歴史でした。そのためには先行投資が大きくかかりましたが、それはむちゃな投資ではなく、サービスレベルが上がればビジネスは増えるという企図に基づくものでした。

むちゃな投資の多くは、特に競合の動きを読み切れない場合（競合も同様の投資を行って過当競争に陥る）に起こりがちですが、ヤマト運輸の場合は、競合が反撃しにくいような戦い方を仕掛けたので、需要の増加分を自社に取り込むことができたと言えます。

3　「ただ乗り」こそ真のシナジー——東レが実現した1＋1＝3

成功する戦略に必要な5つの適合のうち、資源、技術、心理が内的な要因です。ここでは資源適合を見てみましょう。

顧客、競争という外部要因に適合できたとしても、それを継続的なものにするには企業内部の要因とも適合しなければなりません。必要な経営資源を維持、獲得できるか、技術を望ましい形に進化できるか、などの課題があるのです。

経営資源とはヒト、モノ、カネと「見えざる資産」たる情報です。戦略の実行に必要な資源の確保は最低限の要件ですが、特にノウハウなど「見えざる資産」は自社で十分と思っていても実は不足していたということもありえます。

一方、自社で思う以上にあるが活用されていない場合もありえます。経営資源は利用しつくすという観点が重要です。

より高いレベルのテコ的な適合では、戦略を実行して得られた資源をさらに活用するというサイクルが考えられます。例えば、相乗効果（シナジー）とは、ある事業で獲得した資源を他事業がうまく「ただ乗り」している状態を指します。ただし、モノやカネという資源の場合、ある事業で空いた生産能力を他事業に回すことは相乗効果ではなく、相補効果と著者は呼んでいます。

真の相乗効果とは、「見えざる資産」を他事業に転用できる場合です。複数の既存事業がノウハウを共用していればこそ、1＋1＝3という関係が実現可能です。

この「ただ乗り」関係は、現在の事業と将来の事業でも成り立ちえます。これを著者はダイナミック・シナジーと呼んでいます。カシオ計算機は機械式計算機から電卓に展開し、そこで得た大規模集積回路（LSI）の設計ノウハウをテコに電子機器ビジネスに展開しました。現在は足りないかもしれない資源を戦略実行の過程で獲得し、増大させ、それをテコに新たな成長に進むというのが、ダイナミックな戦略的適合なのです。

ケーススタディ　繊維を成長産業に再定義した東レ

『経営戦略の論理』が示す5つの戦略的適合のうち、資源適合の事例として別冊ケースブックで紹介されているのが、東レです。東レは繊維メーカーという基盤を重視したことによって、多様な先端技術への広がりを獲得することに成功した企業です。

東レはもともと、1926年に創業したレーヨン（人造絹糸）のメーカーですが、戦後は合成繊維への進出を図り、米国デュポンに特許料を払って1951年にナイロン繊維の事業化を果たしました。55年にはナイロン繊維の売り上げがレーヨンを上回るようになり、高分子化学の知識や生産技術が社内に蓄積されるようになりました。続いて、57年には英国ICIと提携してポリエステルの技術を導入し、さらにアクリルを加えて合成繊維の3分野を押さえました。

しかし、繊維の国内市場は飽和が予見されたため、いち早く海外輸出に展開を始め、さらに他分野への多角化も志向しました。実際、70年代には繊維事業が落ち込みを見せましたが、それを補う伸びを示したのが、プラスティック（樹脂事業とフィルム事業）でした。樹脂事業に関しては、ナイロン繊維で得た高分子化学の知識と生産技術、原材料調達の強みを生かしつつ、押出成型などの加工技術を外部から導入して用途開発を進め、顧客に提案しながら、市場を作り出したのです。フィルム事業に関しても、ポリエステル繊維と同時に導入したフィルム技術をベースに拡大し、のちにビデオテープや、液晶ディスプレー用光学フィルムなどに用途を拡大していきました。

70年代の繊維不況下にあっても、東レはフィルム事業の好調もあって堅調な業績でしたが、旭化成や帝人はむしろ脱繊維路線による多角化（医薬、食品、建材・住宅など）を推し進め、経常利益で東レを追い越しました。東レも85年の長期経営ビジョンで「非繊維比率60％への拡大」という脱繊維路線を掲げましたが、翌年以降の円高不況を受けて利益が低下し、繊維事業は56億円の赤字を出すまでに落ち込みました。

そのようななか、87年に就任した前田勝之助社長（当時）は、路線を大きく転換し、「繊維産業は成長産業」「繊維は東レの基幹事業」と再定義して経営改革に乗り出しました。ゴルフ場やホテルへの投資は中止し、国内工場の近代化投資を行って、繊維の多品種多様化に対応できる設備へと切り替えを行ったのです。

5人の社長が赤字に耐えた炭素繊維事業

繊維事業の改革に成功した東レは、「有機合成、高分子化学をベースにした総合化学会社」として、5つの戦略的事業分野を選択しました。それらは、電子材料、複合材料、医薬・ヘルスケア・ファインケミカル、情報・サービス、アプリケーション・イノベーション・ビジネス（不織布、高性能クリーナー）です。「東レの繊維事業は総売上の70％を占め、技術、生産ノウハウなどの貴重な経営資源を豊富に持っている。これを有効活用することこそ経営者のやるべきこと」

と前田社長（当時）は語っています。

このときに選択された戦略的事業分野の代表例が、のちに大きな収益貢献を果たす炭素繊維事業ですが、榊原定征会長（当時）が「5人の社長が赤字に耐えた」と語るほど、多くの困難に直面し、研究開始から50年もかかって収益化した事業です。この分野には一時は欧米の大手化学会社なども多く参入しましたが、競争が厳しくなったためにほとんどが撤退し、東レと東邦テナックス、三菱レイヨンの3社で75％（PAN系炭素繊維の生産能力シェア）を占めています。

東レの炭素繊維の歴史は1967年にさかのぼります。重合過程で用いる添加剤HEN（ヒドロキシエチルアクリロニトリル）を合成することに成功し、これを用いて71年に世界で初めて炭素繊維を工業的に実用化しました。しかし、この当時は炭素繊維を用いる市場がまだなかったため、東レが自ら、釣り竿やゴルフクラブなどの用途を開発し、75年には航空機の二次構造材に採用されることになりました。その後に他社が参入して競争が激化しましたが、82年にフランスのエルフとペシネーとの合弁会社を設立（87年にエルフは合弁から撤退）、89年にはこの合弁会社を通じてエアバスの航空機の一次構造材に独占供給できるようになりました。90年にはボーイングB777の一次構造プリプレグにも採用されました。

その後、ボーイングとは2006～21年の独占供給契約（総額60億ドル分）を結びましたが、2014年11月にその契約をさらに10年延長し、その10年の供給総額が1兆円を超えるということで大きな話題になりました。一方のエアバスとも、2010～24年の長期供給基本契約を締結しており、炭素繊維は大きく売り上げに貢献することになりました。

【ユニクロ、液晶、ハイブリッド車……繊維が生んだ「飯の種」】

1990年代のバブル崩壊、97年のアジア通貨危機、2000年のITバブル崩壊などの困難な時期を経て、2002年に就任した榊原定征社長（当時）も、やはり「繊維は成長産業、繊維は中核産業」と位置付けて本社資源を繊維に投入する姿勢を明確にし、繊維事業を短期間で黒字に回復させました。「そもそも炭素繊維だって繊維です。フィルム、水処理、海水淡水化装置も元の技術は繊維。繊維は大変なハイテクだ。繊維から派生したいろいろな製品で今われわれは飯を食っているんです」と、2007年のインタビューに榊原社長（当時）は答えています。

衣料品向けの繊維において、この頃に取り組みが加速したのがファーストリテイリングのユニクロとの共同開発です。ユニクロとの取引は99年に東レがジャンパー向けの素材を提供したことに始まり、2000年には社内にユニクロとの取引を扱う専門部署「GO推進室（グローバル・オペレーション）」を設置しました。そして「ヒートテック」「シルキードライ」などのヒット商品を開発したのです。ヒートテックは素材調達から布地生産まで東レが担っているのですが、大量の供給を可能にする原料の調達力と、4種類の糸を均一に紡織する技術力を持つ東レでないと対応できなかったと言われています。

日本の衣料品市場自体は縮小しており、旭化成と三菱レイヨンはポリエステル長繊維の生産から撤退し、帝人も同事業の国内生産の撤退を発表しました。こうしたなか、ナイロン、ポリエステル、アクリルの三大合成繊維を国内で生産できるのは東レだけとなりました。

2010年に就任した日覺昭廣社長もまた「液晶パネル用フィルムも炭素繊維も水処理用の膜も、すべて繊維事業で培った技術が基になっている」「繊維事業で勝つには、他社にない新しい素材が不可欠。ユニクロとの共同開発で成功したヒートテックがいい例だ。こうした高機能素材の研究開発拠点として、国内に生産工場を維持する必要がある」と語っています。情報・通信・エレクトロニクスの分野では、ポリエステルフィルムをもとにして液晶ディスプレーの部材が使用されていますし、自動車分野では、ポリプロピレンフィルムをもとにしたハイブリッドカー向けのコンデンサフィルムでトップシェアを占めています。

繊維で培った技術と、調達、生産、開発などの経営資源、そして顧客とともに用途開発を推し進める成功パターン。逆説的ではありますが、繊維に依拠する強みがあったからこそ、今の「先端材料の東レ」が成り立っているのです。

【用途開発を重視してストレッチをかけてきた東レ】

『経営戦略の論理』では、5つの戦略的適合の観点から戦略を分析しています。ここで東レの事例を、その枠組みにあてはめてみましょう。

顧客適合に関しては、大口顧客と協働して新たな商品や用途を開発することが、東レの勝ちパターンの特徴の1つです。ニーズに受動的に対応するのではなく、ニーズを先取りするための共同開発を能動的に行っているのです。ボーイングやユニクロなどと最先端の素材を開発することは、「見えざる資産」の獲得にも大きく貢献しています。

競争適合に関しては、帝人や旭化成（炭素繊維においては欧米勢）が見切りをつけるほどの不採算事業にもあえて残り、ライバルの少なくなった市場で残存者利益を得ようとしています。

技術適合に関しては、繊維で得た技術やノウハウ（見えざる資産）を先端素材分野に応用するというパターンが、能動的な技術適合にあたります。そのためにあえて「繊維は中核産業」という発言を歴代トップがすることで意識的にメッセージを発信してきたと言えるでしょう。

心理適合に関しては、このような歴代トップのメッセージや、顧客との共同による用途開発による成功パターンがあったからこそ、炭素繊維などの困難なチャレンジに挑み続けられたと見ることができ、これがテコ的な心理適合にあたります。

資源適合に関しては、著者のいうダイナミック・シナジー（テコ的な資源適合の一種）にあてはまっています。繊維で培った技術（高分子化学や、生産加工の知識）や原材料調達力だけではなく、顧客企業とともに用途開発に注力するという組織文化があったために、衣料品だけでなく、情報・通信・エレクトロニクス、自動車、航空機といった業界における知識（見えざる資産）が社内に蓄積してきたと見ることができます。普通の素材メーカーであれば、自動車メーカーなどからの依頼を受けてから、当該素材を受け持つ部門が受動的に対応するところですが、東レの場合は従来型素材の時代からの協働を通じて、その用途に求められる機能は何かを理解していて、新素材の用途開発の提案も初期段階から能動的に行えるようになるわけです。

用途の側に軸足を置くということは、新たなニーズに対応する素材や技術を能動的に探索・開発せざるを得なくなることであり、ストレッチがかかります。逆に自社の素材の側に軸足を置いていると、その素材が適していると判明している用途へのバイアスがかかり、身の丈の成長にとどまってしまう危険性があります。このように、ストレッチがかかることで成長していくことが、著者のいう不均衡ダイナミズムと言えるでしょう。

4　アップルが作り出した「不均衡」——能力を超える成長を得るために

成功戦略に必要なのは受動的な適合だけではありません。本書では不均衡ダイナミズムという概念が提唱されています。

自社から働きかける能動的な適合、さらには「見えざる資産」を活用したテコ的な適合というようにより高レベルの適合が重要になります。

特に情報という「見えざる資産」は学習を通じて蓄積していきます。学習を行う主体は人間ですから、人を動かすための心理的働きかけも戦略成功のカギになります。

本書以前の戦略論では不均衡は矛盾であり、非合理と扱いがちでした。適合というテーマを掲げた本書が不均衡という結論に至るのはやや不思議かもしれません。

顧客適合では消費者調査を綿密にしても今のニーズに応えるだけで、その商品を市場に投入する頃には時代遅れになりがちです。しかし、宅急便サービスのように潜在ニーズや未知のニーズを「先取り」できれば、市場の創造になり、不均衡を作り出せます。

不均衡を作り出すことは競合との差別化につながります。そのためには事業運営の方法（ビジネスシステム）も他社が模倣しにくいものに設計しなくてはいけません。新たなビジネスシステムはそれ自体がまた不均衡を生む可能性があります。

アップルは携帯型音楽プレーヤー「ｉＰｏｄ」を出す際、音楽ダウンロードサービス「ｉＴｕｎｅｓ」を始めました。これはＣＤ販売企業との間に大きな不均衡を生み出し、競合する電子機器メーカーとも圧倒的な差別化を実現しました。

「カニは己の甲羅に似せて穴を掘る」と言いますが、身の丈に合った戦略だけでは成長できません。あえて能力以上の挑戦をし、不均衡を作り出していくというのが、著者のいう不均衡ダイナミズムです。

大企業にはカニの甲羅の力学が強く働きがちですが、それを打破することが新たな成長に求められているのです。

ケーススタディ　既存市場の不均衡を自ら演出したアップル

『経営戦略の論理』が示している不均衡ダイナミズムの事例として別冊ケースブックで紹介されているのが、アップルです。アップルは１９７７年に法人設立し、84年にマッキントッシュというパソコンを発売してヒットさせましたが、それ以降も、ユニークな商品とサービスで新たな市場を切り開いてきました。

2001年10月、アップルはデジタル・オーディオ・プレーヤーのiPodを発表しました。これに先んじて同年1月にはiTunesという音楽再生管理ソフトウェアをリリースし、2003年4月にはiTunes Music Storeという音楽配信サービスを開始しました。以前はカセットテープやCD、MDなどのプレーヤーを携帯して音楽を聴くことが一般的でしたが、これをより小型化・大容量化し、使いやすくしたのがアップルのiPodとiTunesでした。

そのiPodが順調に成長を遂げていた2005年、アップルのCEO（最高経営責任者、当時）のスティーブ・ジョブズ氏は取締役会で、ある懸念を表明しました。デジタルカメラがカメラ付き携帯電話に押されているのと同様に、音楽プレーヤーも携帯電話に徹底的にやられてしまうのではないかと危惧したのです。同時にジョブズ氏は、携帯電話の使い勝手の悪さに不満を持っていました。出来の悪い音楽プレーヤーの市場にiPodが食い込めたように、出来の悪い携帯電話の市場にもアップルは十分に食い込めるのではないかと考えました。

アップルはマッキントッシュでパソコン市場のハードウェアとソフトウェアに大きな革新をもたらしましたし、ハードとソフトを融合させる技術や、先進的なデザイン、iTunesを通じたコンテンツ販売、アップルストアという店舗網、そして何より、多くのアップルファンという顧客層を擁しています。さらには「ジョブズ氏なら何か凄いことをやってくれるに違いない」という期待感も追い風になりえます。携帯電話市場を席巻できる可能性はありそうでした。

2007年1月、アップルは「タッチコントロール機能を持つワイド画面の携帯音楽プレーヤー」「革命的な携帯電話」「インターネット・コミュニケーション用の画期的な機器」という3つの革新的な新商品を発表しました。ただし、別々の製品としてではなく、iPhoneという1つの製品としてでした。

【アップルの強みを持ち込んで「電話」の市場を一変】

iPhoneが発売される以前にも、PDA（パーソナル・デジタル・アシスタント）と呼ばれる電子手帳式の機器は存在していました。タッチパネル式のインターフェースで、メールなどの送受信が可能で、不便ながらもインターネットのサイトが見られるというものです。アップル自身もかつてジョン・スカリーCEO時代の1992年にNewtonというPDAを出して失敗していました。日本ではドコモのiモード（99年発売）などがインターネットとメールの機能を備えていましたし、米国ではブラックベリー（99年発売）やパーム（96年発売）などがビジネスマンに利用されていました。

iPhoneが発表されてから約1年後の2008年第1四半期の米国スマートフォンのシェア（IDC調べ）は、ブラックベリー44・5%、パーム13・4%に対して、iPhoneは19・2%という上々の立ち上がりを見せました。この売れ行きに触発され、グーグルのOS（基本ソフト）であるアンドロイドを搭載したスマートフォンが2008年に投入されました。11年第4四半期のスマートフォンの世界シェアはアップルがトップで、サムスン、ノキア、ブラックベリーを上回り、携帯電話全体の世界シェアもノキア、サムスンに次ぐ第3位（約8%）に達しました。

iPhoneの登場以降、携帯電話は単なる電話ではなく、インターネットの閲覧やアプリの利用という、これまでパソコンが果たしてきた役割も担うようになりました。直感的な操作性（例えば、画面を早くスクロールさせたときに指を離してもしばらくは慣性で画面が動く）はアップルらしいユニークさですし、製品のデザインも同様にアップルらしく洗練されています。iTunes Music Storeは、音楽だけでなく映画やゲームなどもダウンロード可能になったので、2006年にiTunes Storeに名称変更し、さらにiPhone発売以降の2008年にはアプリをダウンロードできるApp Storeが開設されました。

このように、iPhoneの成功には、アップルの持つ資産がかなり有効に転用されていることがわかります。日本の電機メーカーが、携帯電話の高機能化を目指して競争してきた「ガラパゴス・ケータイ」は、同じようなメーカー同士の同質的な競争でしたが、異質な経営資源を有するアップルが革新を引き起こしたことで、市場の様相は一変してしまったのです。

【アップル流「自前主義」のすごみとは】

もともと、パソコンメーカーとしてのアップルは、他社とは全く違うポジショニングを貫いてきた会社でした。他社がマイクロソフトのOSであるウィンドウズに依拠し、インテルのプロセッサを標準として互換性の極めて高い機種を次々と投入したのに対し、アップルは独自のプロセッサ、独自のOS、独自のアプリケーション・ソフトウェア（のちにウィンドウズ系との互換性を持たせるように転換）で勝負しました。このために、ハードウェアとソフトウェアの融合技術という独自の「見えざる資産」を蓄積できましたし、それゆえのユニークな操作性を実現できたのです。この強みはそのままiPhoneにも生かされています。

その一方で、製造に関しては、自前の工場は持っていません。例えば台湾の鴻海精密工業という世界第1位のEMS（エレクトロニクス・マニュファクチャリング・サービス）に生産を委託しているのですが、EMS企業は他のメーカーの生産も請け負っており、メーカー各社の好不況（勝ち負け）に応じて生産ラインを融通できるので、仮にアップルの機器が大増産することになっても対応可能ですし、逆に減産になったとしてもアップルが固定費を大きく抱える必要はないのです。

設計に関してはアップルが完全にコントロールをしているので、ハードとソフトの融合技術に関しては完全にアップルの管理下にとどめられます。また、部材メーカーとの共同開発もアップルが行っており、例えば「ゴリラガラス」というiPhoneの画面のガラスはコーニングがもともと開発していたものをジョブズが半年で量産するように依頼して実現したものです。

アプリに関しては、アップル以外の開発者であっても、アップルの定める厳格なルールと審査に従えばAppStoreに出品できます。有料アプリの場合は、代金の3割をアップルがとり、7割を開発者がとるという取り決めを作りました。これによって、早期に多くのアプリが供給されるように仕向けたのです。グーグルのアンドロイドも同様の仕組みで追随しましたが、審査の厳格さはむしろ緩く、アップルのほうがセキュリティ上のコントロールがよく利いていると言われています。

このように、アップルは、重要な「見えざる資産」と自社が考えるハード・ソフトの設計技術、アプリの審査基準などは完全に自社の管理下に置いていますが、ハードの製造、アプリの開発に関しては、外部に大きく依存するという、ユニークな自前主義をとっています。

［テコを最大限に使う「ダイナミック・シナジー」］

本書『経営戦略の論理』では、5つの戦略的適合の観点から戦略を分析しています。アップルの事例もまた、その枠組みにあてはめてみましょう。

顧客適合に関しては、マッキントッシュ時代に一般ビジネスマン（ウィンドウズ・パソコンの利用者）をあえて追わず、デザインや操作性を重視する層に絞っていました。その層がiPodに広がり、iPodの操作性を知っていた層が初期のiPhoneユーザーになったと言えます。また、携帯電話という「社会性の高い」（クルマや腕時計のように、他人に見せびらかすことができる）商品は、先進ユーザーから一般ユーザーへという普及が期待しやすい特徴があります。

競争適合に関しては、独自路線を貫くことで、同質的競争を徹底的に避けてきたと言えます。他の電子機器メーカーの多くが過当競争に追い込まれたのとは対照的です。

技術適合に関しては、デザイン・設計、ハードとソフトの融合技術、アプリの審査などのノウハウ（見えざる資産）は自社の管理下に置いており、それをパソコン、音楽プレーヤー、携帯電話、タブレット（iPad）へと次々に転用してきました。

資源適合に関しては、iTunesというダウンロードサービスや、アップルストアという専売の小売網を擁し、これもまたパソコン、音楽プレーヤー、携帯電話、タブレットへと活用してきました。

心理適合に関しては、スティーブ・ジョブズ氏というカリスマ経営者が、常に革新を巻き起こし、組織を引っ張ってきました。身の丈には決して安住せず、かといってむちゃな投資をするのでもなく、「見えざる資産」をうまく転用しながら、ストレッチをかけ続けてきたと言えます。

アップルもまた、著者のいうダイナミック・シナジー（テコ的な資源適合の一種）にあてはまっています。過去の戦略で蓄積された「見えざる資産」を、次世代の製品投入時にうまく転用してきたのです。一方、有形的な資産にはあまりこだわらず、製造はほぼ外部委託してきましたが、この点は「ものづくり」（すなわち自社系の工場）に強くこだわりを持つ日本メーカーとは対極的です。

ジョブズ氏は、（有形的な資産への）むちゃな投資はしませんでしたが、部下にむちゃな要求を多くしたことで知られています。不均衡をあえて作り出すことで、身の丈での安住を許さず、組織のダイナミズムを駆り立ててきたのです。ジョブズ氏亡き後のアップルが同じような成長パターンをとれるかどうかは、この点にかかっているのかもしれません。

『小倉昌男　経営学』

小倉昌男著

知の探索で築き上げた宅急便ビジネス

入山章栄
（早稲田大学ビジネススクール 教授）

小倉昌男　経営学　日経BP社、1999年／小倉昌男

1 学習を止めるな

ヤマト運輸で宅急便ビジネスを築き上げた名経営者、小倉昌男氏が自身の経験と教訓をまとめたこの本は、まさに『経営学』というタイトルにふさわしいものです。特に本書の神髄は「学習の経営学」にあります。

それを端的に表すのが第2章冒頭の「経営とは自分の頭で考えるもの」という言葉です。小倉氏は「学習を止めない人」です。経営には絶対の正解はなく、それでも経営者は「決断」をしなくてはなりません。経営者は常に自分の頭で考え続ける必要があり、学習しなければならないのです。

本書からは小倉氏の3つの学習姿勢が読み取れます。それらは「学術的な」経営学の理論と見事に符合するのです。

第1はエクスプロレーション(知の探索)という理論です。新しい知見・アイデアは「既存の知」と「別の既存の知」の新しい組み合わせで生まれます。

しかし、人の認知には限界があり、近くの知だけを組み合わせがちです。よって新しいビジネスアイデアを出すには、自分とは一見関係ないことを幅広く探索し、学ぶことが有用です。

第2章では、小倉氏が様々なセミナーや講演に出席し、得た知見を試行錯誤しながらヤマトの経営に反映させていった様子が描かれています。例えば1976年、当時の通商産業省外郭団体の若い研究員の話に驚かされます。「製造業とサービス業ではビジネス根本発想を変えるべきだ」との主張でした。

製造業は一般に商圏が広く、在庫を抱えながら長期で売っていきます。サービス業は商圏が狭く、運輸業・ホテル業などは在庫を持てません。製造業のような大規模の少数拠点ではなく、小規模で多数拠点を持つことが重要という、真逆の発想が必要なのです。

当時は両者の違いなど議論されておらず、小倉氏はこの話から学びを得ました。結果として、今は全国に約23万店舗ある小商圏の取次店を中心とした、宅急便ビジネスの発想に行き着くのです。

ケーススタディ　小倉氏はたとえ上手

ここからは、別の角度から小倉氏の「知の探索」を考察してみましょう。

私は「一般に知の探索力が高い人は、ものをたとえるのが上手」という特徴があると考えています。

知の探索とは、自分から離れた遠い知と、今自分が持っている知を組み合わせることです。知を探索する人は「自分の現在のビジネスが遠く離れた分野の言葉・ロジックではどう表現できるか」をよく考えます。

実際、この「例える力」すなわち類推思考（Analogical Thinking）が人・組織の創造性に欠かせないことは、経営学でも主張されています。

例えばスタンフォード大学のロバート・サットン教授らが１９９６年にAdministrative Science Quarterlyに発表した論文では、世界で最も創造的と言われる米デザイン会社ＩＤＥＯの事例分析から、同社が類推思考で数々の革新的なデザインを生み出してきたことを明らかにしています。

（これは私がＩＤＥＯの人から直接聞いた話ですが）、同社が病院の手術室のデザインをしたときは、なんと自動車レースのピットインを参考にしたのだそうです。

皆さんもテレビで見たことがあるかもしれません。自動車レースでは車がピットインすると、飛び出してきた数名のピットクルーが、一瞬のうちにタイヤを付け替えたり、ガソリン補給をしたりします。

医師・看護師など数名が役割分担をしながら、一瞬で作業する病院の手術に似ているのです。

IDEOのデザイナーたちは、この類推から新しい手術室のデザインを生み出したのです。

【永守流のM&Aはイチロー風】

本書を読むと、小倉昌男氏もまた「たとえ・類推の名人」であることがうかがえます。例えば、小倉氏は自社の宅急便ビジネスの営業活動を行う配達員には「寿司屋の職人であってほしい」と述べます。

寿司屋は、①朝、魚河岸で仕入れ、②魚を必要な形にさばき、③お客が来ればネタの説明をし、④世間話をしてお客の機嫌をうかがいながらセールストークをして、⑤お客の満足度を高めてリピート客を増やす――のが、成功の要件です。

同様に配達員も、①送り主の家や取次店に出向いてモノを受け取り、②それらを必要な形に梱包し、③自社サービスや発注方法などをお客に説明し、④世間話をしながらセールストークをして、⑤満足度を高めてリピート率をあげる――必要があるからです。両者に求められるものはよく似ている、と言うのです。

ちなみに小倉氏は配達員を、サッカーのフォワードの選手にも例えています。

いくら中盤や守備の選手が頑張っても、試合を決めるのは点をとるべきフォワードです。フォワードには、とっさにシュートを打つか打たないかの判断力が求められます。

これはお客さんと相対して「受注を決める」最前線にいて、しかもとっさの機敏な判断が求められる配達員の要件そのものです。

私は「たとえ話をすれば名経営者になれる」と言いたいのではありません。経営者に必要なのは「知の探索」を続ける態度であり、その結果として「たとえ話がうまい人」になるのでしょう。

他にも、例えば日本電産の名経営者である永守重信氏も、自社のM＆A（合併・買収）戦略を「小さな会社をコツコツ買って成功させる」という意味で、野球のイチロー選手の打法に例えています。やはり知の探索ができる名経営者は、例え話が上手になるもののようです。

2 「吉野家」で知の探索――異業種からヒント

経営学の「知の探索」理論と合致する小倉昌男氏の学習姿勢は、同氏が異業種から学び、知見を自社経営に応用してきたことにも表れています。知の探索とは、自分から離れた遠くの知を探索し、それを今自分の持つ知と「新しく組み合わせる」ことです。ヤマト運輸であれば、運輸業以外からの知見のほうが新しいビジネスのヒントは得られやすいのです。

小倉氏が宅配便ビジネスに乗り出したのは2つの異業種からの学びが契機になっていると、本書では明かされています。

第1は牛丼の吉野家です。

戦後のヤマト運輸は近距離輸送に加えて、長距離輸送、百貨店の配送業務請負など、事業の多角化を進めました。しかし徐々に行き詰まり、1970年代初頭から収益が悪化します。そこで当時郵便局が独占していた個人向け小口輸送分野への参入を検討します。

ちょうどその頃、吉野家がメニューを牛丼だけに絞る「牛丼一筋」の戦略をとったことで、かえって高収益をあげていることを知ります。ヤマト運輸も個人向け宅配事業に絞り込むべきではないか、と考えたのです。

もう1つは日本航空の「ジャルパック」です。旅行は人によって行きたい場所も、タイミングも違います。顧客ごとにコストも手間もかかり、庶民には高嶺の花。それがジャルパックのようにパッケージツアーとして商品化されたことで手が届くようになり、市場が一気に拡大したのです。

小倉氏はこの発想も宅配便に応用できると着想しました。個人向け宅配便も「送り先もタイミングも、顧客ごとにバラバラ」だからです。宅配便ビジネスでも「買いやすさ」が消費者に認知されれば、大きい市場になると確信したのです。

このように個人向け宅配ビジネスが牛丼と旅行サービスからヒントを得て生まれたのは一見興味深いことですが、経営学の「知の探索」理論と極めて整合的なのです。

ケーススタディ　トヨタとツタヤ――異業種をヒントにビジネスモデル構築

小倉氏のように、異業種から学ぶ「知の探索」によって新しいビジネスのヒントを思いつく例は、枚挙にいとまがありません。ここでは、なかでも興味深い2つの例を取り上げましょう。

第1はあのトヨタ生産システムです。

これは有名な話なので、ご存じの方もいらっしゃるかもしれません。トヨタ生産システムの「かんばん方式」を考案したのは、トヨタ自動車工業（現トヨタ自動車）の大野耐一氏です。大野氏がかんばん方式を着想したのは、同氏が米国のスーパーマーケットの商材と情報の流れの仕組みを知ったときだと言われています。

それまでの自動車生産は、先に生産計画を立て、部品から順番にものを作っていき、最後に部品の分だけ完成車を組み立てるという方式をとっていました。しかしこの方式では、仮に需要が計画通り伸びなかったときに、大量の部品が在庫として残ってしまいます。ムダが発生するのです。

スーパーマーケットでは、顧客の必要とする商品を、必要なときに必要な量だけ在庫し、いつ何を買いにきてもよい品ぞろえをします。すなわち情報と意思決定の流れが「調達→品ぞろえ」ではなく、「顧客ニーズにあった品ぞろえ→必要なだけの調達」なのです。

大野氏はこの考えを自動車生産に応用しました。すなわち「生産計画→部品生産→組み立て→品ぞろえ」という決定の流れではなく、「顧客ニーズにあった品ぞろえ→自動車組み立て→部品調達→部品生産」という流れです。これにより、部品在庫が大量に発生するムダがなくなったのです。

【1日に25%の「利息」】

第2の例は、「TSUTAYA」で知られるカルチュア・コンビニエンス・クラブ（CCC）です。同社の創業者である増田宗昭氏が1980年代にCDレンタルやビデオ（後にDVD）のレンタル事業を始めたときに、その収益性に確信を持ったのは、金融業のビジネスモデルを見たからだ、と言われています。

例えばCDレンタルであれば、その仕入れ金額は一枚600円くらいです。それを1泊2日150円で貸すのであれば、すなわち1日25%（＝150円÷600円）という利息を稼いでいるのと同義ということになります。

金融業ですら「トイチ（10日で1割の金利）の高利貸し」と言われるのですから、1日25％というレンタル料を利息率と考えれば、これがいかに高いかがわかるというものです。

従って、「仮に年9％程度の金利で資金調達しても、このビジネスは成立する」と増田氏は考えたのです。その後、同氏がＴＳＵＴＡＹＡを大量出店し、ＣＤ・ＤＶＤレンタル時代の寵児となるのはご存じの通りです。

このように、異業種に学ぶというのは、ある意味新しいビジネスを着想する際の基本とすら言えるかもしれません。そしてそれは経営学では、知の探索（エクスプロレーション）理論として説明できるのです（以上の、ＣＣＣの事例については、井上達彦著『模倣の経営学』（日経ビジネス人文庫）を一部参考にしています）。

3 組合から顧客の声――他者の視点に立つ「プロソーシャル」

小倉昌男氏の第2の学習姿勢は「顧客から学ぶ・現場から学ぶ」ことです。この姿勢はすべてのビジネスで重要です。さらに小倉氏の特徴は「相手の立場にたって考える」ことでこの学習姿勢を高めていることだ、と私は考えます。

経営学では近年「プロソーシャル」という考え方が注目されています。そこでは「相手の立場にたって考える人のほうが、クリエイティブな成果を生み出しやすい」とされています。

クリエイティブな成果には「新奇なこと」「有用なこと」という2つの条件があります。特に2つ目は重要です。新奇なだけで何の役にも立たなければ、クリエイティブとは言えません。どうすれば新奇なアイデアが「相手の役に立つか」を考える必要があります。

本書では、小倉氏のプロソーシャルな側面が多く描かれています。例えば宅急便サービスを始めた当初、翌日配送をうたっているのに、荷物が届かない率が1割を超えたことがありました。当時の宅配便は午前中に届けるのが通例でしたが、その時間帯は各家庭が留守にしがちで、さらにその翌日まで待たざるを得なかったのです。

ここで小倉氏が考えたのは荷物を受け取る側の立場です。受け取る側からすると、午前中、30分だけたまたま買い物に出て残りは在宅していたのかもしれません。その間に宅配業者が来て荷物が受け取れないのなら、それはサービスへの不信感を生むだけです。

そこで小倉氏は「在宅時配達」を徹底する方向に舵(かじ)を切ります。すなわち、午前中に受取人が不在なら午後に再度訪問し、それでも不在ならその日の夜に届ける、ということです。結果として同社顧客の宅急便への満足度は高まっていきます。

プロソーシャルの姿勢を持つ小倉氏は、クリエイティブな成果を出しながら、同社のサービスの質をどんどん向上させていったのです。

ケーススタディ

労使協調を模索

先にも述べたように、プロソーシャルのような「他者の視点に立つ心理」は近年の経営学で注目されています。例えば、米ペンシルベニア大学の若手経営学者のアダム・グランド教授が2011年に『アカデミー・オブ・マネジメント・ジャーナル』に発表した研究では、複数の統計分析を用いた研究から、やはりプロソーシャルな人のほうが創造的な成果を高めやすい、という結果を得ています。

ここからは、小倉氏の「現場から学ぶ」姿勢を象徴する、もう1つの興味深い事例を紹介しましょう。それは労働組合との関係です。

言うまでもなく、企業の経営陣と労働組合の関係というのは、一般的に良好ではありません。互いの立場の違いから双方が不信感を持ち、結果として両者の情報共有も進みません。

それに対して小倉氏は労使の協調路線を模索します。とはいっても、それは単なる掛け声ではありません。小倉氏は「組合の人たちが本当に求めているものは何か」「自分が何をすれば、組合の人たちは喜んでくれるのだろうか」という、相手の立場にたって考えたのです。まさにプロソーシャルの姿勢です。

結果として小倉氏は、以下の2つの抜本的な対応をします。

まず1972年、抜本的に人事システムを改正し、それまで分かれていた事務職と労務職を一本化しました。従来は、いわゆるホワイトカラーである事務職は出世すると管理職になっていきます。その中に組合の幹部になりたがる人はいません。

逆にブルーカラーである労務職の人たちにとっては、労働組合の幹部になることが出世でした。組合幹部の中には、ホワイトカラー管理職より優秀な人もいたようです。そこで事務職と労務職の人事制度を一本化して、全員を「社員」とすることで、ブルーカラーにも社内で出世する道を開き、社内での発言力を高める仕組みを作ったのです。

【組合幹部が顧客情報】

さらに注目すべきは、1973年のオイルショック時です。かつてない不況に当時のヤマト運輸もさらされましたが、組合員の削減を一切しない方針をとります。代わりに組合幹部と話し合って、全員の一部賃金カットで乗り切ろうとしたのです。「人を絶対に切らない」というこの施策は、特に組合から感謝されたようです。

これらを契機として、小倉氏は組合との信頼関係を強めていきます。結果として、組合から「生きた現場の情報」が届くようになりました。「現場から学べる」ようになったのです。

一般に大きな組織では、トップは現場の細かいところにまで目が届きません。さらに現場の情報、特に顧客クレームなどのネガティブなものは「悪い情報を上げたくない」という中間管理職により、トップまでは届きにくくなります。トップは現場から学びたくても、学べなくなるのです。

しかし、プロソーシャルな姿勢により組合との信頼を築いた小倉氏は、現場の情報を中間管理職からではなく、組合から得るようになったのです。

本書では、これを象徴するエピソードがつづられています。96年、小倉氏はある組合幹部から呼び止められ、「現場の配達員の多くが、お客から（当時ヤマト運輸が唯一営業を行っていなかった）大みそかと元日・2日にも営業してほしい、という要望をもらっている」と聞きます。まさに現場からの生の声です。

そこで大みそかと元日・2日も営業することを決断し、年中無休の営業体制となるのです。しかもこれは組合幹部経由で届いた現場の声ですから、組合や現場が反対するはずがありません。

このように、現場の声をすくいあげ、現場から学習する組織を小倉氏が地道に築いてきたことが、ヤマト運輸の今日の成功につながっているのです。そしてそこには、「相手が何を求めているかを考える」小倉氏のプロソーシャルな学習姿勢があるのです。

4 失敗はやはり「成功の母」——知の探索のきっかけに

小倉昌男氏の第3の学習姿勢は「失敗から学ぶ」ことです。本書では、自身や周囲の失敗から教訓を得て糧とする場面が多く示されます。

人・組織は、成功と失敗のどちらから学習できるのでしょうか。これは経営学の重要な研究対象であり、まだ確かな答えはありません。しかし近年の研究から「成功よりも、失敗からのほうがより学べる」可能性が示されています。これを説明するのも、第1節で登場した「知の探索」理論です。

人には自分の認識の範囲(=世界観)があります。しかし自分の見ている世界が本当に「現実の世界」を正しく映しているかはわかりません。そこで「知の探索」をすることで、世界観を広げる必要があります。

しかし、成功を重ねると、「自分の世界観は本当の世界を映している、だから自分は成功したのだ」と考えがちです。結果として知の探索が怠りがちになります。失敗すると「自分が見ていた世界は現実を映していないかもしれない」と考え、さらに知の探索をするようになり、長い目で見て成功するのです。

興味深い事例が、第1章で語られるヤマト運輸の失敗です。昌男氏の父・康臣氏が創業した同社は戦前、関東ローカル一円のトラック輸送で日本一と呼ぶにふさわしい運送会社でした。戦後、鉄道輸送中心だった長距離輸送にトラック業者が進出し、市場が成長します。

しかし、成功体験から「トラックの守備範囲は100キロメートル以内」という世界観を変えられなかった康臣氏により、長距離輸送の進出に遅れ、進出時には、同業他社が市場を独占していました。

この経験を「失敗」と認識した昌男氏はその後も知の探索を進めます。私は昌男氏の最大の強みは「失敗を失敗と認めること」にあると考えます。「悪い部分は悪い」と認めるからこそ、いつまでも知の探索を止めなかったのでしょう。

ここからは、失敗経験と成功経験のどちらが長い目で見て成功につながるかについて、興味深い研究事例を紹介しましょう。

それは米ブリガム・ヤング大学のピーター・マドセンと米コロラド大学デンバー校のヴィニット・デサイが、世界最高峰の経営学術誌の1つである『アカデミー・オブ・マネジメント・ジャーナル』（AMJ）に2010年に発表した論文です。

この研究で対象となったのは、宇宙軌道衛星ロケットの打ち上げの成功経験・失敗経験です。マドセン＝デサイは、1957年から2004年までに世界9カ国の30の打ち上げ機関で行われた軌道衛星ロケット打ち上げ4646回を分析対象にしました。彼らは各打ち上げ機関が新しくロケットを打ち上げるまでに経験した「打ち上げ成功」と「打ち上げ失敗」の数を集計しました。そして、それら「成功経験の数・失敗経験の数」と、その後に各機関が「新しい打ち上げ」が成功する確率との関係を統計分析したのです。

その結果、まず、①成功経験も失敗経験も「その後の成功」確率を上げることがわかりました。成功しようが失敗しようが、とにかく経験はプラス、ということです。

しかし同時に、②成功経験と失敗経験の効果の強さを比べると、その後の成功をより高めるのは、失敗経験のほうであることも明らかにしたのです。

彼らの分析結果では、成功経験と失敗経験のその後のパフォーマンス向上効果（回帰分析の係数で見た失敗減少の確率）を見ると、前者はマイナス0・02なのに後者はマイナス0・08で、後者のほうが影響力が強くなっています。先ほどの「知の探索」理論が予言する通りなのです。

さらに興味深いのは、第3の結果です。①で述べたように、一般に成功体験はその後の成功によい効果をもたらすのですが、マドセン＝デサイは、③しかし「失敗経験が乏しいまま、成功だけを重ねてしまうと、むしろその後は失敗確率の方が高まって行く」ことも明らかにしたのです。

この最後の結果を私なりに解釈すれば、これは「成功体験と失敗体験には、望ましい順序がある」ことを示しています。

すなわち「失敗をほとんどしないまま、成功だけ積み重ねる」と、知の探索が十分でないまま成功してしまうので、さらなる探索が不十分となり、結果、長い目で見た成功確率が下がるのです。

日本でもよく、若くして（失敗経験の乏しいまま）成功した起業家やベンチャー企業が、その後長期低迷する事例があります。それはまさにこのパターンにあてはまります。

逆に、長い目で成功確率を上げられるのは、「最初は失敗経験を積み重ねて、それから成功体験を重ねていくパターン」ということになるのです。

20代の大きな挫折を糧に

このように考えると、本書『経営学』に見る小倉氏の半生も、非常に興味深いものがあります。第1章にあるように、小倉氏は大学を出て父・康臣氏が経営する当時のヤマト運輸に入社してから、すぐに結核にかかってしまいます。結果、入院と自宅療養に、のべ4年半を費やすことになりました。

仕事に復帰したのは20代も終わろうというときです。伸び盛りの20代の4年半を棒に振ってしまったのは、病気というやむを得ない事態とはいえ、小倉氏にとっては大きな挫折・失敗のようなものだったかもしれません。

1956年にヤマト運輸に復帰した小倉氏は、同社が長距離トラックに進出せず、競合他社に大きく後れをとっていることを知ります。60年にようやく参入したときにはすでに手遅れで、主要顧客はすべてライバルに押さえられていました。

このように小倉氏は、若い時代に多くの手痛い失敗を経験しています。しかしだからこそ、その後も継続して「知の探索を怠らない」姿勢が生まれたのかもしれません。だとすれば、それはまさにマドセン＝デサイの研究結果と同じなのです。

こう考えると、小倉氏の半生からも、経営学の知見からも、「若いうちの苦労は買ってでもせよ」という格言は、あながち間違いではないということになるのです。

『会社は頭から腐る』

冨山和彦著

企業再生の経験と日本企業の病理

大海太郎

（タワーズワトソン代表取締役社長）

会社は頭から腐る――あなたの会社のよりよい未来のために「再生の修羅場からの提言」

ダイヤモンド社、2007年／冨山和彦

1　大企業「病理」の処方箋——内部調整ばかりの組織

『会社は頭から腐る』は2007年に書かれました。タイトルは刺激的ですが、内容はバブル崩壊後、低迷していた日本企業が復活するための的確な処方箋となっています。それから15年近く経過していますが、日本企業に対する本書の提言は、企業の不祥事が相次ぎ、コーポレートガバナンスが取り沙汰されている時にこそ、読んでいただきたい1冊です。

経営は集団としての人間を1つの事業目的に向けて有機的に結合させ、機能させることで成り立っていきます。どんな人にも働く目的や欲求などのインセンティブがありますので、これを組織の方向と一致させることが鍵となります。同じ方向を向いて進む組織の力は、個々人の能力の違いなどを超越してしまうようなパワーを生み出すのです。

日本企業、特に大企業で顕著ですが、このインセンティブと組織の方向性が一致していないケースが多く見られます。多くの企業で意思決定や仕事の遂行にあまりにも多くの人間が関わる仕組みになっています。結果的に、企業としてどう利益を生み出すかよりも、いかに内部の調整をうまく進めるかしか考えなくなってしまいます。

個人でリスクをとって仕事に成功したとしても、巨額のボーナスをもらえるわけでもなく、社長への道が約束されるわけでもありません。逆に失敗すれば相当の罰点になり、それが一生つきまとうことになってしまいます。このような仕組みのもとでは、優秀なサラリーマンほど組織力学のマネジメントに知恵とエネルギーを使うのです。

組織として目指す方向に社員全員が向かうには、社員それぞれの腹に落ちるようなコミュニケーションが重要です。経営が送り出すメッセージに、ただちに心から反応し、動機づけられて行動する人間は多くありません。難しい制度論や戦略論をいじくりまわすことよりも具体的な人事一発の方が人々の心に桁違いのインパクトを与えるのが現実の経営なのです。

ケーススタディ 大企業病の典型から変われるか

A社は、1980年代後半のバブル期に絶頂を迎えていた大手ハイテクメーカーです。当時は売り上げ、利益ともに右肩上がりでした。社員も士気高く、仕事に励んでいて、さらなる成長を目指して会社は多額の投資を行って本業をさらに強化するとともに、多角化を進め、新規事業を始めたり、異なる分野の会社を買収したりしていました。誰もがA社の繁栄はいつまでも続くものと疑いもしなかったのです。

ただし、営業部の課長だったB氏はふと疑問に思うことがありました。売り上げ、利益ともに伸びていたものの、自己資本利益率（ROE）や総資産利益率（ROA）などの効率性を示す指標は横ばいないしは低下傾向にあったのです。また、社内では「企画部」や「××推進本部」といった直接ビジネスに携わらない部署が増え、「担当部長」や「特命室長」といった肩書の社員が増えていました。

当時、B氏を含む社員の誰もが熱心に朝早くから夜遅くまで働いていました。管理職でなければ、その分、残業手当もつくので、社員としてもむしろ率先して長時間働いていました。ただB氏が課を挙げて新規に数億円の大口の案件を獲得した際には、特にボーナスが大きく増えたわけでもなく、昇進に直結したわけでもありませんでした。

部長にその旨を尋ねてみると、「会社は長期に物事を見ている。大口案件を獲得してもボーナスは増えないが、そのぶん実績が不調だった期でもボーナスを大幅に減らすことはしない」とのことでした。B氏はそれではたして皆、頑張るのだろうかと思いましたが、当時は日本の長期的経営が日本企業の成功の秘密と言われていて、現実に会社としてはうまくいっていたので、反論することもできませんでした。

また仕事の中身として、いわゆる内部調整に費やす労力や時間が一段と増えていました。会議の数は増え、同じようなメンバーが日中、何度か会議で席を共にすることも珍しくありませんでした。20人以上出席するような会議も数多くあったのですが、そのような会議で発言するのは事務方の担当者と最後に一言話す部長以外はせいぜい1人か2人というケースも少なくありませんでした。他の大勢の出席者はじっと話を聞いているだけであればまだいいほうで、ほとんど居眠りしている人もいたのです。そのような場で決まって盛り上がるのは間近に迫った人事異動で誰がどこに行くかという噂話でした。

【個人と組織の方向性を一致させるには】

A社のようなケースは残念ながら、過去に日本の大企業によく見られた状況です。このような状態に陥らないようにするにはどうすべきなのでしょうか。

1つのやり方は、個人と組織の方向性が否が応でも一致するぐらいに小さい単位に組織を分けてしまうことです。これはまさに名経営者と言われる稲盛和夫氏の『アメーバ経営』です。詳細は稲盛氏の著書である『アメーバ経営』（日経ビジネス人文庫）や他に多数出版されている関連書を読んでいただければと思いますが、簡単に説明すると、大きくなった組織を「アメーバ」と呼ばれる小さな集団に分けて独立採算制を導入することで、社員一人ひとりが採算を考えて、いかに自分の「アメーバ」が利益を上げるかに全力投球するようにします。すべてのアメーバの合計が組織全体ということになりますので、社員が全員、組織のために利益を上げるという同じ方向を向いて仕事をすることになります。

大組織の問題点は、個人の成果や失敗が組織に与える影響をわかりにくくすることです。真面目で勤勉な日本人は一般的によく働きますが、どこかで、「と言っても、自分が失敗しても会社がつぶれるわけではないし」という思いを無意識に抱えがちです。ベンチャー企業や中小企業の「今期、自分がこれだけ稼がなければ会社が存続できないかもしれない」という切実さに比べると、最後の最後の部分で真剣味が足りないと言わざるを得ません。また、自分が必死にやっていることがそもそも会社の方向性と異なるということにも気づきにくくなります。結果として、全員が頑張っているようで、どこか究極の真剣味に欠け、場合によってはそもそも無駄な努力や不必要なことをやってしまっているということになりがちです。

冨山氏が本書を執筆したのは、産業再生機構の最高執行責任者（ＣＯＯ）として41社の支援決定に携わっていた時期の直後です。それまでも、世界的なコンサルティング会社や自ら設立に加わったコンサルティング会社において、日本企業のコンサルティングや企業再生を行っていましたが、カネボウや三井鉱山（現日本コークス工業）をはじめとする産業再生機構での企業再生の経験を通じ、日本企業に共通する「病理」を目の当たりにし、その問題の本質を痛感したのでしょう。本書を通じて冨山氏が訴えているのは、優秀で真面目な日本人が勤勉に働く「一流の現場」を有する多くの日本の大企業が「三流の経営」によって苦境に陥ってしまうのはなぜなのか、これを防ぐにはどうすべきかということです。

2 変わるインセンティブ——リスクをとり新しいことをやる力

日本では終身雇用、年功序列といった仕組みが高度成長期と非常にうまくマッチし、無用な軋轢(あつれき)を排除して安心感を持って仕事ができるという、極めて安定した階層構造が出来上がりました。日本は当時の時代と社会に完璧なまでに適応した合理的なシステムを発展させてきたのです。

その後、高度成長期が終わり低成長時代を迎えるなかで、高齢化が急速に進展するなどの変化が起こります。これだけシステムの前提が変わってしまったら、システムもそのままでは機能しないのは自明ですが、過剰適応されたシステムなだけに変更がままならなかったことが、「失われた20年」の苦境の原因でした。

よい学校に入ってよい会社に就職すれば一生安泰でいられると信じて、多くの人は受験勉強にいそしみ一流の大企業に入りました。残念ながら、それは多くの場合、幻想にすぎなかったのですが、実際に中にいる人がその幻想を自ら打ち破ることは大変なことです。むしろ、せっかく獲得した地位を何とか守って「また日本経済が良くなれば、以前のようにうまくいくはずだ」とどこかで期待して「待ち」の状態に入ってしまう方が自然ではないでしょうか。

このことが日本企業の不祥事の遠因になっていると冨山氏は言います。アングロサクソンの「利害社会」に対して、日本は「ムラ（村）社会」です。ムラ社会では構成員のインセンティブは共同体の現状の維持にあり、変革をせず、現実を見なくなります。構成員の必死の頑張りは、正しくない方向に事態を進めてしまうことがあるのです。

過去に大成功した「高度成長期の日本モデル」では新しいことに挑戦するインセンティブが弱くなります。より成功して上位にいる人ほど、何かを変えるインセンティブは乏しくなってしまっています。結果として日本企業がリスクテークをして利益を上げたり、成長したりすることができてこなかったのです。

ケーススタディ

関心が内部に向かう日本企業の社員

1990年代後半に入って、ハイテクメーカー大手A社の営業部に勤務するB課長の部署に、その頃、急速に普及しだしたパソコン関連の新興企業から業務提携の話が持ち込まれました。伸びている分野でしたし、非常に有望なビジネスの話だと思ったB氏は、A社の新しい収益源になると確信して提携実現のために動き出しました。

最終的に稟議（りんぎ）にハンコを押してもらう必要があるのは何人か確認したところ、8人でした。その8人にあらかじめ根回しをすべく、まず同僚の課長3人に相談して支持を取りつけてから、副部長2人、部長、本部長にそれぞれ説明に行き、了承を得ました。最後に担当役員に説明に行ったところ「やめた方がいいんじゃないか。最近までは部署も会社もまずまずうまく行っているし、無理して新しいことをやる必要もないだろう。この提携を進めるとC専務に文句を言われる可能性が高いし」と言われて、この話は立ち消えになってしまいました。

バブル崩壊後、急速に業績が悪化したA社は2000年代に入って、B氏の部門をD社の同じ分野の部門と合併させて新会社Eとして独立させることにしました。B氏は担当部長になっていて統合委員会のメンバーに指名されました。B氏は苦境に陥っていたビジネスを立ち直らせる絶好の機会になると張り切って、新会社Eにおける顧客開拓や旧A社と旧D社によるそれぞれの顧客に対するクロスセル、新製品に関するアイデアなどを持って、合併関連の第1回打ち合わせに出席しました。

しかし、その打ち合わせで出た議題は組織図をどうするか、各部署の長は誰にするのか、といった内容に終始しました。釈然としない気持ちで会社に戻ったB氏に同僚や部下は興味津々で「それで社長はどちらの会社から出るのか？うちの部署の部長は当然こちらの会社の人がなるのか」と聞いてきました。B氏ははたしてこれで新しい統合会社は成功するのだろうか、と懸念が募るばかりでした。

社員のインセンティブを変える

しかし、B氏の懸念をよそに新会社Eの社長には、関連業界において日本に新たに進出した外資系企業のビジネスをゼロから立ち上げ、業界有数の会社に育てた実績を持つF氏が招聘されました。F氏が社長に就任するまでは、統合委員会で事業や組織の継続性のために部長と副部長はそれぞれ異なる出身母体からの組み合わせにするといった合意がなされていましたが、F社長はいくつかの重点分野ではそのような合意を全く無視した人事を実施したり、場合によっては外部から中途採用したりして重要なポストにつけました。

外部から招聘されたF氏の社長就任とその後の人事を見て、それまでどのポストやどの事業はどちらの会社が取る、取らないといった内部抗争に明け暮れていた旧A社、旧D社の社員とも、「これはどうも様子が違う。内部で椅子争いをしている場合ではない」と目の色が変わってきました。

F社長は着任後すぐに、順番に社員と面談を開始していました。その面談の際にB氏はかねて考えていた新会社Eにおける営業のアイデアをF社長に説明すると、「それは面白そうですね。ぜひやってみてください」といきなり担当チームの責任者として発令されました。A社では考えられなかったスピードの展開に、B氏は張り切って自らのアイデアの実現に取り組んだことは言うまでもありません。

ただし、現実は甘くなく、B氏の試みは1年経っても成果を上げられませんでした。2年目も満足がいく結果が出なかったところ、B氏は閑職に異動となってしまいました。ただ、異動の発令の際に、F社長からは「これにめげずにぜひまた次の新しいアイデアを出してください」と言われたのにB氏は驚きました。

A社では、一度仕事上の失敗をすると挽回のチャンスはないものとされ、あとは生活のために意に染まない業務を定年まで続けることになるというイメージがあったからです。確かにE社の周囲の同僚を見渡しても、いつの間にかA社時代とはずいぶんと違う様子で、常に何か新しいことはできないかと考えながら働くムードになっていることにB氏は気づきました。

3 トップを選び、クビを切る――新陳代謝が必要に

企業再生にあたって重要なのは事業やそれを支える人材の再生であって、会社そのものの救済ではありません。前述したように日本では変革を回避して現状を維持しようという力が強く働きます。なぜなら、日本では一度道を外れたら復活できないイメージがあるためです。そのため日本の企業も人もなかなか負けを認めたがりません。

そうして何とかそのまま存続しようとするのでゾンビ企業が多数出現してしまいます。ゾンビ企業には人材や技術が閉じ込められたまま、じわじわと沈没していくことになるのです。すなわち、日本では企業も人材も新陳代謝が決定的に不足しているのです。

それでは、いかに変革をして新陳代謝を実現するか。1つには破綻からの企業再生や合併・買収のような非日常的な状況に伴う危機感を最大限に活用して非連続的な変化を起こすことです。

もう1つは外部規律が働く仕組みを整えることです。前節で、日本企業がいかに高度成長期に過剰適応したシステムを完成させたかについて述べましたが、外部規律が働きにくい仕組み

も同時に作り上げています。サラリーマン社長でいつまでも居座るような人が存在するのは、それを可能にする仕組みになっているからです。つまり、ガバナンスがないのです。

現在、注目を浴びているコーポレートガバナンスの重要性について、当時から本書では指摘しています。ガバナンスに関して最も重要なテーマは、企業のトップの指名と罷免にあると冨山氏は言い切っています。

いかにトップを選び、どのように裁量権を与え、どのようなときにクビを切るか、という点に統治機構の良しあしは集約されます。そして、企業が掲げる理念や哲学とそれらを実現する手段としてのガバナンスが整合的にそろって機能することが、急速に変化する経済環境の中で会社を腐らせずに持続的に発展させる条件となるのです。

ケーススタディ

ガバナンスの整備

日本のハイテク大手企業2社、A社とD社の部門を統合して発足した新会社Eの社長に外部から招聘されて就任したF氏は、出身母体にとらわれることなく主要人事を決定し、新会社のビジネスにベストだと思われる新体制をつくりました。

社内には「どうやら新会社はA社ともD社とも違うカルチャーになるようだ」という雰囲気

が当初から行き渡りました。勝手が違うことから、緊張する社員や場合によっては不満を持つ社員もいる一方で、多くの社員はこれから自分たちが新しい会社でビジネスを形作っていくのだという高揚感を感じながら、それぞれの業務に取り組んでいました。

F社長は次にガバナンスの整備に着手しました。E社発足当初は、F氏以外は旧A社と旧D社出身の同数の取締役から取締役会は構成されていました。F氏はまず、株主代表としてA社とD社から受け入れる取締役は1人ずつのみとしました。それ以外の内部の取締役は自分一人として新たに外部から独立の社外取締役を4人受け入れて、社外取締役が過半数を占めるようにしました。

4人のバックグラウンドは多彩で、グローバルな業界経験が豊富な人、合併会社を経営したことがある元経営者、M&A（合併・買収）のスペシャリスト、内外の企業に対するアドバイスをしてきている元コンサルタント、といった具合です。

同時に指名委員会と報酬委員会を立ち上げ、自分を含む経営陣の実績に対する評価と処遇を外部に委ねる枠組みを整えました。指名委員会では、自分の後任の育成と選任に向けてサクセッションプランニング（後継者育成計画）に着手しました。役員に求められる期待役割と人材要件を明確にするとともに、選定基準と選定プロセスを策定して内外に公表しました。

報酬委員会では、経営陣がE社の価値創造と成長のために適切なリスクテークができるように、業績に連動する賞与と長期インセンティブを設定し、株主をはじめとする様々なステークホルダーと利害が一致するような工夫をこらしました。これは今までのA社とD社のガバナンスとあまりに異なる形態だったことから、E社の社員を含めて周囲からは驚きの目で見られることになりました。

【コーポレートガバナンス・コードとは】

2015年に金融庁と東京証券取引所により、コーポレートガバナンス・コードが策定されて、同年6月から適用になっています。日本企業の収益性が低いのはガバナンスに問題があるのが一因ではないかという海外投資家の声が以前からありましたが、このような声に対応すべく、安倍政権（当時）は成長戦略の一環として極めて短期間に企業側の統治指針としてコーポレートガバナンス・コードをとりまとめました。

冨山氏は同コードの原案をとりまとめた有識者会議のメンバーとして本書で書かれている内容を主張され、コードに反映させています。なお、この1年前には投資家側の指針としてスチュワードシップ・コードも制定されています。本章のケーススタディは、コーポレートガバナンス・コードの策定により導入が期待されるガバナンスの一例です。

コーポレートガバナンス・コードの狙いは本コードの序文を読むとよく理解できます。序文に「コーポレートガバナンス」は次のように定義されています。「会社が、株主をはじめ、顧客・従業員・地域社会等の立場を踏まえた上で、透明・公正かつ迅速・果断な意思決定を行うための仕組み」。また、当コードにより、「持続的な成長と中長期的な企業価値の向上のための自律的な対応が図られることを通じて、会社、投資家、ひいては経済全体の発展にも寄与する」ことが期待されています。

ここからわかるようにガバナンスとは決して不祥事防止のための守りだけでなく、むしろ企業の適切なリスクテークを後押しする仕組みなのです。「攻めのガバナンス」と称されるゆえんです。同コードは法律的に強制力のある指針ではありませんが、スチュワードシップ・コードにより投資家側からの健全なプレッシャーがかかることから、中期的には日本企業が大きく変貌するきっかけになるでしょう。

4 負け戦こそ糧——経営人材を育てる

これまで日本企業の「病理」とその原因について解説してきました。そしてその解決策の一端についても触れました。冨山氏は、「会社を腐らせない最強の予防薬は、強い経営者と経営人材の育成・選抜」にあると言います。企業にとってトップのあり方は極めて重要なのです。強い経営者とは、若いうちから修羅場でガチンコの競争にさらされ、負け戦を経験した人材です。その過程で自分の頭で考え、自分の言葉で主張してきた人間が強い経営者となっていくのです。

また、経営人材の指名や育成も根本的に変える必要があります。予定調和的に出世してきた人をトップに据えるのはもうやめるべきです。むしろ組織からはみ出そうとするくらいの人間こそ、これからのリーダーにはふさわしいのです。

経営は結果責任です。うまくいかなかったら責任を取る覚悟を最低限、持てるかどうかがリーダーには求められます。企業の求める結果を出した経営トップにはそれ相応の処遇をもって報いるべき一方で、結果が出なかった場合には厳しく責任を問うことが企業のガバナンスとして肝要です。

リーダーを目指す人はまた、組織を離れる経験も早くから体験しておくべきです。肩書抜きで仕事をする厳しさを味わい、そのような状況で何ができるかを知っている人間が、厳しい環境でも企業を発展させていくことができるのです。

経営というのは常に昨日より今日をよくする、すなわち変革を続けていくことです。人間は基本的にしんどいことをやりたくないし、変わりたくないものです。そのようななか、重い歯車を回すのがリーダーの仕事になります。それは他人の人生に影響を与えてしまう責任の重い仕事だということを、リーダーを目指す人には認識しておいてもらう必要がありますし、それだけやりがいがあるということもぜひ覚えておいてほしいと思います。

ケーススタディ リーダーの条件

統合会社E社で閑職へ異動となっていたB氏ですが、くさらずに目の前の業務に精いっぱい取り組んでいました。担当の業務について、常により効果的にかつ効率的に仕事をする方法はないか模索し続ける一方で、新規事業や新商品に関するアイデアも考えて、機会があれば関連部署や経営陣にぶつけていましたが、なかなかすぐに実行するわけにはいきませんでした。

そんな日々が続くなか、F社長に呼ばれたので部屋に行ってみると、いきなり「Bさん、香港の子会社に社長として行ってもらえませんか？　ご存じのように業績は苦戦していて楽な仕事ではありませんが、Bさんなら立て直してくれるのではないかと期待しています」とF社長から告げられました。B氏は海外で仕事をしたこともありませんし、以前から香港の子会社は業績が相当悪いというのも聞いていたので一瞬、躊躇(ちゅうちょ)しましたが、気づいたら「ぜひ、やらせてください」と答えていました。

それからの2年間はB氏にとって、これまでに経験したことがない大変な日々となりました。言葉は通じないうえに、ビジネスの習慣もやり方も違い、現地のスタッフも日本で一緒に働いていた同僚とは全く異なる考えや仕事のスタイルを持つ人々でした。悪戦苦闘しながらも持ち前の前向きな姿勢とバイタリティで現地のスタッフと一緒になって駆けずり回って、ようやく3年目から何とか黒字転換することができました。その後、順調に業績は改善し、5年目には過去最高益を計上できるまでになりました。

やっとこれで少し落ち着いて社長業に励めると思った矢先に、日本のエグゼクティブサーチの会社からヘッドハンティングの話が舞い込みました。日本に新たに進出する世界的なＩＴ（情報技術）企業の日本法人G社のトップをやってくれないかという話でした。

あまりに大変だった数年間を経てようやく少しゆっくりできると思っていたので、もう勘弁だと思う気持ちがある一方で、自分でも不思議なことにまた新たなチャレンジをしたいという気持ちもありました。恐る恐るF社長に相談してみると、意外なことに「おめでとう、それはBさんの実力が認められたということです。ぜひやってみたらいかがですか」という言葉が返ってきました。

【B氏の凱旋】

ほどなくして、B氏は帰国してG社の社長に就任しました。世界的な企業がバックについているとはいえ、日本ではゼロからのスタートでしたので、やはり最初は誤算と試練の連続でした。それでも、3年間でB氏は立派に本社が期待していた以上に日本でのビジネスを立ち上げました。

そんなある日、久しぶりにF社長から電話がありました。何かと思って出てみると、「Bさん、E社の指名委員会が私の後任の社長の選定に入っているのですが、Bさんが有力な候補者として挙がっています。一度、指名委員会のメンバーと会っていただけないでしょうか」とのことでした。B氏は驚いて「えっ、私がですか。もうE社を離れて5年以上たちますし、年齢もまだ40代ですが」と言うと、F社長は「いえ、40代で経営の実績がある、過去に挫折もしていて、E社もE社以外も知っている、そんな人を探していたのです。まさにBさんはその条件にぴったり当てはまります」と即座に答えました。

それからしばらくして、F氏からB氏へのE社の社長交代が発表されました。B氏は記者会見の場でF氏の横に座りながら、B氏が次期社長に決まったとF社長から告げられたときのことを思い出していました。B氏はF氏に「ありがとうございます。私が社長になった際にはFさんには会長として支えていただけますよね」と尋ねると、「Bさん、私はE社からは完全に離れるつもりです。ぜひ、Bさんはご自分の思うとおりにE社をさらに発展させていってください。それができるということでBさんが選ばれたのですから」とF社長からは言われました。

F氏が記者会見で退任後は会長としても取締役としても会社には残らないと言うと、驚きの声が上がりました。B氏は一抹の不安と寂しさを感じながらも、E社の社員やその家族、さらにはE社の顧客や株主のためにも、全力を尽くそうとあらためて誓いました。

『日本はなぜ敗れるのか』

山本七平著

前提と乖離した戦略・戦術の悲劇

奥野慎太郎
（ベイン・アンド・カンパニー・ジャパン　日本法人会長）

日本はなぜ敗れるのか——敗因21カ条　角川oneテーマ21、2004年／山本七平

1　家電大手も己を知らず——精兵主義の前提と実態の乖離

『日本はなぜ敗れるのか——敗因21カ条』は、太平洋戦争中に砲兵少尉としてマニラで戦い捕虜となった評論家の山本七平氏が、日本はなぜ戦争で敗れたのか、日本人とは何かを考察した日本人論の名著です。執筆に際し、技術者としてブタノール製造のためフィリピンに派遣され捕らえられた小松真一氏の『虜人日記』を読み解きました。

民間人である小松氏の手記を題材に考察を進めることで、単なる軍事・戦争研究を超えた日本人論が展開されており、現代社会に生きる我々や、その企業経営にも大きな示唆があります。

小松氏が掲げた敗因21カ条の中でも多くを占め、山本氏が特に注目した点に精兵主義に代表される日本軍の戦略・戦術の前提と実態との決定的乖離が挙げられます。

21カ条の中では「精兵主義の軍隊に精兵がいなかった事。然るに作戦その他で兵に要求される事は、総て精兵でなければできない仕事ばかりだった」「精神的に弱かった（一枚看板の大和魂も戦い不利となるとさっぱり威力なし）」「物量、物質、資源、総て米国に比べ問題にならなかった」など、4分の1がこの論点に関係しています。

日本の国力は米国よりも大きく劣る、開戦後に徴兵された戦力が最初から精兵であるはずがない、制海権のない海に十分な護衛をつけず旧式の輸送船を出せば撃沈される、といった常識を否定。これらを述べる者は「非国民」と弾圧し、非常識な前提を「常識」として行動する姿勢は数々の悲劇を生みます。

一部に精兵がいたことは事実でしょうが、その「芸」を絶対化して合理性を怠ることは、戦闘と戦争の区別のつかない指導層の怠慢です。いわゆる日本軍の強さを、資源や設備の制約を工夫で打開する中小零細企業的な強みであるとして、「条件さえ同じなら負けない」と現実の条件的違いを無視してしまったことが敗因の大きな要素であると本書は指摘します。

ケーススタディ

日本軍に似る企業経営も

本書で指摘されるような、実態についての合理的・客観的な認識とそれに基づく戦略・対応検討の不足、これらに起因する様々な失敗や敗退は、残念ながら今日の企業経営（日本企業に限らないかもしれません）においても見られる典型的な問題事象の1つです。

一例に、日本の家電メーカーがブランド力や技術力、品質を強みとして掲げ続け、それが競合を凌駕するレベルで顧客に評価されていることを前提に戦略を展開したことがあります。20

世紀後半には世界を席巻した日本の電化製品ですが、２０００年代に入ると状況が一変します。とりわけＡＶ機器などでは、米国や新興国などで韓国や中国などの新興メーカーがブランド力で上回っていたり、技術的にも同じコンポーネントを使っているために顧客に認識されうるような有意な差がなかったりといった状況が珍しくなくなりました。

一方で新興メーカーは、かつて米軍が日本軍の兵器・戦術に対してそうしたように、日本企業の製品やマーケティングを徹底的に分析して、それらに勝つ戦略・戦術を講じ、成果を上げていました。

それらは少し客観的な調査をすればすぐに把握できた、あるいは最前線の現場ではすでに認識されていたはずです。ところが、本社中枢にそうした情報が上げられなかったり、本社の幹部の一部が「そんなことはないはずだ」と取り合わなかったりした結果、戦略の軌道修正までに大きな時間と経済的損失を払うことになりました。

ものづくりにおける匠の技術の優位性は今でも多くのメーカーで大切にされる強みです。ただ、後継者育成への投資が十分でなかったり、そもそもそうした技術者の数が経営に有意な違いをもたらす水準になかったり、あるいは競争のルールがすでにそこになかったり、といった状況に出合うことは少なくありません。

日本の中小零細企業の製造技術が米アップルの最新製品に採用された、などといったニュースは、ものづくりの尊さを重視する私たちの留飲を下げてくれますが、それとて属人に頼りすぎない、大量生産に足る技術的な普遍性と、量産のための投資があって初めて商業的価値につながったと言えるでしょう。

国宝級の技術者がいることは誇るべきことですが、そうした人が1人いることが会社全体の技術的な強み、経営上の強みを表しているとは言えません。会社全体のケイパビリティとして標準化・体系化・仕組み化するなどしていない限り、そうした宝も経営という観点からは持ち腐れになりがちです。

同様に、伝説的なセールスマンがたった1人いたからといって、全員に素晴らしい営業力があることを前提にしたような計画を立てても、実行には結びつかないでしょう。

【敵を知り己を知れ!】

また「条件さえ同じなら負けない」として現実の条件的違いを無視したり、彼我の条件の差を克服しようとしなかったりする姿勢は、今日の日本企業の新興国企業(あるいは新興企業)に対する姿勢にも見られることがあります。

猛烈な勢いで投資を拡大し、成長を続ける新興国企業、特に中国企業に勝つための戦略の議論をしていると、日本企業の経営者や幹部からはこんな疑問や仮説が語られることがあります。「彼ら（中国企業）は本当にもうかっているのか」「彼らは政府から税金その他のさまざまな優遇措置を受けているから強いのであって、技術的には我々の方が間違いなく上ではないか」「彼らは後先顧みずにどんどん投資をし、巨大な生産設備を擁するからコスト競争力に勝るが、同じ設備を使えば我々の方が圧倒的に優れているはずだ」――。

そうした指摘がすべて当たらないわけではありません。しかしながら実態は多くの場合、優遇措置などのローカル企業特有の優位性は新興国企業の主たる競争力の源泉ではなく、積極的な設備投資や買収により圧倒的な規模を実現し、それをコスト競争力やチャネルシェアにつなげて利益を上げています。

仮に優遇措置が大きな障壁であったとしても、かつての米国企業が日本に対してそうであったように、合併や買収を活用したり、規制に対する政治的圧力をかけたりといった手段もあります。

ただ「条件さえ同じなら負けない」と開き直っていては、相手の客観的・合理的な分析が奨励されず、対応策も精神的、あるいは中途半端になりがちです。

『孫子・謀攻』に「敵を知り己を知れば百戦危うからず。敵を知らず己を知らざれば、戦う毎に必ず危うし」と言われるように、競争に勝つためには思い込みや願望、決めつけではない、客観的で合理的な事実に基づいた戦略設計と意思決定が何よりも必要なのです。

2 反日感情を招いた悪癖——文化の確立・普遍性の不足

日本は太平洋戦争の大義名分の1つとして「大東亜共栄圏」構想を掲げました。一方、小松真一氏は『虜人日記』の敗因21カ条で「一人よがりで同情心が無い事」「日本文化に普遍性なき為」「日本文化の確立なき為」として、日本の文化的側面の弱さを3項目で指摘しました。

山本七平氏も、日本が自己を絶対化するあまり反日感情に鈍感であったことが、アジアの人々や少数民族などに反日感情を芽生えさせ、強烈な抗日運動やゲリラに悩まされる原因になったと述べています。

文化とは元来個別的なものであり、行く先々に当地の文化があるのが当然です。そこに日本文化を持ち込んで理解を得るには、日本人一人ひとりが自らの文化を意識的に再定義・再把握し、現地のそれとの違いを理解して、現地の言葉で提示できなければなりません。

他人の文化的基準を認めず、自らの文化も説明せず、それを理解・尊重しない者に罵詈雑言を浴びせるだけでは、相手は困惑し反発します。アジアの人々に対してだけではありません。

交戦相手国に対しても「鬼畜米英」と罵るだけで、彼らの文化や考え方を研究・理解する姿勢がないことが、合理的判断の欠如や情報活動の不足につながっていきました。

「自分は東亜解放の盟主だから、相手は歓迎し全面的に協力してくれる」と思い込む。必ずしもそうでない現実に遭遇すると「裏切られた」と憎悪する。協力してくれた現地の人を大切にしない。これらの姿勢も「一人よがりで同情心が無い」と断じています。

その結果、当初日本に対して特定の感情のなかったフィリピンで反日感情が高まり、軍人だけでなく日本人民間人まで攻撃を受けることになります。そうした状況でも、現地の人々に文化的基準や合理的理由があることを認めて話し合おうとせず、掃討しようとしたため、さらに状況が悪化したのです。

ケーススタディ

組織の風土や文化

前節のケーススタディでは、自社および競争相手の事実を客観的に分析・理解することの重要性について述べました。これは価格や製品性能などの機能的な側面だけでなく、社風や企業文化、価値観などの側面にも及ぶ議論です。

コンサルタントとしてクライアント企業を支援していると、他社で取り入れられている成功事例や、幹部候補として採用を薦められた他社人材に対し、「当社の文化・風土にはなじまない」という意見が出る場面にしばしば遭遇します。

確かに他社でうまくいったものが自社でもうまくいくとは限りませんし、その導入可否をはかるうえで文化的側面が重要であることはその通りでしょう。残念なことは、その企業が大切にしている文化や組織風土（意図せず陥ってしまった悪しき風土ではありません）を外部の人間にでもわかるように具体的に説明でき、かつ異口同音の説明が異なる幹部の方からうかがえる会社は意外に少ないということです。

企業文化や組織風土は戦略設計・遂行において極めて重要な要素です。企業の組織風土を客観的に「見える化」することを我々がサポートすることも多く、そのためのグローバルに標準化されたアプローチもあります。そうした分析を通じて客体化されて初めて、クライアント企業の皆さんが自社の企業文化・組織風土を認識されることも往々にしてあります。

自社の企業文化・組織風土への理解が進むと、それまで「なじまない」と拒否反応を示されていた他社の成功事例や戦略についても、なぜそれが機能しているのかを具体的に理解し、優れたものを取り入れていこう、そのために自社の組織風土の改めるべきところは改めよう、という姿勢が芽生えてきます。

こうした普遍的な文化の確立と説明の重要性は、近年増えてきた企業のＭ＆Ａ（合併・買収）

や、グローバルな組織ガバナンスにも大いにあてはまるテーマです。買収・合併した企業や海外で立ち上げた現地法人が、日本の本社と異なる企業文化・組織風土であることは半ば当然です。いくら経営トップ同士が大いに賛同して成立した買収・合併であっても、組織の中には不安や違和感を覚えている人がほとんどであり、必ずしも統合を歓迎していないことも少なくないでしょう。

【クールジャパンにも示唆】

そうしたなかで、自社にとって理解できない、自社と異なる言動に遭遇するたびに「やはり彼らは違う」といって批判しても相互不信が強まるだけで、よい結果にはつながりません。M&Aやグローバル展開をいい契機として自らの企業文化・組織風土を見つめ直す。

そして自社が本当に大切にすべきもの、買収・合併相手先や海外現地法人においても順守してほしいものは何か、逆に変えていきたいもの、異なる考え方ややり方を許容できる部分はどこかを再定義・再把握することが、真の結果につながるのです。M&Aや海外進出が、自らのアイデンティティを再確認させる、と言ってもよいでしょう。

こうして見てくると、話題になった「クールジャパン」なるものの推進の仕方にも示唆があるように思われます。日本の文化とはどういったもので、その中で誇りたいもの、外国人にも伝えたいものはいったい何か。

その再定義を経ずに、外国人に評価される可能性の高そうなものは何か、という視点だけで、全体の脈絡なく発信すべきコンテンツを考えると、評価されなかったときに失望が広がり、その失望が反感にもつながりかねません。

外国人が日本のアニメをまねたり、日本食を作ったり、日本庭園を造ったりして、それが日本人の手によるものと異なる場合に、「あれは偽物だ」と嘲笑するのも、非常にひとりよがりでもったいない話です。

【自他の客観的理解と敬意】

「クールジャパン」と言われるものの本来の目的が、日本文化の価値を広く海外に伝え、そのファンを増やして経済的価値につなげていくことにあるのだとすると、日本文化とはいったい何であるのかという点についての説明責任は日本人にあります。

まずは我々日本人一人ひとりが、現代の日本の文化を体系的に語れるように子どもの頃から教育すること。また、外国人にもその本質を説明したうえで、本質以外の部分での「工夫」「改良」を歓迎する姿勢が重要なのではないでしょうか。

考えてみれば、食文化にせよ、工業製品にせよ、歴史的に日本人は他国の文化を進んで受け入れ、それを日本化・発展させることが極端に好きで上手な国民とも言えるかもしれません。それ自体は誇るべきことなのですが、ただそれと同じ姿勢を外国人に求めても、必ずしもうまくいくとは限らないでしょう。

競合から学ぶこと、M＆Aや海外進出において統合やガバナンスを円滑に進めること、さらには日本文化を海外に広めること。いずれにおいてもかつての戦争で露呈した日本人の悪癖を反省し、自らの客観的理解とそのための投資、自らを理解してくれた人への敬意と他者の理解への努力が、成功への基礎となるのではないでしょうか。

3 自社の強みは？――思想的不徹底

戦前の思想教育とその巧拙は広く論じられるところです。小松真一氏は『虜人日記』で敗因21カ条の1つに「思想的に徹底したものがなかった事」を挙げます。

ここでいう「思想的徹底」とは、自らの思想的基盤を徹底的に考え抜き、批評にも正面から向き合い、自ら律するための土台とすることです。

当時の日本では標語的な思想はあっても体系化されておらず、批判を許さず、物理的・社会的暴力で律していました。日本国内や暴力が及ぶ環境にいれば統率がとれる。ところが、海外で、責任を自覚しなければ無責任でいられるという位置におかれると極めてもろくなった。山本七平氏はそう分析します。

また陸軍では白兵戦を戦闘の根本に据えつつ、その強みが最大限発揮できるゲリラ戦に注力せずに、一大会戦をやろうとしました。自らの本当の強みやよって立つべきものが一体何なのかが組織として徹底されていないことも、各地での惨敗につながっていきます。

思想的不徹底は「基礎科学の研究をしなかった事」「兵器の劣悪を自覚し、負け癖がついた事」といった、他の敗因にも影響しました。思想的基盤や客観的な自己認識なく、虚構の上に議論を展開することは、基礎科学への軽視・無関心を生みます。

基礎科学におけるギャップの認識の甘さがさらなる虚構を助長するという悪循環に陥り、米国のような兵器・兵力の飛躍的発展を阻害します。

一方で前線では兵器の劣悪・不足は明らかです。徐々に負け癖がつき、「大決戦」などと銘打っても戦いの端緒で戦意を喪失して敗走する、といった展開が各地で見られるようになります。

太平洋各地に分散させた戦力が個別撃破され、兵士は生き残るためにジャングルに潜伏する。

後半戦に至ってもなお、日本のエリートが戦争終結の具体的方策を打ち出すことができなかったのも、思想的基盤の弱さに起因しているのです。

ケーススタディ

アップル、グーグルなどの強み

企業経営における「思想的徹底」とは、企業文化・組織風土に加えて、自社が本当の強みとして磨き続けるべきもの（「コアケイパビリティ」と呼びます）がどこにあるのか、それを生かして自社が絶対にリーダーシップをとるべき事業・市場はどこかについて、共通理解と遂行を徹底することにあります。

残念ながらかつての日本軍と同様に、これらの不徹底が業績の不振につながっている企業の例を見ることは、日本企業はもとよりグローバルにも少なくありません。

自社の本当の強みを理解し、それを中心に戦略を組み立てる企業には迷いがなく、戦略は極めてシンプルでわかりやすく、そのシンプルさが戦略の現場への浸透やさらなる強みにつながります。そこで強みとされるものは決して時代遅れのひとりよがりではなく、その時点において最先端を行くものであり、かつ常にその点においてリーダーであるべく妥協なき進化が追求されています。

例えば、米グーグルは自らをテクノロジーとイノベーションによる問題解決の企業であるとシンプルに定義し、エンジニアを価値創造の中心に置き、検索や音声認識などの基礎研究に膨大な労力を投じます。

米アップルは顧客からの示唆の収集・研究を最重視し、マーケティング機能を最高経営責任者（CEO）直轄にしています。

中国の大手携帯電話メーカー、小米（シャオミ）はインターネットを通じた直販網と顧客からのフィードバックを通じた製品の継続的改良がコアであり、それが圧倒的なコスト競争力を生み出しています。

［ＹＫＫ――ファスナーは品質と顧客との距離がコア］

自社が本当の強みとして磨き続けるべきものが明確である企業は、どういった市場あるいは顧客セグメントにおいて絶対にナンバーワンであるべきかが明確で、そこでの勝利に向けて妥協がありません。

世界のファスナー市場で圧倒的トップシェアを維持し続けるＹＫＫは、シェアを維持・拡大するためにユーザーである縫製工場の世界各地への展開に伴って一途に拡大を続け、その進出先は今や世界数十カ国に上ります。

アパレル製品にとっては小さいながらもコアパーツであるファスナーを、高品質を維持しつつリーズナブルな価格で顧客の需要に合わせて提供し続ける。自社の強みや使命が世界各国の拠点に徹底されており、本社から箸の上げ下げに至るような細かい指示・命令がなくとも、各現場が自律的に動くと言われています。

一方で、コアケイパビリティやコア事業の明確な認識と徹底なく、いたずらに多角化を繰り返した企業は、おのおのの事業で基礎研究への投資が不十分になってしまいます。本気でナンバーワンになれる、ならなければならないと思っていないこともあり、特に現場社員を中心に競合に対して負け癖がついてしまいます。そして、シェアが低いことにも、事業計画が未達に終わることにも何となく慣れてしまい、自身の前年対比でしか業績を見なくなります。

【勝つには明確な問題意識と思想が必要】

そうした企業は経営陣や本社から業績へのプレッシャーがかかると多少対応しますが、プレッシャーがなければ各事業や現場を律する思想的基盤がありません。

それどころか、こんな事業はやっていても意味がない、といった声が社内で公然と出始めるようになり、現場社員の士気は下がる一方です。

事業だけでなく、海外拠点への展開も同じです。展開した先で必ずナンバーワンシェアを獲得する、という明確な意思とそのための投資計画を持って進出するのであればよいのですが、5％でも10％でもシェアをとって利益が出ればよいではないか、といった目線で進出すると、現地ではろくな人材が集まらないばかりか、負け癖がついてしまい、なかなか業績は上がってきません。

圧倒的な戦力でも持たない限り、戦線を拡大しすぎると個別撃破されて価値につながらないというのは戦いの基本であり、先の戦争からの明確な教訓の1つでもあります。

ところが実際には、この轍を踏んでしまっている日本企業が今日でも非常に多いのは、大変残念な事実です。

多くの企業は創業の折、現状に対する何か明確な問題意識や、思想的なものを持っていたはずです。経営陣から現場にまで共有された「思想的に徹底したもの」を再構築・再獲得することが、戦線が伸びきって閉塞感に陥りがちな企業の再活性化につながるのではないでしょうか。

4　成功はへぼ教師――「反省力なきこと」

本書を取り上げた目的は、過去の反省からできるだけ現代の社会やビジネスへの示唆を得るためです。小松真一氏の『虜人日記』に記された敗因21カ条に「反省力なき事」があることは皮肉でもあり、必然でもあります。

山本七平氏は太平洋戦争と、官軍が西郷隆盛率いる士族軍を破った明治の西南戦争を対比し、日本の反省力のなさを浮き彫りにしています。

鹿児島で決起した西郷軍は相手がどれほど数や火力で勝るかを研究しようともせず、武士である自分たちが負けるはずがない、緒戦の勢いに乗り短期で決着がつく（なので補給は重要ではない）といった前提で作戦を立てます。しかし実際には、官軍の圧倒的な火力の前に敗れ去ります。

この作戦思想や敗戦に至るパターンが、太平洋戦争の敗戦パターンと驚くほど酷似していると山本氏は分析します。米国は真珠湾での被害を反省し、海軍編成を戦艦中心から空母機動部隊中心に大転換し、陸・海・空が連動した用兵術を開発しました。

日本も西南戦争をしっかり反省していれば、開戦に至らなかった可能性を含め、結果は違っていたかもしれません。

反省の不足は開戦後も続きます。小松氏の敗因21カ条で唯一地名が出るものに「バアーシー海峡の損害と、戦意喪失」があります。制海権のなくなった台湾とフィリピンの間のバシー海峡に兵員を満載した旧式輸送船を次々と繰り出しては撃沈され、一戦も交えず大勢の戦死者を出しながらやめなかった悲劇を指しています。

戦後70年以上を経て、私たちの置かれた社会的・政治的・経済的環境はかつてと全く異なります。しかし、本書が分析し警鐘を鳴らした問題点は現代の日本人や日本企業、あるいは日本という枠を超えた企業活動一般にもあてはまるものが驚くほど多いように思います。私たち全員が戦争や自社の過去の失敗の教訓を反省し、次の発展につながる契機としたいものです。

ケーススタディ 成功は失敗の彼方にある

数々の過去の戦史研究から独創的な戦術を編み出し、日露戦争での日本海海戦を勝利に導いた日本海軍参謀、秋山真之は日露戦争終結に際して「勝って兜(かぶと)の緒(お)を締めよ」と警鐘を鳴らしました。「失敗を許容せず、失敗から学ばず、成功体験に固執する」という日本人のリスクを見抜いていたからです。

しかしながら、勝ってさらに反省するというのは極めて難しいことです。日本軍は日露戦争での「勝利」が強烈な成功体験となり、太平洋戦争に至るまで装備や戦術を大きく進化させませんでした。ビル・ゲイツ氏が「成功は、へぼ教師だ。賢い人たちに、自分には失敗はないと思い込ませてしまう」と言ったように、日本人に限らず成功は人を自己満足させ、学習意欲を減退させます。

一方、米IBMの初代社長であるトーマス・J・ワトソン氏が「成功は失敗の彼方にある」と述べ、また本田宗一郎氏が「失敗のないところに成功はない」と言ったように、失敗は多くの教訓を与えてくれます。その教訓に真摯に向き合い、自己の成長に集中した者が長期的に大きな成功を収めることは、歴史が証明しています。

経営コンサルティングの仕事も突き詰めれば、過去や競合の成功事例・失敗事例からの教訓を紡ぎ出し、クライアント企業の状況や課題に即した形で提言することが多くを占めます。

そうした目で企業を見ると、失敗から学ぶことに仕組みとして取り組んでいる企業や組織は概して非常に堅牢です。また、優れた経営者は、自社の過去の失敗事例の研究について謙虚に耳を傾け、それを過去の経営者の属人的失敗として捉えるのではなく、そこから組織としての教訓を得ようとします。

【投資成功率3割を目指すには】

もう少し現場に近いレベルでも、例えば失注事例をどのように蓄積し分析しているかを見ると、企業の営業力がよくわかります。

優れた企業は失注案件について他社の提案内容や顧客からのフィードバックを収集することを奨励し、批判するのではなく次への示唆を導出するために分析します。それが戦術的な営業手法における改善にとどまらず、より本質的な製品・サービスの改善につながります。

逆に営業力の弱い企業は概して失注案件を営業のデータベースからも消去してしまったり、なるべく触れないように隠したりしがちです。

「とにかく売ってこい」といった指示になりがちなため、かつての「バアーシー海峡の損害と、戦意喪失」に似たような悪循環にも陥りかねません。

日々のオペレーションだけでなく、M&A（合併・買収）のような一見「一世一代の大勝負」に見えるようなものでも、失敗からの学びがものを言います。我々の研究によると、経験数が多い企業ほどM&Aによって企業価値を高められる成功確率が高く、また大失敗・大成功といった成功の幅のばらつきも小さくなることが証明されています。

経験もないのにいきなり超大型案件に挑むのではなく、小さくても案件経験を積み重ね、そこからの経験や反省を組織知として積み重ねた企業がM&A巧者となります。

企業への投資そのものを生業とするバイアウト・ファンドでも、一般的に3割強の案件で投資収益をあげることができれば「優れたファンド」とみなされます。3割強の「打率」をたたき出す投資ファンドはそれ以外の6～7割の案件から多くのことを反省し、失敗を減らす術や成功案件での収益を大きくする術を学ぶのです。

【戦争の反省を仕事に】

お恥ずかしい話ですが、1973年に創業したベイン・アンド・カンパニーも90年に一度倒産の危機に瀕しています。初期の成功に気をよくして性急な規模拡大に走り、顧客中心のコンサルティングを忘れかけたことが大きな原因でした。

その経験から徹底的に学び、常に顧客を中心に考え、一方でそれにおもねらず事実を事実として伝えること、そしてそのために社内のグローバルなチームワークを徹底して、それらを奨励する評価制度や組織設計を貫くことを根本としています。

本来はそこまでの危機に至る前に自律的に矯正・再建できればよかったのです。ただ、一度陥ってしまった危機を徹底的に反省し、思想的な基盤、文化や価値観、諸制度といった形で具体化し、一連の経緯と考え方を30年経った今でもパートナーへの教育において徹底しています。

戦争からの反省には様々な要素、目的とやり方があるでしょう。政治の世界ではレトリックな部分が重要なようですが、より本質的には何が起きたのかという事実に向き合い、なぜそうなったのかを客観的に分析・理解して、それを次の世代に教育していくことが大切です。

反省から得られるものには、もちろん日本を再び戦争に導かないための教訓もありますが、ビジネスにおいて日本企業がグローバルに勝つための示唆深い教訓も大いに含まれると考えます。

戦争からの反省を政治の世界だけのものと矮小化せず、我々民間レベルでも次の発展への知恵にかえることが、先人の残したものを未来の価値へ転換することにつながるのではないでしょうか。

『「バカな」と「なるほど」』

吉原英樹著

よい戦略はどうやって生まれるか

清水勝彦
（慶應ビジネススクール　教授）

「バカな」と「なるほど」　PHP研究所、2014年／吉原英樹

1　戦略の本質――差別化とは「バカ」と言われること

『「バカな」と「なるほど」』が最初に出版されたのは今から30年以上も前です。それが2014年になって復刊されたのにはそれなりの意味があります。経営学修士（MBA）ブームなどと言われながら、難しい専門用語やフレームワークに踊らされがちな学者やコンサルタントを一刀両断にする切れ味に、やっと時代が追い付いてきたということではないでしょうか。

まず、タイトルがいい。一言で戦略の本質をついています。他社に勝つ＝差別化ということは、他社から「バカよばわり」されるくらいでなくてはいけないのです。そう言われたくないためかどうかはわかりませんが、「他社がやっているから、当社も」という企業がいかに多いことか。

5年前に日本に帰ってきたとき「飲み放題」が多くて感激しましたが、この典型です。最初は「バカな」だったのかもしれませんが今は「あたりまえ」で、とても差別化の源になっているとは思えません。むしろレッドオーシャンのよい（悪い？）例です。

一方で当然ですが、ただバカなだけでは経営は成り立ちません。顧客ニーズをつかみ経済的に成り立つ合理性がなくてはなりません。本書にもあるように、一見「バカな」と思われる戦略も、よくよく見てみると非常によく考え抜かれていることがわかります。

気をつけなくてはならないのは「よい戦略には合理性がある」ことと「合理的に考えればよい戦略が生まれる」ことは全く違うことです。多くの情報へのアクセスが可能な現在、ロジックやフレームワークは一般的な、誰にとっても同じ答えをもたらします。

成長分野といえば、医療、インフラ、農業。よしと思って入ってみると、多くの企業の新規参入が集中し過当競争でもうからない……そんな話です。差別化を求めるには、「バカ」にならなくてはならないのです。IBMのワトソン君に対して人間が勝てるのはそこなのです。

ケーススタディ　論理だけでは世界が破綻する

「バカな」と「なるほど」が両方ないと、いい戦略そして企業としての結果は出ないのですが、多くの企業で見られるのは「なるほど」偏重、もっといえば「そつのない答え」「穴のないロジック」「面白くない」です。ロジカルシンキング、合理性、論理性……こうした点が重要なのはもちろんなのですが、いつの間にか「論理的であれば正しい」「合理的であればすべてが解決する」と思い、論理的に考えた戦略がうまくいかないと「社員の理解不足」「やる気がない」、揚げ句の果ては「せっかくの価値を顧客がわかっていない」などと責任転嫁したりします。

ベストセラーになった『国家の品格』（新潮新書）で、数学者の藤原正彦氏は「論理だけでは世界が破綻する」として次のように述べておられます。

一番困るのは、情緒に欠けてて、論理的思考能力はばっちり、というタイプの人です。……仮に彼が出発点Ａを誤って選んだとする。もちろんその後の論理は絶対に間違えない。すると、彼の論理が正しければ正しいほど、結論は絶対的な誤りになります。……このような情緒力とか、形というものを身体に刷り込んでいない人が駆使する論理は、ほとんど常に自己正当化にすぎません。世の中に流布する論理のほとんどが、私には自己正当化に見えて仕方ありません。

実際、自分が正論を言っている（と思っている）ときは、相手を見下す態度になりますから、なおさらたちが悪い。前提が間違っているのに、そうした上から目線で滔々（とうとう）と持論を展開する「本当のバカ」って、周りにいませんか？　今でもファンの多い「男はつらいよ」シリーズで、寅さんはそうした人たちに向かって「お前、さしずめインテリだな」なんてことを言います。

【プランニングとシンキングの違い】

実はこうした点は、欧米の学者や経営者からも指摘されてきました。マギル大学のヘンリー・ミンツバーグ教授は「戦略プランニング」と「戦略思考（シンキング）」を多くの企業では間違えていると、これも20年以上前（1994年）から強調しています。

「戦略プランニング」は、（すでに存在する過去のデータや部門の）分析（analysis）であるのに対し、「戦略思考」の本質はそうしたデータはもちろん、経営者がこれまでにしてきた経験や自らの考えをフルに使って新たな洞察を生み出す統合（synthesis）にある。そして、その「戦略思考」が最も必要とされるのは新たな事業を生み出すときである。戦略思考を通じて生まれた戦略にコミットし、実行を通じて新たな情報を学習し、戦略をさらに進化させる継続的なプロセスこそが戦略経営なのだ、と。

２００８年４月に同じくハーバードビジネスレビューに書かれた、ハーバードのシンシア・モンゴメリー教授の論文「Leadership back in strategy」（邦題「戦略の核心」）で同じようなポイントが指摘されています。

かれこれ25年ほど前から、戦略は分析的な問題解決の方法であり、左脳型の作業としてみなされるようになった。このような認識から、また「戦略は金になる」ということから、MBAホルダーや戦略コンサルタントといった一種の専門家が現れた。彼ら、彼女らはフレームワークやテクニックで武装し、業界分析や優れた戦略を指南し、経営者の良き参謀となった。

戦略は大局的な目的から遠く離れ、競争ゲームの計画に矮小化されてしまった。

内田和成氏はベストセラー『仮説思考』(東洋経済新報社)で「課題を分析して答えを出すのではなく、まず答えを出し、それを分析する」と指摘されています。内田氏は「良い仮説は経験に裏打ちされた直感から生まれるのだ」と言い、この点は、同じく元コンサルタントの大前研一氏がベストセラー&ロングセラーの『企業参謀』(プレジデント社ほか)の冒頭で強調する「非線形思考の重要性」と共通するところがあります。「冷徹な分析と人間の経験や勘、思考力を、もっとも有効に組み合わせた思考形態こそ、どのような新しい困難な事態に直面しても、人間の力で可能なベストの解答を出して突破していく方法だと思う」というのが大前氏の主張です。

【「バカな」と「あ、そうか！」】

ジャック・ウェルチがGEの最高経営責任者（CEO）を退いて最初に出版した本の名前も『Jack：Straight from the Gut』です。本来は『直感の経営』とでも訳すべきなのですが、日本経済新聞社から出版された日本語版では『わが経営』となっています。直感、勘というのはあまり読者に受けがよくないと考えたのかもしれません。さらにウェルチはその続編『Winning』で、「あ、そうか！（aha!）」を見つけることの重要性を強調して次のように続けます。

戦略とは、単純に「あ、そうか！」を見つけ、大まかな方向を決め、適切な人材を配置し、しつこく改善し続けることだ。
これ以上複雑にしようとしたって、私にはできない。

経営者がよく「自由な発想を」なんておっしゃっていますが、実際にそうした会社で「自由な発想」で若手が提案したりすると「バカじゃないのか」「常識知らず」なんて言われたりします。しかし、若者はそこで「しゅん」としてはいけないのです。吉原先生が強調されるように、「バカ」と言われたら「しめしめ」と思ってみましょう。そこに差別化のカギがあるかもしれません。ただ、トルストイの言うように、賢い人は同じように賢いですが、「バカ」と言われる理由は千差万別なので、「バカ」と言われさえすればよいものではないことを付け加えておきます。

2 「常識」って何？——楽するためのおまじないかも

「常識を覆す」という言葉は新聞や雑誌の見出しで時々目にします。新興企業や衰退していた企業が「斬新な戦略」で好業績をあげたようなときに使われます。

ところで「常識」って何でしょうか？　辞書を見ると「一般社会人が当然もつとされる知識や判断力」なんて書いてあるわけですが、「当然」って何が当然で、誰が決めたのでしょうか？「常識」＝「社会人としてのルール」と考えると、「ルール」には2種類あります。1つは、例えば歩行者は右といった、別に左でもいいんだけど決めておかないと混乱するからあるもの。もう1つは、そもそも目的があってできたスピード制限のようなものです。後者はしばしば「形骸化」していることがあります。

本来の意味を失ったのに誰も疑問を持たずに従っている「ルール」「常識」のことです。数年前に「子供の健康診断で座高を測るのは意味がないからやめるべきだと文科省の有識者団体が提言した」という新聞記事を読んでのけぞった方も多いのではないでしょうか。何の意味もないのに延々80年近くも、誰も、何の疑問も持たずに行われ、しかも「座高測定器」なんていうものまであった。疑問を持たないほうが「楽」なのです。

そう考えてみると「常識」というのはおまじないのようなもので、結構怪しいと思ったほうがよいのではないでしょうか？そもそもの目的を常に問い直す必要があるということです。「考えてみりゃあ」と原点に戻ることの大切さは、故西堀栄三郎氏もよく指摘されていたことです。

企業の中では「この仕事は何のためにやるんですか？」なんて上司に聞くと、まず「バカ」と言われます。しかし、そう言われるのは、もしかしたら上司も本当の目的を理解していないからかもしれません。「既得権益」「面倒くさい」が「常識」という言葉にすりかえられ、ごまかされるのはままあることです。しめしめと思ってよく考えると、チャンスが転がっているかもしれません。

ケーススタディ

戦略立案者の8つの落とし穴

「常識」と「思い込み」とは紙一重です。確かに、世の中の「常識」に従わないと仲間外れになったり、あるいは投資家やサプライヤーの支持が得られないかもしれないので、何でもかんでも「常識を覆す」ことは難しいしするべきではないかもしれませんが、「思い込みでないか」と自問することはとても大切です。初めのうちは理由があっても、いつの間にかルーティン化され、疑問を持たなくなることは多いのです。「慣れ」というのは、いい意味でも悪い意味でも、人間の持つ重要な生存本能なのです。吉原先生もご指摘されていますが（組織あるいは人間の持つ）「慣性」は、経営学の大きなテーマの1つです。

McKinsey Quarterlyに2003年に掲載された「Hidden flaws in strategy（戦略立案の落とし穴）」では次のような人間の脳に根本的に内在する問題が指摘されています。合理的であるはずの優れた経営者あるいは戦略立案者が「知らず知らず」のうちにはまってしまう「落とし穴」です。

①自信過剰

これは言うまでもないでしょう。

②頭の中での「財布」の分離（Mental accounting）

例えば、ばくちでもうけた100万円は散財したりするのですが、家電製品が壊れて数万円の買い替えをするのにも腹立たしく思ったりします。「財布が別」と思ってしまうからです。「自分のお金」であることに変わりはないのですが。同様に、新規事業にはどんどんお金をつぎ込むけれど、既存事業にはとてもケチ、なんていうことが起こります。

③現状維持バイアス

新しいことにトライをすることはリスクが付き物ですが、人間はどうしても「現状維持」「慣れたやり方」が好きです。たとえ、何もしないほうがリスクが大きくても。

④無意識的な基準設定（Anchoring）

これは交渉や意思決定のときによく指摘されるのですが、例えば、全く根拠がなくても、ある数字を提示されるとそれが「基準＝anchor」となってそれに引っ張られる人間の性癖です。最初に10万円と提示された商品を6万円までまけさせることができたら「やったー」と思ったりするわけですが、実際は3万円くらいのものかもしれません。「最初に提示された10万円」というところが問題です。桁がいくつも違うM＆A（合併・買収）でもよくある話です。

⑤埋没原価（Sunk-cost）のバイアス

これはまずいと思いながらもどんどん投資をし続けてしまう「escalation of commitment」の大きな原因としてよく取り上げられます。過去にした投資はもう沈んでしまって（sunk）どうにもならないのに、ついつい「ここまでやったんだから」ということでこだわり、さらに傷口を広げるケースです。新規プロジェクトや買収したダメ企業への対応でも見られますし、駅前でタクシーが全然来ないのに「これだけ待ったからもう少し」とさらに30分も待って、結局バスで行ったほうがはるかに早かった……というような話もそうです。

⑥群れたがる（The herding instinct）

「他社がやっているから、当社も」という、まさに吉原先生の指摘する問題点です。2点ほどご参考までに追加すれば、⑴よく「日本企業は横並びが好きで」などとしたり顔でおっしゃる方がいますが、まさに世界配信のMcKinsey Quarterlyが指摘するように、これは世界的な傾向です。⑵他社のまねは悪いところばかりではありません。追随しないことで他社の独走を許したりするかもしれませんし、先行した他社から学ぶことでよりよい商品・サービスを提供することもできます。吉原先生も本書で「ユニークな戦略を考え出すためには、必ずしもとびぬけた創造的思考能力が必要なわけではない。外国の答えを見ながら、また進んだ業界の答えを見ながら、自分の会社のために戦略の答案を書けばよいからである」（本書59ページ）と指摘されています。

⑦将来の変化の感情的影響を過大評価する

例えば、経営者が合併を考える際に、あるいは新しい評価制度を導入するときに、社員への影響を考え、躊躇することはあると思います。しかし「人間とは、びっくりするほどすぐに新しい環境に慣れる」のも事実です。例えば、社員の動機づけのために全社の給与水準を20％上げても、社員が喜んでやる気を出しているのは2～3カ月で、すぐに新しい水準に慣れてそれが当然のことのように思う、それが現実です。

⑧共有したつもり

人間には、どうしても「自分の意見」に沿った情報を選択的に選んだり、そちらに注意がいくという傾向があります。従って、「共有したい」戦略とかビジョンは、いつの間にか「共有しているはずだ」「共有できた」と決定的な証拠もないままどんどん確信が深まったりします。また、「グループシンク」つまり、KY＝場の空気を読んでいないと「チームプレーヤーではない」と思われるのではないかと思い、「合意したふりをする」という指摘もあります。

「常識」に挑戦することは、面倒であったり、リスクを冒すことであったりするのですが、だからこそチャンスがあるのです。面倒でもなく、リスクもないとすれば、誰だってできるのですから。

3　多角化と経営トップ――カラ元気はOK、スケベ心はNG

本書が約30年前に出た当時、私はコンサルタント3年目、バブルの始まりということもあり、ずいぶん新規事業のプロジェクトに関わりました。本書が多角化とそれに関わるリーダーシップに数章を割いているのはそうした時代背景もあると思います。

「新規事業が軌道に乗るまでは5年とか10年の長い期間の経過が必要で、しかもその間には予期せざる様々な問題が発生する」「その時、社長など経営者は内心ではしまったと思っても、その内心の不安を顔に出してはならない」「しばしばカラ元気のリーダーシップを必要とする」とはその通りで、現在でもあてはまると思います。

カラ元気を潔しとしない方もいるかもしれませんが、トップの言動は常にメッセージであることは吉原先生も指摘される通りです。トップが弱気になれば成功することも成功しません。ただ、人は知らないうちに自信過剰になります。本来努力と工夫を重ねて初めて成功するような新規事業にもかかわらず、「当社のブランドを使えば大丈夫」「大手が中小に負けるわけはない」などという「常識」を自分の中で作ってしまうと失敗のもとです。

稲盛和夫氏が経営者として「私心なかりしか」を問うことの重要性を言っておられますが、私心というのはおごりや油断、さらにいえば「これだけの資源があるんだから（そんなに努力しないでも）もうかるに違いない」という思い込み、つまりスケベ心ではないかと思うのです。本書に挙げられる成功企業がいずれも大企業でないことは示唆的ですし、バブル期の多角化の多くが失敗しているのもわかります。

現在のような成熟市場に直面する日本企業の多角化がより真剣であることは間違いありませ

ん。ただし「プライドが許さない」「社長が始めたから」というようなことが5年も10年も取り組む理由だとすれば、それもまた「スケベ心」であることをお忘れなきよう。

ケーススタディ

レゴの多角化戦略

「レゴ」を知らない人はまずいないでしょう。そうそう、あのおもちゃのブロックです。1932年、デンマークで生まれたこの会社は、そもそもデンマーク語で「よく遊べ」を意味する「leg godt」からきています。業績は絶好調です。効果的なM&A（合併・買収＝ピクサー、マーベル、ルーカスフィルム）を活用し、同じく絶好調のディズニーを特集した年末のEconomist誌（2015年12月19日号）では「ディズニーの次のターゲットはレゴか?」なんて書かれています。

しかし、歴史を見るとこの会社は結構ジェットコースターのような大成功と大失敗を経験してきたことがわかります。そもそも、この会社の代名詞であるレゴブロックの特許が切れたのが88年です。少し前のことですが、思い返していただくとおわかりのように、これと軌を一にしたかのようにパソコン、そしてテレビゲームが普及し始めます。あの任天堂「ファミリーコンピュータ」が発売されたのは83年、マリオブラザーズが登場したのは85年です。

こうした環境変化に直面し、レゴの売り上げは93年をピークに下がり始めます。状況を打開するために新製品を矢継ぎ早に発表するのですが、業績は改善しません。98年、ついに外部からCEOを招聘し、新CEOは当時ビジネス界で最も注目されていた「イノベーションの7つの真理」を取り入れます。

①多様で創造的な人材を採用する
②ブルーオーシャン市場に進出する
③顧客第一
④破壊的イノベーションを試みる
⑤オープンイノベーションを推し進める――多数派が持つ知恵に耳を傾ける
⑥全方位のイノベーションを探る
⑦イノベーション文化を築く

どこかで聞いたような話ですね。これまでデンマーク人で中枢を占め、レゴブロックだけで成長してきたこの会社にとっては、テレビゲームなど様々な競合が現れる中、非常にタイムリーな戦略でした。

少なくとも、当時は皆そう思ったのでした。

【「7つの真理」の落とし穴】

しかし、一言でいえば、この「イノベーションの7つの真理」戦略は大失敗で、2003年には大幅な赤字を計上し、一時は身売り、あるいは倒産の噂さえ流れたほどです。その理由は「イノベーションがない」ことではなく、「利益を生むイノベーションがない」ことだったのです。

2013年に発刊され、こうしたレゴの成功と失敗の歴史をつづった『Brick by Brick（邦題：レゴはなぜ世界で愛され続けているのか）』では、「イノベーションの7つの真理」の落とし穴にはまっていったことが分析されています。

①多様で創造的な人材を採用する――レゴは自社の価値観に合わない人材を採用したばかりか人材間の連携をとらなかった
②ブルーオーシャン市場に進出する――自社の強みのない市場で急拡大を図った
③顧客第一――分散したターゲット層のすべてを取り込もうとし中途半端になった
④破壊的イノベーションを試みる――的が絞れていない新規事業に多額の投資をした、また新規部門の「特別扱い」が社内にあつれきをもたらした
⑤オープンイノベーションを推し進める（多数派が持つ知恵に耳を傾ける）――効果的なフィー

ドバックを得られないまま「悪貨は良貨を駆逐」するように、レベルの低い意見が集まった

⑥全方位のイノベーションを探る――可能性ばかりが強調され、誰もお互いに厳しい意見を言わなくなった（グループシンクの典型です）

⑦イノベーション文化を築く――チームは孤立し、反対意見は許されず、「何でもあり」の文化が築かれ、資源が浪費された

【見失いがちな自社の本当の強み】

これと似たような、イノベーションを中心とした多角化の失敗は多くの企業で見られます。もっといえば、多くの「優良企業」で見られます。フォード、ＩＢＭ、ゼロックス……そしてその再建策も非常に似通っています。この場合でいえば「レゴらしさを取り戻す」ことでした。言い換えれば、いつの間にか「レゴ」というブランド力を過信して、様々な多角化を同時並行的に進めることでレゴの本当の強み・ユニークネスがわからなくなっていたのです。「スケベ心」という言葉が適当でなければ「おごり」と言ってもいいでしょう。

実はレゴの強みは部品の共有度、つまり新しい商品・セットが出ても、そこに入っているブ

ロックの80％は定番だと言われていますし、結果として以前のセットと合わせて使えることで、規模の効果を享受し、また顧客にとっても発展性を提供できていたのですが、「創造」という言葉につられて、そうした強みを単なる「制約」とみなすことで自分を見失っていたのです。

多角化自体は間違いではありません。問題は、日本企業でもよく見られますが、「流行」を追いかけすぎ、「自社の原点、強み」をおろそかにすることなのです。なのに「自社には強みがあるから成功するだろう」と気づかないうちにスケベ心に支配されているのです。

「強み」とは、ある意味「制約」です。「強い」＝「何でもできる」ということでは決してなく、自分の土俵に上がったときに勝てる、逆にいえば自分の土俵に上がらなければ勝てないのです。そして、多くの芸術家も指摘するように、本来創造とは制約があってこそ生まれるのですが、それをいつの間にか忘れてしまうのです。

4　自分で考える――ルールや流行が奪う「バカ力」

本書では吉原先生が小耳に挟んだ「ポリコーとセンコーはやめておけ」という大変ショッキング（？）な話も登場します。要は「警官と学校の先生は、自分から頭を下げて人にものを頼むという経験のない人間である。そのため商売人にはとうていなれない」ということです。
おそらくもう1つ「ポリコーとセンコー（および役人および銀行員）」に共通するのは「ルールを奉って頭が固い」ということではないでしょうか。もちろん何でもありというわけではないですが、「ルールですから」という言葉を盾に、顧客の便宜を図ろうという発想が乏しいこともまた事実でしょう。

翻って、皆さんはどうでしょう？「ルール」あるいは「常識」という言葉に隠れて、本当にすべきことから逃げたり、あるいは目的すら考えなくなっていたりということはないでしょうか？ そのほうが楽だから。

ルールも常識も他の誰かが決めたものです。その意味でルールや常識に従うというのは実は「相手の土俵で戦う」ということに他なりません。

「自分の病状を説明する前に、この薬は前の患者に効いたからあなたにも効くはずだと医者に言われたらどう思うだろう」と、ハーバード大学のクレイトン・クリステンセン教授は指摘します。実は経営においてしばしば全く同じことが起こります。他社の成功事例を取り入れようという話です。「ベストプラクティス」「最新の経営手法」も同じです。そして、こうした「流行」は伝染病のように広まり、経営者の考える力（バカ力？）を奪います。

結局経営において「バカな」とは「人の言うことをうのみにしない」「自分で考える」こと

と相当近いのではないかと思います。本書を貫くメッセージは「リーダーよ、楽をするな。自分の会社のことをよく見て自分で考えろ」ということではないかと思うのです。

ケーススタディ

リスクの回避こそが最大のリスク

"Thinking is very hard work. And the management fashions are a wonderful substitute for thinking"（考え抜くことは大変な仕事だ。それに耐えられない経営者は、はやりに流されてしまう）とはピーター・ドラッカーの言葉です。「ルール」「流行」あるいは「常識」が本来の目的から離れて伝染すること、あるいは墨守されることはもちろん問題なのですが、同じくらい問題なのは、それによって「ルールに沿っていれば結果がどうなろうと自分の知ったことではない。逆に、ルールを破って何かして失敗したら、自分の責任問題になる」として、考えなくなること、リスクをとらなくなることです。

繰り返しになりますが、ルールや常識が「生きている」うちはいいのですが、時代や顧客が変わるうちに、いつの間にか陳腐化します。さらに問題なのは、「流行」しているものが必ずしもいいものとは限らないことです。「成功企業が導入しているのだからいい手法に違いない」かもしれませんが、そのまま使って失敗するのは、症状を聞かずに薬を処方する医者と同じです。

そう言われると「えっ！」となるのですが、いかにこうした「一般的」な「最新の経営手法」がはやり、またそれに対するニーズが多いのかは驚くほどです。

ちなみに、ジャック・ウェルチも「ベストプラクティス」を取り入れろと強調していますが、最後に「常に改善を加えていく」ことの重要性を必ず加えています。また、多くの企業がGE流の人材評価・選別を安易に導入しようとすることに警鐘を鳴らし、「選別を可能とする前提となる率直さや信頼を醸成するのに、GEでは10年の歳月をかけた」と指摘します。

【 因果関係は相関関係と違う 】

前述のクリステンセン教授はむしろ『イノベーターのジレンマ』で有名ですが、彼がハーバードビジネスレビューの別の論文で指摘している点は経営者やコンサルタントだけでなく、我々研究者にとっても重要な意味を持っています（ちなみにこの論文は、毎年KBSでケロッグ、コロンビア、タックなどから来る交換留学生とKBS学生の双方が参加するUncertainty and Management in Organizationsというクラスで使っています）。

ここで指摘されている重要な点は、①因果関係を正しく理解することの重要性、そして②理論を常に進化させようとする姿勢を持つこと、そのためには③理論の限界を知ること――の3

つです。

特に「因果関係」については、単なる「相関関係」と混同している経営者やコンサルタントが多いことにも触れています。

一般にAがBを引き起こすという因果関係（causality）を証明するには、次の3つの条件が必要です。

⑴AがBよりも前に起こっていること
⑵AとBには相関関係（correlation）があること（Aが起こればBが起こる）
⑶A以外にBに影響するものがないこと

AとBに相関関係が見られる場合、AがBの原因ではない可能性として、例えば次のような可能性があります。

①BがAの原因（reverse causalityなどと言われます。つまり、因と果が逆）
②AとBがお互いに影響している
③AもBも第三の変数の結果
④単なる偶然
⑤AはBの直接の原因ではなく、A→C→Bとなる

【 前提条件次第で効果は変わる 】

スタンフォード大学の大御所ジェフリー・フェファー、ロバート・サットン両教授は、「われわれのクライアントは市場平均に比べ3倍の業績を上げている」というあるコンサルティング会社の主張に対して、「ほら吹きだ」と言い切り、「単なる相関関係にすぎない」「業績の良い会社だから大枚をはたいてコンサルティング会社を雇ったのでは？」「実際にその会社が業績に貢献したという証拠を見せろ」とかみついています。

もう1つ「よい理論」の重要な点は、「こういう条件では成り立つが、こういう条件では成り立たない」という「限界」がはっきりしていることです。ジャック・ウェルチが指摘するように、多くの場合「ベストプラクティス」が成立するためには「前提条件」があり、それによって効果は大きく変わるのです。逆に「これをしたら、どんな会社でもよくなる」ということを言っている本などがあったとすれば、それはほぼウソです。我々は、どうしてもそうした「万能薬」「一般的な成功要因」を求めがちですが、経営にとってそれは「禁じ手」であることを知るべきです。

吉原先生は「常識破りの戦略」「非常識な戦略で活路を開く」といった点を強調されておりますが、もう一押ししてもいいのではないかというのが僭越（せんえつ）ながら私の意見です。つまり「よい戦略は常識破りでなくてはならない」「非常識の戦略でなければ活路は開けない」ということです。ここまでお読みいただいた方は、「常識」がどのような意味で使われているかも十分ご理解いただいていると思います。

こうした話を講演などですると、時々こんな質問があります。

先生、いい話をありがとうございました。やはり、自分で考えるということが重要なんですね。ところで、そうした「自分で考える」ことができている会社の事例をご存じでしたら教えていただけますか？

『論語と算盤』

渋沢栄一著

「日本実業界の父」の経営哲学

奥野慎太郎

（ベイン・アンド・カンパニー・ジャパン　日本法人会長）

論語と算盤　角川ソフィア文庫、2008年／渋沢栄一

1　100年後も色あせない教え――「処世」「信条」「立志」

『論語と算盤』は「日本実業界の父」渋沢栄一氏の講演の口述筆記から90編を選び、10のテーマ別に編集して1916年に発行されました。明治から昭和初期までに470社もの会社を設立し、成功させた渋沢氏が貫き通した経営哲学を学ぶ入門書として、多くの人々に読み継がれています。

全体を貫く「精神と経済の両立」「利潤追求と道徳の調和」という思想は、サスティナビリティ（持続可能性）や企業の社会的責任（CSR）が重視される現在、古くかつ新しい示唆を与えてくれます。

本書はまず、処世の考え方を説いています。そこでは競争や逆境がもたらす価値を説きつつ、成り行きを見ながら気長にチャンスを待つことの重要性を指摘しています。また「忠恕（ちゅうじょ）」、すなわち良心的で思いやりのある姿勢を常に保つことが肝要とし、順風満帆に見えるときにこそ災いの種があると警告します。名声とは常に困難で行き詰まった日々の苦闘から生まれるものであり、失敗とは得意になっている時期にその原因が生まれるものであるとして、目先の名声や順境・逆境にかかわらず誠実に努力することを説いています。これは一貫した渋沢氏の教えです。

学問を修めるうえでも、努力の継続性と一貫性が重要です。社会でも学問でも、成果を焦っては大局を見落とし、わずかな成功に満足してしまうかと思えば、ささいな失敗で落胆することも少なくないとしています。

孔子は「吾、十有五にして学に志す、三十にして立つ、四十にして惑わず、五十にして天命を知る」と語り、進む道に確信を得るのに40年を要していますが、最初の志は15歳で得ています。大きな志を意識しつつ、小さな志を重ねることで、大きな志が実現するのです。渋沢氏は生涯に歩むべき道を見失わず、自らが信じて正しいと思うものを守るためには争いも辞さず、小さな努力を積み重ねて自らチャンスをつかめ、と教えています。

ケーススタディ

長寿と変身のDNA——企業存続の条件とは

『論語と算盤』の主張は、主に明治から大正にかけての、まだ日本の民間商工業が十分に育っておらず、また商工業よりも軍事や政治が尊いとされる傾向があった時代背景に基づくものですが、その教えは現在の日本においても色あせません。

例えば継続性と一貫性の重要性は、バブル崩壊後に苦境に陥った企業がその後低迷を続けたり、あるいは復活を遂げたりする歴史からも見て取ることができます。ベイン・アンド・カンパニーの調査によると、売り上げ５００億円以上で50年以上の社歴を有する老舗上場企業のうち、１９９０年代に売り上げを減少させたものの２０００年代に年率５％以上の成長を遂げた日本企業が22社ありました。

その内訳を見ると、特定の産業への偏りはあまり見られない一方、それまでの経営を改めて見直して従来の会社の志・コア領域に回帰したことで成功した会社や、厳しい環境下でも信じる道に地道に投資を続け、それが２０００年代に花開いた会社が多いことに気づきます。

いくつか具体例をご紹介しましょう。

石油・ガスプラント製造の日揮は、主力市場であった東南アジアでの通貨危機による案件減少、受注競争の激化に伴う受注単価下落、円高による海外売り上げの減少などにより、90年代は年平均２・１％での減収となりました。

しかし同社は、日本の技術を生かした海外でのプラントの製造とそれによる日本のエネルギー問題への貢献という志を貫き、苦境にあった90年代に縮小均衡に陥るのではなく他社に先駆けて中東に進出、少しずつ築き上げた地盤とそのための努力が、２０００年代の原油・ガス需要の増大によって同地域でのプラント建設需要が拡大した際に大きく実を結びました。結果として同社の2000年代を通じた売り上げの年平均成長率は5・8%、営業利益率も90年に1%程度であったものが10%を超える水準にまで改善しました。

電動工具メーカーのマキタは、世界経済の悪化に伴う需要全体の伸び悩みに加え、主要国外市場の米国ではダンピング関税により売り上げが低迷、欧州でもボッシュ等との競争の激化により苦戦が続き、90年代は年平均0・7%で売り上げが微減していました。しかしながらそうした時期にでも、世界初のコードレス電動工具を発売、顧客フィードバックをもとにサービスの向上や商品開発を強化、新興国での生産体制を増強するなど、着実に投資を進めた結果、2000年代の電動工具需要の増加をいち早く取り込み、2000年代は年平均5・7%で売上高が大きく拡大しました。

ユーザーである電気工事業者にとっては生活の糧となるツールを作る同社は、経営が苦しいときもユーザーの声に真摯に耳を傾け、問題が起きたらすぐに解決する手厚いサポートを継続したことで、大きな成果を収めたのです。

【 ジョブズも基本に忠実だった——顧客の声を聞け 】

鉄鋼製品メーカーの大和工業も、日本市場の低迷に伴い、1990年代は年率1割以上のペースで大きく売り上げを縮小させました。２０００年度の売り上げは90年度の3分の１以下という大幅な減収で、収益上も営業赤字に転落していました。そんななか、92年にタイ、２００２年に韓国に子会社を設立し、地道に改善を重ねて安定生産を実現、また粘り強い営業活動を継続しました。その結果が２０００年代になって花開き、２０００年代を通じての年平均成長率は2割に達しました。

このように、企業経営においても、経営努力の中で徐々に勝ちパターンが見えてきたり、時代によって注力する地域、中心価格帯、技術などの戦術の変更が求められたりはしますが、長い目で見て成功をもたらすのは、一時の投機的な行動や他社へのネガティブキャンペーン、ダンピングなどの無理のある行動ではありません。

自らが顧客に対してどのように価値提供をできるのか真摯に考え、好況期でも放漫経営に陥らず、また苦境期においても将来への展望を見失わず、創業時の精神と大きな志を忘れずに継続的な経営努力をすることが、顧客からの支持を集め、持続的な成功をもたらすのです。天才的なひらめきで消費者が考えもしない製品を世に送り出したかに見えるアップルのスティーブ・ジョブズでさえ、製品構想を練る際に消費者の動きをつぶさに観察し、アップルストアなどを通じて寄せられる顧客の声に真摯に耳を傾けていたというのも、よく知られた事例でしょう。

「吾、十有五にして学に志す、三十にして立つ、四十にして惑わず、五十にして天命を知る」という人生の時間軸とは多少異なる場合もあるかと思われますが、大きな志を忘れずに継続的に工夫や努力を重ねる、目先の名声や順境・逆境にかかわらずに誠実に努力することの重要性は、現在の企業経営にとっても変わらず必要とされる教えなのではないでしょうか。

2 健全なバランスが生む成長と利益——「常識」「富貴」「理想」

常識と習慣は普段あまり意識されない半面、私たちの人生に大きな影響を与えます。渋沢栄一氏は、健全な常識とは「智・情・意（智恵・情熱・意思）」の相互バランスによって成り立つと説きました。

どれか1つが欠けても極端に走ったり、感情的になったり、頑固になったりしがちです。人生においては健全な常識とともに中庸を保ちつつ努力を続けることが必要です。これを継続するうえでも青年の頃までに「自分に克つ」ための正しい習慣を身につけることが重要です。

健全な常識と習慣を忘れず、社会の基本的な道徳をバランスよく推し進めながら利益を追求すれば、手にした富や地位、手柄や名声は決して卑しいものではなく、そのための経済活動も仁義に反するものではないと、渋沢氏は力説しています。
「武士は食わねど高楊枝」という気風が残り、実業を蔑む空気が残っていた明治期ゆえの指摘とも言えますが、富や地位を得た者を批判する風潮はいつの時代にもあるものです。金銭そのものに罪はありません。自分を愛するのと同じくらい社会を愛し、まっとうな生き方で得た金であれば、また単に使うだけ・ためるだけでなければ、よく集めよく使うことは孔子の教えにも反しません。

そして求められる道徳は、科学が進歩するようには変化しないものであり、昔の聖人や賢人の教えが今も活きる、すなわち今も論語は生きていて実業の基礎になる、と彼は説いています。

とはいえ、社会に貢献し、実業で成功するためには数々の困難を乗り越えねばならず、不断の努力が必要でしょう。それには熱い真心と理想が欠かせません。理解することは愛好することの深さに及ばず、愛好することは楽しむことの深さに及びません。迷信や雑音に惑わされず、毎日を新たな気持ちで楽しく取り組めば、自分の思う通りにならなくとも心から湧き出る理想や思いの一部は実現するでしょう。

所得の不均衡や格差の拡大は社会不安を招き、大きな富を得たものには羨望や批判の声が集まりがちです。しかしながら、渋沢栄一氏の言うように、金銭そのものに罪があるわけではなく、富や地位、手柄や名声を得るものは、それなりの価値創造をしている場合がほとんどです。「ハゲタカ」と批判されがちなバイアウト・ファンドも、そのまま見過ごせばなくなってしまう企業を再生して雇用を創出したり、必ずしも顧客から見て合理的ではないような事情で高くなっていたコスト構造を改善したり、その企業が本来強みを有していた分野や顧客に必要とされる分野に投資を集中させたりすることで、大きなリターンを得ようとする場合が少なくありません。

残念なことではありますが、従来の企業経営の中で、顧客価値からとてもかけ離れたようなところに無駄にお金が投じられたり、顧客価値に直結しないような硬直的な意思決定や業務プロセスから競争力を失ったり、あるいは一部の人の政治的な都合で常識（すなわち渋沢氏のいう健全な智恵・情熱・意思）では考えられないことが行われたりする例は、少なからず見受けられます。

私たちがコンサルティングのお手伝いをしているなかでも、ごくまれにではありますが、一部の方から「企業はもうけなければならないのか」「企業は成長しなければならないのか」という問いを受けることがあります。企業は不正を働いたり、顧客を欺いたりしてまで金もうけをすべきか、という問いであれば、当然答えは否ということになるのでしょうが、顧客からより支持を集める企業が成長し、収益をあげ、それを次のイノベーションに投資して、新たな価値を顧客に提供するという循環は、本来は社会にとって望ましいことであるはずです。

何らかの事情でそうした循環から外れてしまっていた企業を再び成長基調に乗せることができるのであれば、投資ファンドのような存在も批判されるべきものではないのかもしれません。やはりここでも、投資ファンドや企業の利潤追求そのものが悪なのではなく、「精神と経済の両立」「利潤追求と道徳の調和」が図れるかどうかが問われるべきなのではないでしょうか。

【仕事に活きる「好きこそ物の上手なれ」】

「理解することは愛好することの深さに及ばず、愛好することは楽しむことの深さに及ばない」という教えも、多くの仕事にあてはまるでしょう。「好きこそ物の上手なれ」ということわざもありますが、経営者であれ、エンジニアであれ、接客の仕事であれ、その仕事が好きで、それに寝食を忘れて没頭することが楽しい人は、それだけでも幸せでしょうし、結果的に何らかの成果を残すことができるでしょう。

逆に他人が羨むような地位や職業に就いた人でも、ある日もはやその仕事が楽しめなくなると、あとは苦痛であるかもしれません。海外の同僚と仕事の相談をしていると、アドバイスをくれた後の別れ際に“Have fun!”と言われることがあります。「楽しくやれよ」と直訳すると、残念ながらなかなかなじまないのですが、その言葉にはっとさせられたり、勇気をもらったりすることも少なくありません。

「仕事人」という言葉に込められたストイックさが表すように、日本人はともすると眉間にしわを寄せて苦行を積むことが美徳とされる傾向がありますが、よほどの聖人でもない限り、苦行と言えるような仕事は長続きしません。むしろその苦行が報われなかったときに、社会に対して不平不満を感じることになるかもしれません。

一方、どんな小さなものでも、目指すべき理想と楽しみをそこに見いだすことができれば、それが明日に向かって困難を乗り越える活力や現状を打開するアイデアを生み、現状に不満を持って道徳を乱すようなことに至らず、社会に貢献できる成果をもたらしてくれるのではないでしょうか。

3 士魂商才でM&Aに新風を――「人格」「修養」「算盤」「士道」

「精神と経済の両立」「利潤追求と道徳の調和」と並んで渋沢栄一氏が本書の中で強調するのが、人格とそれを磨き続ける修養の重要性です。人の真の評価は成功か失敗かではなく、いかに社会に尽くそうとしたか、そのために知らないことは知らないと素直に認め、謙虚に学ぼうとしたかによって下されるべきであり、そうした精神こそが人格であると説きます。

人格を磨くには忠信孝弟、つまり良心的で、信頼され、親兄弟を敬うことを基本に据え、自らの知恵や能力を磨くことが必要です。実際の行動を通じてこそ、精神を鍛え見識を磨くことができると渋沢氏は考え、自らそれを証明しています。

そうして人格を磨く者が行う商売は一個人の利益だけではなく、多くの人や社会の利益になるはずです。皆がお互いに商業道徳を尊重し、不正を行わないという強い意思で商売に励むことで、資本家による労働者の搾取とそれによる貧富の差の拡大再生産、過度な競争、独占といった資本主義の弊害も回避できるのではないか、というのが渋沢氏の考え方です。

こう考えれば、商工業にも武士道、つまり正義、廉直、義侠(ぎきょう)などを重んじる心は必要です。

江戸時代に伝えられた孔孟の教えの誤解から明治期の日本では、「すべての商売は罪悪」という誤った先入観を持つ人が多かったようです。軍隊や政治だけでなく経済の強化が重要であると考えた渋沢氏は、商売そのものの社会への貢献を説き、「士魂商才」という武士道を重んじる日本人ならではの精神と経済の両立を目指したのです。

それによって、日本の強みを生かした産業奨励も可能となり、またすべての商業道徳の要とも言える「信用」を築き上げることができると、本書は説きます。研鑽（けんさん）は自らに求め、その還元は顧客や社会全体を目指すことこそが士道に基づく算盤（商売）であり、こうした商業道徳の進歩が、社会を豊かにするのです。

ケーススタディ

「戦略」とは「計画」にあらず――強みを磨く経営

企業経営における「戦略」とは何でしょうか。

辞書をひくと、「ある長期的な目的を達成するために設計された計画」などとありますが、企業戦略は単なる「計画」ではありません。

ベイン・アンド・カンパニーが考える企業戦略の定義とは、「顧客に対して、競合よりも優れた価値提供をするための、自社固有のアクションの集合体」であり、「希少な経営資源の配分についての意思決定の集合体」であることです。企業活動とは顧客への価値提供であり、競争とは不毛なたたき合いではなく顧客にどちらが優れた価値を提供しているかで争われるべきであり、経営とはそのために自らの強みと差別化の源泉を見極めてそこに投資をし、それを継続的に磨き続けることです。

こうした考え方は、突き詰めれば本書に記された渋沢栄一氏の教えによく通じるところがあります。顧客や市場に対して良心的で、信頼されることを基本に据えて、自らが顧客に優れた価値提供をするための知恵や能力を磨くことで社会に利益をもたらす、これは「利潤追求と道徳の調和」につながるのではないでしょうか。

事業の買収・合併（M&A）においても同様の教えが当てはまります。単なる他社への追従や、財務的な利益の取り込み、「買わなければ誰かが買ってしまう」という焦りからの買収では、本当に高いリターンをもたらすM&Aは実現できません。自社の大きなビジョン・志は何か、その実現のための戦略は何かを明確にし、その中で必要なピースを埋め合わせるために行われるM&A、そしてまた買収する事業が自社に何をもたらすかだけでなく、買収する事業に対して自社がどのような付加価値を提供できるのかを明確にしたM&Aこそが、優れた成果につながるのです。

ベイン・アンド・カンパニーでは、2000年代に世界の大手企業約1600社が行った約

1万8000件のディールを対象に、それが企業にどのようなリターンをもたらしたかを分析しました。それによると、2000年代に1件でもM&Aを行った企業の年率株主リターンは平均4・5%、1件も行わなかった会社のそれは3・3%と、平均値ではM&Aが企業価値向上に資することが証明された一方、M&Aを行った会社のリターンは、その頻度によって大きく差があることがわかりました。

日本人だから成功に導けるM&Aもある

すなわち、累積で自社の時価総額の75%以上に及ぶ規模のM&Aを行った企業のうち、2000年代に10件以上（すなわち年間平均1件以上）のM&Aを行った企業の年率株主リターンは6・4%であったのに対し、同期間のM&A件数が10件未満であった企業の年率株主リターンは4・0%でした。

自社の戦略に沿って比較的小さいディールをこつこつと積み上げていった企業のほうが、いちかばちかの大勝負をやった企業よりも、1・5倍以上のリターンをあげていた、ということです。大きな志に沿って小さな志を積み重ねる、という渋沢氏の教えの有効性が、ここにも表れているのではないでしょうか。

また、買収後の統合（いわゆるＰＭＩ）を成功させるうえでも、「正義、廉直、義侠、敢為、礼譲」を重んじる心は必要です。「対等の精神」などのお題目だけではなく、統合する両社のトップが一枚岩となって共通の志と統合の具体的な原則（例えば人事は実力で決める、情報システムは片寄せする、人事制度は統合する、など）を掲げ、過度なおもんぱかりではなく率直に議論を重ねて、外部から見ても合理的でわかりやすい決定をした企業統合ほど、その後に大きな成果を上げています。

逆にこの「正義、廉直、義侠、敢為、礼譲」のバランスを欠いて、例えば一部の関係者への義侠心から正義・廉直にもとる計らいをしたり、経済合理性の観点から正義であっても礼譲を欠いた伝え方がされたり、義侠や礼譲の名の下に敢為（物事を困難に屈しないでやり通すこと）を要する決断（例えば製品や人事制度の統合）を回避したりすると、後々矛盾を残すことになり、狙った成果を上げにくくなります。

Ｍ＆Ａというと、いかにも欧米流の経営手法の代表例のように思われがちではありますが、実はこのように見てみると、「士魂商才のＭ＆Ａ」、すなわち武士道を重んじる日本人だからこそ成功させられるＭ＆Ａという考え方も成り立つのではないでしょうか。

4 「やりたいこと」は天から降ってこない――「教育」「成敗」「運命」

人が精神や見識を磨くうえで、教育や人との出会いは最も重要です。渋沢栄一氏も本書の中で、人が成長し成功するためには、よい師匠に接して自分の知識と心の両面を磨くこと、名前を売るためではなく自分を向上させるために学ぶことが必要であると説きます。

思想教育中心だった江戸時代と異なり、現代教育は科目数が多く、その知識の習得に追われ、人格や常識を身につける時間がなくなりがちです。軍隊のように上官の命令を待つのではなく、自らチャンスをつかまなければならない実業の世界では、知識だけでなく、人格や規律、道徳や正義がより必要なのです。

人に頭を下げることも学ぶ必要があります。知識だけ詰め込み、下積みの仕事をしたがらなくなるようでは意味がないのです。学問をすれば誰でも偉い人物になれる、と妄信し無目的に学問をしてはならない、と本書は警鐘を鳴らします。

学問も仕事も努力に終わりはなく、気を緩めるとすぐ荒れてしまいます。一方、愉快に仕事ができれば、忙しくとも苦痛を感じず、事業が成功し、社会の役にも立ちます。そのためには「天から運よく良い仕事が来るのを願うのではなく、それぞれが自分の仕事の中に楽しみと喜びをみつけるべきである」と、渋沢氏は諭します。

人事を尽くして天命を待つ、天から降ってくる運命には恭・敬・信（礼儀正しく敬い、信頼する）の態度で臨むべきです。何が天命で天命でないかを人が勝手に論評しても意味がありません。成功や失敗は努力した人の身体に残るカスのようなもので、一時の成功や失敗は長い人生における泡のようなもの。順境や逆境、成功や失敗といった概念から抜け出し、潑剌（はつらつ）としたチャレンジ精神を養い、正しい行為の道筋に沿って自己研鑽と行動を続けるなら、価値ある人生を送ることができる。それが渋沢氏が生涯を通じて実証してきた思想なのです。

ケーススタディ　不遇を嘆くより、独自の価値を磨け

すでに述べたように、渋沢栄一氏は実業に臨む者に対して「天から運よく良い仕事が来るのを願うのではなく、それぞれが自分の仕事の中に楽しみと喜びをみつけるべきである」と説きました。企業経営においても自らの置かれた業界の不遇を嘆いたり、他にもっと魅力的な事業領域を求めたりすることよりも、その業界で顧客に対していかに競合より優れた価値を提供するかが重要です。

図1　各産業と個別企業の業績分布

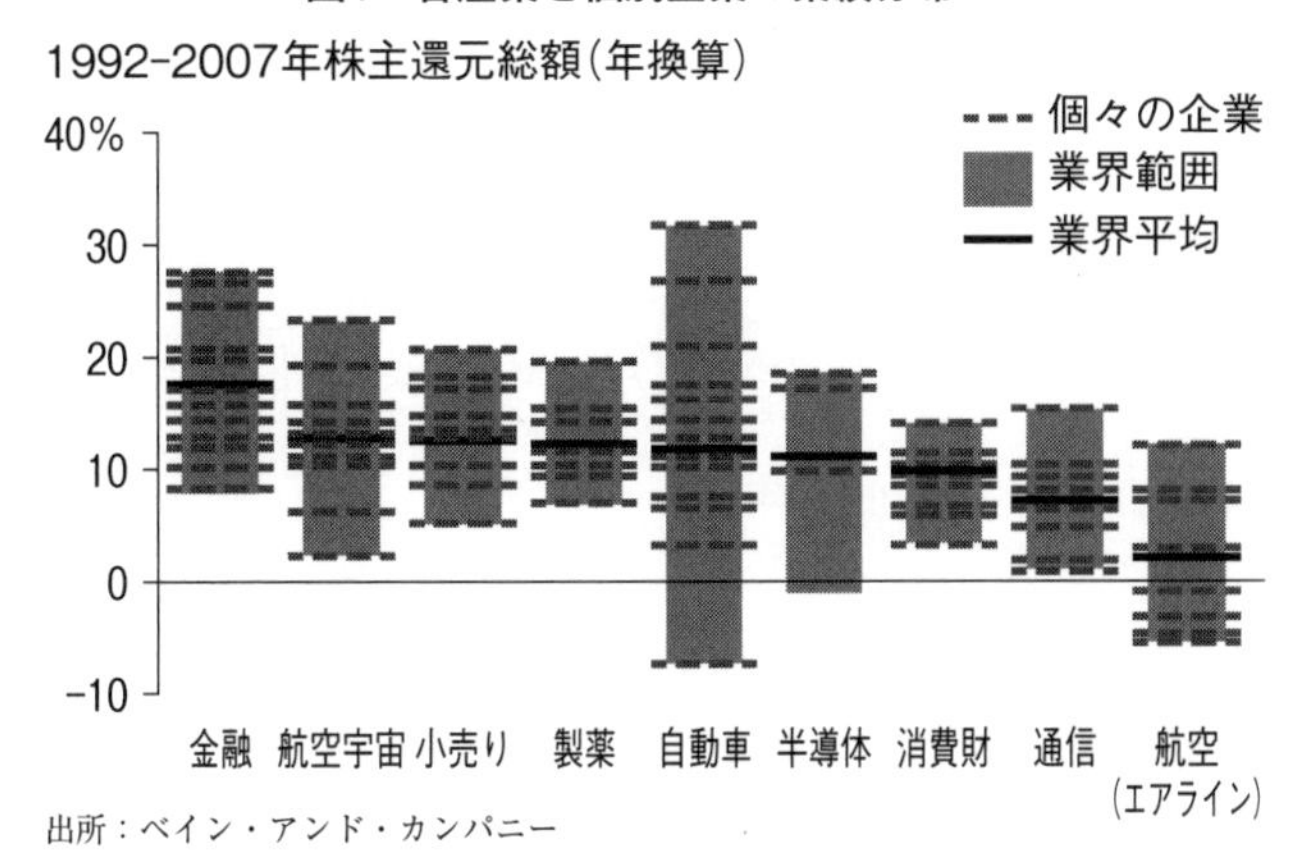

出所：ベイン・アンド・カンパニー

ベイン・アンド・カンパニーでは、１９９２年からリーマン・ショック直前の２００７年までの15年間に、金融、航空宇宙、小売り、製薬、自動車、半導体などの9つの業界の大手企業各社の年率換算株主リターンを分析しました。

そうしたところ、業界平均の株主リターンは最も高かった業界で約17％、最も低かった業界で約２％と、15％ポイント程度のギャップであったのに対し、各業界の中で最も株主リターンが高かった会社と低かった会社のそのギャップは平均して約16％ポイント、最もギャップの大きかった業界では、その差は39％ポイントにも及ぶことが明らかになりました。

言い換えれば、ある企業の業績（ここでは株主リターン）のうち、所属する業界全体の好不況によるものは2割程度であり、業績の8割はその業界の中で企業が何をしたかで決まる、ということです。すなわち、

「どこで戦うか」より「どう勝つか」が重要であるということを、この分析は示唆しています。

自らが競合に対して差別化された価値を顧客に提供できるコア領域を明確に定め、そこで競合を上回る実行力を発揮し、競合を上回る投資を行い、より高いリターンを創出して、さらにそのコア領域に再投資して競合を引き離すことで、顧客・市場・社会に対する優れた価値提供を持続的に行い、持続的で高い収益成長を実現できるのです。

【眼前のチャンスを逃さない――仕事に楽しみと喜びを】

自らのコアは何か。それは必ずしも市場や製品からのみ定義されるものではありません。自社の差別化の源泉となる強みや資産は何かということも、明示的に議論され、定義される必要があります。市場の短期的なはやり廃り（すたり）や競合の戦略に惑わされず、自らが超然と寄って立ちチャレンジ精神を発揮できる礎となるもの、自らがこだわって徹底的に磨き続ける強みは何か、ということです。

ベイン・アンド・カンパニーでは、膨大な企業研究から、そうした企業の差別化の源泉を15の類型にまとめています。

世の中の成功企業の強みは、これらの15の差別化の源泉のうちのいくつかの組み合わせで成

図2　15種の差別化の源泉

経営体制

資産運用、金融	M&A、合弁、提携	規制管理	事業戦略、優先事項の推進	人事管理、社風

業務ケイパビリティ

サプライチェーン、流通	生産、業務	開発、イノベーション	ビジネスパートナーの参画	顧客関係

独自の資産

有形資産	事業規模	技術、IP	ブランド	連結顧客ネットワーク

出所：ベイン・アンド・カンパニー

り立っています。突き詰めれば企業経営とは、他社を圧倒するこだわりを持ってこれらを磨き続けることに人事を尽くし、あとは天命を待つ、ということなのかもしれません。そうすれば、社会に本当に必要とされ、信頼される企業として、いつまでも称賛され続けるのではないでしょうか。

企業経営そのものですら、そうした地道な努力の積み上げで成り立つものなのですから、そこに参加する個々のビジネスパーソンが目的を持って学問に励み、またいかに優れた教育を受けようとも、人格や規律、道徳や正義の重要性を忘れずに、ときには人に頭を下げ、下積みの仕事から結果を出すことに専心すべきであることは、言うまでもありません。

自分の本当にやりたいことがなかなか見つ

からない、という方もいるでしょう。しかしながら渋沢氏の教えは、「自分のやりたいこと」が天から降ってくることを待つのではなく、目の前のチャンスに対して心をこめて努力し、それぞれが自分の仕事の中に楽しみと喜びを見つけることで、おのずと成功がもたらされるということを、我々に伝えているのではないでしょうか。

『木のいのち木のこころ』

西岡常一、小川三夫ほか著

欠点から長所は生まれる

森健太郎

（ボストンコンサルティンググループ　シニア・アドバイザー）

木のいのち木のこころ―天・地・人　新潮文庫、2005年／西岡常一、小川三夫、塩野米松

1　素直な木は弱い——癖と個性を生かせば強くなる

世界最古の木造建築、法隆寺。その「昭和の大修理」をはじめ、薬師寺金堂・西塔などの再建を棟梁として手掛けたのが宮大工・西岡常一氏です。

『木のいのち木のこころ』は西岡氏とその唯一の内弟子、小川三夫氏らが人の育て方と生かし方、職人の心構えなどについて語ったのを塩野米松氏が聞き書きでまとめた名著です。一流を目指す人、チームを率いる人にお薦めで、愛読する経営者も少なくありません。

今も法隆寺の五重塔が、ゆるみ・ゆがみなく、そびえ立っていることに感銘を覚えます。西岡氏によると、その秘密はヒノキにあります。日本の風土に合って湿気に強く、香りがよい。細工がしやすく、長持ちする。法隆寺の塔の瓦を外して下の土を除くと、次第に屋根の反りが戻り、鉋をかければ品のいい香りがするそうです。千年以上の樹齢のヒノキであれば、建材としても千年以上の命があるそうです。

その中でもまっすぐで癖のない木を選んで精密な加工を施したから、１３００年経っても立派に建っている……のかと思いきや、どうもそう単純ではないそうです。

西岡氏いわく、癖のない素直な木は弱い。力も弱く、耐用年数も短い。逆に、癖の強い木ほど、厳しい環境で育っただけに命も強い。例えば、西からの強風にさらされた山の斜面で育った木は東にねじれる。元に戻ろうという強い生命力が働き、それが癖となる。

左にねじれを戻そうとする木と、右にねじれを戻そうという木を組み合わせると、癖と癖ががっちりかみ合って、建物全体のゆがみを防ぐとともに、時間が経つにつれてより締まって強固になるのだそうです。

「塔堂の木組みは寸法で組まず木の癖で組め」。法隆寺の棟梁家に伝わる口伝です。癖と個性を排除するのではなく、生かし組み合わせることで時代を耐え抜く建造物を生む。組織経営に通じる名言です。

ケーススタディ

「職人」「プロ」として道を究めるためには

コンサルティング業界の門を叩いてから、約30年になりました。コンサルティングの世界も、『木のいのち木のこころ』で語られている宮大工の世界と似ているところがあり、職人、プロとして道を究めるというのは、どの世界でも同じだなと、改めて思います。

私はこれまで、経営者が書いた本に加えて、全く異なる世界で活躍されている一流の方々の書籍から、多くの刺激を受け、学ばせていただいてきました。宮大工の西岡氏・小川氏が語る『木のいのち木のこころ』もその1冊です。本書についてはこれからご一緒にじっくり読み進めていきたいと思いますが、ここでは、将棋の世界から2冊ご紹介します。

(1)谷川浩司著『集中力』(2000年)

21歳の若さで史上最年少の名人位を獲得され、後に永世名人(十七世名人)となられた谷川浩司氏の著書の1つです。ちょうど30歳になった頃に読み、大きな刺激を受けました。

まずは、2つ、心に強く残った言葉をご紹介しましょう。

①実力の伸びには30歳の壁がある

「将棋の世界でも、30歳という年齢は一つの分岐点となっている。多くの棋士たちが、30歳を過ぎた頃に淘汰され、一つの世代で生き残るのは一人か二人なのだ。本当に強いのか、勢いだけで勝っているだけなのかが、そこでわかる」

②技術だけでは乗り越えられない

「20代の棋士には、将棋は技術がすべてと考え、毎日6～8時間も、将棋の勉強に打ち込む者も珍しくない。しかし、（中略）将棋の強さは、技術の占める面も大きいのだが、技術を100パーセント出すには、その人の奥深さが必要である。（中略）言い換えれば、将棋の研究以外に何かをプラスアルファできないと勝ち続けていけない。その意味で、30代に人間としての厚みを増さないと、40代、50代と長く勝ち続けていくことは難しいのである」


20代の頃は、極論すると、無我夢中に頑張ってさえいれば、人間誰でも成長するものです。ぬるま湯の環境だとさすがに成長は鈍化しますが、それなりにチャレンジングな環境であれば、どの業界、どの企業、どの部門で働いていようが、大差はありません。

ただ、30代に差し掛かると、成長を続ける人と、伸び悩む人に分かれていくように思います。その分かれ目の1つは、自分の専門領域での深い知識に加えて、いかに視野と経験、人間としての幅を広げていくことができるかにあると思っています。高い頭脳と技術が求められる将棋の世界においても同様というのが、大変示唆深いです。

もう1つご紹介します。

③30代で必要なことは、自分を知ること

「後輩たちは常に新しい感覚を持って出てくるので、その感覚や考え方をうまく取り入れなくてはいけない。と同時に、あまり取り入れようとすると自分を見失ってしまうことにもなる。対応するには、自分の長所は何か、短所はどこになるのかを分析し、その上に立って、独自の武器を持つことが大切だ。（中略）言いかえれば、30代は、自分探し、自分を発見する旅である」

ここでは30代の話を3つご紹介しましたが、それ以外にも、「人マネだけではトップになれない」「充実した気力は勝運を呼び込む」「現状に満足して冒険しなくなると、勝てなくなる」「優勢な時ほどミスは生じる」……などなど、参考になる内容の多い一冊です。

【リスクなきところにリターンなし、ごちゃごちゃ考えない】

⑵羽生善治著『決断力』（2005年）

1996年に将棋界始まって以来の「七冠」を達成された、羽生善治氏の著作の1つです。経営とコンサルティングに通じるところも多く、参考になります。

①勝負では、自分から危険なところに踏み込む勇気が必要である

「将棋では、自分から踏み込むことは勝負を決める大きな要素である。逆に相手に何もさせたくないからと距離を十分に置いていると、相手が鋭く踏み込んできたときに受けにまわってしまい、逆転を許すことになる」

リスクなきところにリターンなし、攻めは最大の防御なり、まさにビジネスの基本ですね。「守り」も大事ですが、「攻め」の気持ち、「攻め」の経験を忘れてしまうと、組織も個人もダメになっていきます。１００戦１００勝はあり得ませんから、「攻め」の経験は「失敗」の経験と表裏一体で、失敗経験が少なすぎる企業・組織は要注意です。

②ごちゃごちゃ考えない

「勝負どころでは、あまりごちゃごちゃ考えすぎないことも大切である。（中略）簡単に、単純に考えることは、複雑な局面に立ち向かったり、物事を推し進めるときの合い言葉になると思う。そう考えることから可能性が広がるのは、どの世界でも同じであろう」

コンサルティングの世界でも、「優れた戦略は、シンプルである」と言われます。経営は実践、実行ですから、現場のオペレーションなどの細部の考察は不可欠ですが、大きな考え方と方針は骨太であることが重要です。

余談ですが、私が昔プロジェクトマネジャーになった頃、あるパートナーからこんなアドバイスをもらいました。

「プロジェクトの終了1カ月前に差し掛かったら、一人でめちゃくちゃ時間を使って最後の提言を考えろ。そのときは、それまでに集め、作成した資料、分析を一切見るな。その時点までに自分の頭に残っていることが、大事なこと。それ以上細かいことは枝葉であり、あとで確かめればよい」

さて、最後にもう1つだけご紹介して終わります。

③定跡にも間違いもある

「将棋には、いわゆる『定跡』というものがある。(囲碁では『定石』というが、将棋の駒は石ではないので『定跡』という)。(中略)十年前、二十年前に定跡といわれていたものが、実は間違いだったということが多くある。鵜呑みにしないで、もう一度自分で、自分の判断で考えてみることが、非常に大事である」

業界の常識、我が社の常識についても全く同様でしょう。成功してきた業界、成功してきた企業ほど、かつての成功の方程式が「常識」として強固に確立されているものです。時代の変化とともに、時代遅れになっているものはないか、点検が必要です。

2 「超一流であれ」「マイナス思考を持て」──名将に見る逆張りの経営論

法隆寺に代表される飛鳥建築の時代、山に入って木を選ぶことは宮大工の棟梁（とうりょう）の大事な仕事でした。

「木を買わず山を買え」。法隆寺の棟梁家に伝わる口伝の1つです。「木は生育の方位のままに使え」と続きます。山の南斜面でたくさんの日を浴びて育った木は建物の南側で使うと力を発揮し、北斜面で積雪に耐えて育った木は北側で使うとよいといいます。

棟梁は山に入り、様々な木を見ながら、これはこういう木だからあそこに使おう、これは右にねじれているから左ねじれのあの木と組み合わせようという具合に選びます。要は適材適所。万能の木はありません。

選んだ大木を運ぶだけでも一苦労でしたが、加工も大変です。縦挽きのノコギリがなく、楔（くさび）を打ち込んで木を割り、一つひとつ柱や板を作っていました。西岡氏によれば、法隆寺の部材には1つとして同じものはないそうです。不ぞろいの部材でできていながら、全体として調和がとれているのです。

癖と個性のある木を加工し不ぞろいの部材を現場で組み立てるのは、これまた癖ある職人たちです。ここがまた棟梁の腕の見せどころ。口伝は続きます。

「百工あれば百念あり、これを一つに統ぶる。これ匠長の器量なり」。それに続くのが西岡氏がお気に入りの口伝です。「百論をひとつに止めるの器量なき者は謹み恐れて匠長の座を去れ」。多くの職人をまとめられなかったら、棟梁の資格はない、自分から辞めなさいと言うのです。

木と職人の癖や個性という「多様性」を生かし、まとめることが棟梁の最大の役目なのです。日本の社会は同質性が高いと言われますが、「木」を扱う文化の中枢で「多様性」を前提とした思想が育まれてきたことには感銘を覚えます。組織の上に立つ者として、その重要性を改めて考えさせられます。

ケーススタディ　チームスポーツに学ぶ「強い組織」の作り方

経営もコンサルティングも、大工と同じチームスポーツ（団体競技）です。個々人の能力に加えて、チームづくり、チーム運営の巧拙が、組織のパフォーマンスを大きく左右します。

チームづくり、チーム運営については、私は、経営書よりもむしろチームスポーツ、特に野球について書かれた本から、いろいろとヒントを得てきました。姉妹書にあたる日経文庫『リーダーシップの名著を読む』で、アメリカの大リーグでの球団経営の革新を描いたマイケル・ルイスの『マネー・ボール』を取り上げていますので、ご興味のある方はそちらもご覧いただければと思います。

日本のプロ野球について書かれた本の中では、野村克也氏と落合博満氏の著作が特に好きで、多くの気づきをいただいています。いくつかご紹介しましょう。

①「中心なき組織は機能しない」

「強い組織づくりには、中心となる存在が絶対に欠かせない。チームが機能するか、破綻するかは、中心選手にかかっている」。野村克也氏の言葉です。プロジェクトチームなどを組成する際に、核に誰を持ってくるかをまず固めるというのは、皆さんもご経験があるでしょう。単に技量が優れているだけでは駄目で、「チームの鑑（かがみ）」となることを期待されます。中心選手が野球に対して真摯に向かい合い、練習中はもちろん、私生活においてもしっかりと自分を律し、真剣に取り組んでいる姿を見れば、他の選手も自然と見習うようになり、それだけでチームは正しい方向に進むそうです。

野村監督というとデータを駆使したＩＤ野球のイメージが強いかもしれませんが、著書を読むと「人間教育」を大変重視されていることがよくわかります。一流選手はみな、親孝行だそうで、親を大切にしない選手が一流になれるわけがないし、選手個々人の人間性が形成されていなければフォア・ザ・チームの精神など根付くべくもないと語っています。

②「超二流」の大切さ

元楽天ヘッドコーチの橋上秀樹氏によると、野村監督は選手を「超一流」「一流」「超二流」「二流」と分類していたそうです。「超一流」は王やイチローのような何十年に1人いるかという選手、「一流」は一軍のレギュラーが務まる選手を指します。

では、「超二流」はというと、レギュラーにはなれないけれども、一軍で通用するための武器を「最低2つ以上」持っていて、試合終盤の大事な場面で起用したくなる選手です。例えば、送りバントや守備の名手など。「一流の脇役」と言ってもよいかもしれません。

なるほどと思うのは、一軍で通用するための武器が1つでは駄目で、最低2つ以上必要だという点です。脇役とはいえ、28人という限られた一軍登録メンバーの中で役割を果たそうとすると、武器が1つでは使い道が狭すぎるということでしょうか。

野村監督は、中途半端な一流よりは、とことん超二流を目指すことこそ、プロ野球選手として長く活躍するための秘訣であると説きます。

③「ミス」は叱らず、「手抜き」は叱る

落合監督は、選手の「ミス」を叱らないそうです。なぜなら、野球には失敗はつきもので（例えば、一流の打者ですら、10回打席に立って6、7回は凡打に打ち取られる）、失敗を恐れて無難なプレーに終始してしまうと、チームは勝てないからです。落合監督のようなスーパースターだと、選手時代の自分よりも見劣りする選手たちに対して、いろいろと口を出したくなるのが世の常ですが、その忍耐力に感嘆します。

その一方で、「手抜き」によるミスをした、つまり、自分のできることをやらなかったときは、仮に試合の勝敗とは直接関係なくても、コーチや他の選手もいる前で叱責するのだそうです。こうして叱られるのは、レギュラークラスの選手のほうが圧倒的に多いといいます。1人の「ミス」はチームでカバーできるが、「手抜き」を放置するとチームには致命的な穴があくというのが、落合監督が勝負の世界で得た教訓なのだそうです。

④マイナス思考

野村監督によると、名監督と呼ばれた人の中にプラス思考の人はいないそうです。試合における監督の仕事とは、突き詰めれば「危機管理」で、従ってマイナス思考であるべきだといいます。落合監督によると、長嶋監督もそのイメージとは裏腹に、真の姿はネガティブ思考の塊で、常に「このままでは勝てないのではないか」と心配していたそうです。

『ビジョナリー・カンパニー』でコリンズが、「企業経営において最も避けるべきは、根拠なき楽観主義である」と戒めていますが、同様の思想を感じます。

私も常々、プロジェクト運営には5つのマネジメントが必要と思っています。コンテンツ・マネジメント、プロセス・マネジメント、クライアント・マネジメント、チーム・マネジメント、リスク・マネジメントです。この中で最も身につけるのに時間がかかるのが、リスク・マネジメント、すなわち危機管理です。

⑤孤独に勝てなければ、勝負に勝てない

落合監督の言葉です。

「本来なら味方であるはずのファンやメディア、場合によっては選手をはじめ、身内からも嫌われるのが監督という仕事なのだと思う。嫌われるのをためらっていたら、本当に強いチームは作れない。本当に強い選手は育たない」

野村監督も、監督とは孤独な職業であり、それは監督の宿命と言います。

「組織はリーダーの力量以上に伸びない。プロ野球における現場のリーダーは監督であり、監督次第でチームはよくもなるし、悪くもなる。チームというものは、監督の器、そして品格を表すものである。

監督は自分自身に負けてはならない。言い換えれば、『克己心』のない人間には監督は務まらない」

プロ野球選手として、監督として、頂点を極めた両氏の言葉だけに、重みがあります。

3 「不器用」が強みになる——頭でっかちはいらない

宮大工は体で覚え、手に記憶させる仕事です。頭で覚えただけでは何の役にも立ちません。大きな柱を前に手と体が思い通りに動かなくてはならないのです。

では、手先の器用な人ほど大成するかというと、そうでもないそうです。「器用な人は器用に溺れやすい」。西岡常一氏の唯一の内弟子で、後に多くの弟子を育てた小川三夫氏は言います。物覚えが早い人は、何をさせても一通りはできるが、ずば抜けたものがない。ある程度のレベルまで難なく到達するため、仕事を甘く見てしまう。器用な人ほど、耐えるのが苦手とも言います。

西岡氏によれば、「不器用の一心に勝る名工はいない」そうです。一つひとつ納得いくまでやって階段を昇る。体が時間をかけて覚え込む。いったん身についたら、今度は体がウソを嫌う。

プロ野球の落合博満氏も著書『采配』（２０１１年）で似たようなことを言っています。飲み込みの早い人は忘れるのも早く、指導者の悩みの種になっているそうです。自分が不器用だと自覚している選手ほど何度も反復練習し、身につけた技術を安定して発揮し続ける傾向が強いそうです。

話を宮大工に戻すと、基礎の段階ではある期間、ただただ浸りきることが大事といいます。寝ても覚めても仕事のことしか考えない。１つのことに打ち込むことで人間は磨かれる。理屈や知識はいらない、むしろ、邪魔だそうです。素直な気持ちで、言われた通りにまずはやってみる。素直で自然体な中から、道が見つかると説きます。

経営や私が携わるコンサルティングはどうでしょうか。これらも学問ではなく「実践」、つまり頭よりも「体で覚える」職業だと思っています。ハウツー本をいくら読んでも、「それは知っています」では何の役にも立ちません。若いうちは、頭でっかちの器用さに溺れず、まず手を動かし、没頭することが、成長には不可欠でしょう。

ケーススタディ

「同質」より「多様性」——新しいことを恐れるな

「堂塔の木組みは木の癖で組め」「木の癖組みは工人たちの心組み」。私が『木のいのち木のこころ』に興味を持つきっかけとなった言葉です。

私が所属するボストン コンサルティング グループ（BCG）にも「多様性からの連帯」というモットーがあり、相通じるものを感じました。コンサルティングも宮大工と同様、チームスポーツのようなもので、「同質による連帯」では決して強くなれません。異質が集い、切磋琢磨し、クライアント支援という共通の目的に向かって1＋1＝2以上の総合力を発揮するというのが、基本モデルです。

ここでは、BCG社内で「多様性からの連帯」が実践されている例をいくつかご紹介したいと思います。

①採用時にバックグラウンドは問わない

経営コンサルティングと聞くと、大学で経営学や経済学を学んだ人を多く採用しているのだろうと思われるかもしれませんが、実は、学部は様々です。文系・理系問わず、幅広く採用しており、むしろ新卒の採用だと理系の学生のほうが多いくらいです（私も物理学部出身です）。弊社が求めているのは、特定の知識ではなく、コンサルタントとしての適性と将来性で、経営や経済の知識とコンサルタントとしての適性・将来性は、全く関係がないからです。

では、何を見ているのかというと、思考の深さと柔軟性、コミュニケーション能力、自主性と行動力、謙虚さに立脚した向上心、相手を思いやる心、修羅場を乗り越えてきた経験などです。

②入社当初は多様なプロジェクトを経験してもらう

コンサルタントにとって深い専門性がますます重要になっています。弊社でも、プロジェクト・マネジャーやパートナーになると、特定の業界やテーマに絞って研鑽を積んでいきます。ただし、新入社員に対しては、急いで専門領域を絞らせることはせず、あえて多様なプロジェクトを経験させます。その狙いは2つあります。

弊社はコンサルティングファームであるとともに、将来の経営者を育成し輩出する「経営者育成機関」であると、自社の社会的使命を位置づけています。経営者に求められる能力は多岐にわたりますが、変化の激しい時代にますます重要性を増しているのが、これまでに直面したことのない局面、馴染みのない課題に対応する力だと考えています。

そのような局面に直面した際に、「嫌だな、苦手だな……」と逃げ腰になってしまうのが人間心理ですが、「さあ、オレの出番だ！」とアドレナリンが出て、前向きに取り組めるかどうか。若いうちに、苦手意識のあることを含めて多様な経験をさせることで、新しいこと、直面したことのないことに果敢に取り組む姿勢を、体に染み込ませていきます。

【一匹狼はいらない――「卓越した個」によるチームワーク】

もう1つの狙いは、その過程を通じて、自分がどのようなタイプのプロジェクトに向いているのか、言い換えれば自分ならではの活躍の場を見つけていくというものです。「自分の強みは何なのか」というのは簡単なようで難しい問いで、入社当初に自分で勝手に思い込んでいることと、本当の強みは別のところにある場合もしばしばあります。

③基礎が固まったら、個性を引き出していく

入社すると、まずはコンサルタントとして最低限必要とされる能力やスキルの習得が求められます。いわば、プロ野球選手として最低限必要な基礎体力やスタミナの習得のようなものです。

それが達成されると、あとは、偏差値のような画一的な評価ではなく、個々のコンサルタントの強みと個性を引き出し、どのようなタイプのコンサルタントとして育て上げていくべきか

を徹底議論します。野球に例えるならば、投手として育てるのか、将来の四番打者として育てるのか、守りの要として育てるのかといった具合です。従って、減点主義でなく、加点主義であり、人事会議の議論の時間の大半は、評価よりも育成、弱みよりも強みに割かれます。

④昇進スピードには幅がある

入社時のバックグラウンドが多様であるだけに、昇進のスピードも様々です。興味深いのは、飲み込みが早くとんとん拍子で昇進していったコンサルタントが、最後まで先頭を走るかというと、そうでもないことです。逆に、不器用で、一つひとつ時間をかけながら自分のものにしていくようなコンサルタントが、1~2回目の昇進は多少時間がかかるものの、プロジェクト・マネジャーになった頃からメキメキと力をつけて追い抜いていくといった例も珍しくありません。コンサルティングも野球や宮大工と同じく、(頭に加えて)体で覚える職業なので、早道や近道はなく、愚直に真面目にやってきた人が最後は頂点を極めていきます。『木のいのち木のこころ』で西岡氏が言うように、まさに「不器用の一心にまさる名工はなし」「器用は器用に溺れる」です。

⑤多様な働き方：皆で支え合う

コンサルティングは、一流企業の難しい課題を扱うだけにハードな職業と言えますが、子育てと両立しながらキャリアを究めたいというコンサルタントがますます増えています。これは女性に限ったことではなく、イクメンを含めてです。BCGでは、通常の育児休暇制度に加えて、一定期間、勤務時間を60％に低減して働く制度など、諸制度の整備を図ってきました。子育てをしながら働く女性のプロジェクト・マネジャーも増えてきました。

ここで大事になってくるのが、制度もさることながら、チームとして皆で支え合おうという意識です。あるパートナーが、子育て中の若手プロジェクト・マネジャーを支える。その何年後かに別のパートナーが親の介護を背負い、今度はそのプロジェクト・マネジャーが支える番になるかもしれない。こうした相互信頼と相互サポートが大切だと思っています。

チームスポーツの勝利の方程式は、「卓越した個」による「チームワーク」と言えましょう。外資系コンサルティングファームというと、実力主義、Up or Outといった言葉から「卓越した個」を最重視した経営をしていると思われるかもしれません。確かに「卓越した個」は必要条件ですが、チームで仕事ができない一匹狼は弊社に居場所はありません。

「この塔が千年持つやろか」。棟梁として再建を手掛けた薬師寺の西塔が完成したときの心境を、西岡常一氏は振り返ります。「地震でも来て崩れはせんやろか」「もしそないなことになったら自分の腹切らならん」。千年は生きる建物を作るのが宮大工の仕事で、これから時間の試練を受ける。

このような鬼気迫る心境ですから、西塔が完成して多くの人から見事だと褒められても、うれしくなかったそうです。三百年後にしっかり建っていたら、初めて安心できるのだと。

脱線しますが、プロ野球の王貞治氏も「結果を残してきた人ほど不安と戦ってきたはずだし、恐怖心を持っていない人は本物じゃない。その怖さを打ち消したいがために練習するんです」と語っています（『Ｎｕｍｂｅｒ』７５１号、２０１０年4月1日発売）。人に褒められて満足し、ホッとしているようではまだ二流、ということなのでしょう。

4 未熟なうちに任せる——人を育てる極意とは

宮大工の修業は長く、10年かけて親方から叱られつつ基礎を学び、次の10年で親方から独立して自分なりの技を磨き、40歳になってようやく技も体も心も全開を迎えるそうです。私の携わるコンサルティングでも、同じような時間軸です。10年くらいでは一人前とはいかない。道を究めるのに重要なのは、「時間の重さに負けないこと」だと弟子の小川三夫氏は語ります。

弟子入りして10年、親方から独立する最後の仕上げは、現場の責任を負って立つことです。責任が人を育て、立場が人を作る。難しいのが任せるタイミングです。その人が完成してから任せるのでは遅すぎる。未熟なうちに任せなければならない。「親方がやれというなら、俺もできるかもしれない。命懸けでその期待に応えよう」。このタイミングを見定め、賭けるのだそうです。

「任せる時が遅かったら、人は腐るで」。ビジネスの世界も同じです。

ケーススタディ

「向上心」より「野心」を持て――一流と二流の違い

一流になりたい。本書をお読みになっていらっしゃる皆さんは、そのような向上心をお持ちの方が多いのではないでしょうか。私も、まだまだ発展途上のコンサルタントとして、一流とは何か、二流との違いは何か、一流になるには何が必要か、などと、コンサルティング業界の門を叩いてから20年間、常々考え続けてきました。

本章の締めくくりに、第1節と第2節で取り上げた将棋の羽生善治氏・谷川浩司氏、プロ野球の野村克也氏・落合博満氏の諸著作、コンサルティング業界での私自身の経験や観察などから、一流になるには何が必要かについて考えてみたいと思います。

①高い目標と大志

落合博満氏が、『采配』（２０１１年）の中で示唆深いことを言っています。

「一流選手へのステップのひとつとして、多くの選手は打率３割をクリアしようと奮闘する。私自身の経験、あるいは他の選手の取り組みを見ていても、３割という打率を叩きだすのは容易ではない。（中略）これまでも何人もの選手が、３割の壁に跳ね返されたままユニフォームを脱いでいる。だが、３割を超えられない選手の傾向を分析すると、３割を目標にしているケースがほとんどである。一方、３割の壁を突破していく選手は、一度も３割をマークしていないにもかかわらず、３割３分あたりを目指している。（中略）『達成するのは不可能じゃないか』と自分でも思えるような目標を設定して初めて、現実的に達成可能な目標をクリアできるのだ」

落合氏は、向上心よりも「野心」を抱くべきと言います。クラーク博士の言葉「少年よ、大志を抱け（Boys, be ambitious）」を思い出します。時代を超える真理ではないでしょうか。

②10年の時間の重さに負けない

『木のいのち木のこころ』の共著者で、自ら興した宮大工の工人の集団、鵤工舎で何十人もの弟子を育てた小川三夫氏によると、宮大工として一人前になるには10年かかるといいます。将棋の羽生善治氏も、プロ野球のイチロー選手も、子供の頃に始めてからプロとして一人前になるまで、10年以上かかっています。

小川氏によると、20代は親方に怒られながら基礎を学び、30代は世の中に触れながら自分を磨き、40代にして技も体も心も全開になるそうです。コンサルティングの世界での私の実感もまさにこの通りです。

若い読者の皆さんにとって難しいのは、この「時間軸」です。後から振り返るとあっという間なのですが、20代前半の頃からすると想像ができないほど長い道のりに見えます。私自身もそうでした。

そして、道を究めるという過程に付き物なのが、自分のその時点の実力以上の世界は、その時点では見えない、理解できないという厳然たる事実です。大学生になって小学生の家庭教師をやると、優秀な子とそうでない子の差はすぐにわかりますが、その逆はよくわからない。

王選手やイチロー選手のすごさや悩みは、本当の意味では並みの選手には理解できない。見習いの料理人には、一流の料理人の究めた味と二流の料理人の味の違いがわからない。つまり、

10年の具体的な道筋が見えにくいということです。それで、自分は○○さんのようにはなれないと諦めてしまう。

このように、一流になる上での最大の壁の1つは、時間の重さに負けてしまうことです。中学、高校、大学、大学院……と3年程度の刻みの中で生きてきた時間軸から、5年、10年で何を身につけるかという時間軸に転換する必要があります。先が見通せない中で、自分を信じて賭ける必要がある。その賭けるべき対象を見つけ、そこに自分の10年間を賭けること、これが一流になるための第一歩です。

③（頭でなく）体で覚える

本章でご紹介した宮大工は、体で覚える職業です。プロ野球選手もそうでしょう。では、経営者やコンサルタントはどうでしょうか。私は、宮大工やプロ野球選手と同じく、体で覚える職業だと思っています。本章を通じて若い読者の皆さんに最もお伝えしたかったのは、この点です。

例えば経営書やハウツー本で、戦略策定の手法、よい戦略とは何か……などを読んで丸暗記したとしても、それだけでは戦略を策定できるようにはなりません。戦略策定の経験が豊富な方が読めば、自分の経験を整理し形式知化するのにそれなりに役立ちますが、経験がない方が読んでもそれだけでは全く身につかない。やはり、何度も経験を積んで、体で覚えていく必要があります。

落合氏も言います。「自分を大成させてくれるのは自分しかいない。１００回バットを振ったヤツに勝ちたければ、１０１回バットを振る以外には道はない」

高い思考力が求められる将棋の世界ですら、谷川氏が『集中力』でこう語っています。

「子どもが将来将棋に強くなるかどうかは、思いついた手をどんどん指していけるかがポイントで、考え込んで指す子は強くはなれない。私も子どもにしては早指しだったが、羽生さんも早指しで、直観的にどんどん指していくタイプだった。知識や技術にたよるのではなく、閃いた手を指すというのが、将棋が強くなる第一条件である」

コンサルティング業界でも、自分の頭で考えることは重要ですが、頭でっかちで手が動かないフットワークが悪い人は大成しません。とにかく、頭でっかちに考えすぎるよりも、何度も何度も練習し、経験して、体で覚えていくことが大事です。

④現状に満足しないこと

「不安もなく生きていたり、絶対的な自信を持っている人などいない」。それゆえ、「不安だから練習する」「誰もが何らかの不安を抱えてプレーしているからこそ、少しでも不安を払拭しようとして練習する」。二流の選手ではなく、三冠王を3度も取った落合氏の言葉だけに示唆深いものです。

野村克也氏が、王貞治氏の言葉を紹介しています。「上に行けば行くほど、悩みや不安が大きくなる。それを打ち消すために練習に打ち込んだものです」。満足は最大の敵です。

⑤人間性

落合博満氏というとオレ流というわがままなイメージがあるかもしれませんが、こんなことを言っています。「二流には自力でなれるが、超一流になるには協力者が必要」。我々のような凡人は1つずらして、「二流には自力でなれるが、一流になるには協力者が必要」と受け止めてもよいかもしれません。裏方と呼ばれるスタッフのサポートが不可欠だと説きます。

野村克也氏も、巨人V9時代の監督、川上哲治氏の逸話を紹介しています。淡口憲治選手が若いとき、川上氏が彼を評して「彼は親孝行だからいい選手になりますよ」と言っていたのを聞いて、野村氏が、まさにその通りだなと感じ入ったという話です。野村氏によると、一流選手は皆、親孝行なのだそうです。

皆さん、いかがでしたでしょうか。一流とは到達点ではなく、道を究める永遠の過程であり、絶え間ない姿勢のことであると、感じる今日この頃です。

出典：野村克也著『野村再生工場』（２００８）、『弱者の兵法』（２０１１）
落合博満著『采配』（２０１１）
橋上秀樹著『野村の「監督ミーティング」』（２０１０）

執筆者略歴

❖『会社は頭から腐る』

大海太郎 おおがい・たろう

タワーズワトソン代表取締役社長
日本興業銀行にて、資産運用業務等に従事した後、マッキンゼー・アンド・カンパニーにおいて本邦大手企業、多国籍企業に対して経営全般の様々な課題についてアドバイス。2003年にタワーズワトソンに入社し、2006年よりインベストメント部門を統括。これまで日本の年金基金を中心とした機関投資家向けにガバナンスの構築や運用方針の立案や実施、運用機関の調査・評価に携わり、業界の発展に尽力。2013年7月より現職。2017年7月よりWTW インベスト部門のインターナショナル地域ヘッドを兼務。
東京大学経済学部卒業。ノースウェスタン大学にて経営学修士（MBA）取得。ファイナンス専攻。日本証券アナリスト協会検定会員。

❖『日本はなぜ敗れるのか』
『論語と算盤』

奥野慎太郎 おくの・しんたろう

ベイン・アンド・カンパニー・ジャパン　日本法人会長
テクノロジー、産業財・自動車、消費財、流通等の業界において、M&Aや企業統合、構造改革などを中心に、幅広い分野のプロジェクトを手がけている。ベイン東京オフィスにおけるM&Aプラクティスのリーダーを務めている。京都大学経済学部卒業、マサチューセッツ工科大学スローン経営大学院経営学修士課程（MBA）修了。東海旅客鉄道株式会社（JR東海）を経て、ベインに入社。

執筆者略歴

❖『最強組織の法則』

森下幸典　もりした・ゆきのり

PwC Japan合同会社 執行役常務
PwC Japanグループ全体の顧客対応・マーケティング活動を統括。アジア・パシフィック・米州のクライアント・マーケットリーダーを兼任。国内外大手企業に対するグローバルプロジェクトの支援実績多数。2012年より3年間ロンドンに駐在し、日系企業支援サービスを統括。慶應義塾大学法科大学院非常勤講師。

❖『プロフェッショナルマネジャー』

楠木建　くすのき・けん

一橋大学大学院国際企業戦略研究科(ICS:International Corporate Strategy)教授。専攻は競争戦略。企業が持続的な競争優位を構築する論理について研究している。大学院での講義科目はStrategy。一橋大学大学院商学研究科博士課程修了(1992)。一橋大学商学部専任講師、同大学同学部助教授、同大学イノベーション研究センター助教授、ボッコーニ大学経営大学院(イタリア・ミラノ)客員教授、一橋大学大学院国際企業戦略研究科准教授を経て、2010年から現職。趣味は音楽(聴く、演奏する、踊る)。1964年東京都目黒区生まれ。

❖『巨象も踊る』

高野研一　たかの・けんいち

コーン・フェリー・ジャパン前会長
日本の大手銀行でファンドマネジャー、組合書記長などを経験した後にコンサルタントに転進。現マーサー・ジャパン取締役などを経て、2006年10月よりヘイ コンサルティング グループ日本代表に就任。2016年5月、ヘイグループとコーン・フェリーの統合にともない、コーン・フェリー日本共同代表に就任。2019年5月から2021年5月まで同社会長を務める。
日本企業の経営人材育成と経営改革を支援。特に、コーポレートガバナンス、ビジネスリーダーの育成とアセスメント、グループ経営、組織・人材マネジメントに関する戦略・実行支援などに豊富な経験を持つ。
神戸大学経済学部卒。ロンドン・スクール・オブ・エコノミクス(MSc)修了。シカゴ大学ビジネススクール(MBA)修了。

執筆者略歴

❖『キャズム』
『イノベーションのジレンマ』

根来龍之　ねごろ・たつゆき

早稲田大学ビジネススクール教授

京都大学文学部卒業。慶應義塾大学大学院経営管理研究科修了(MBA)。鉄鋼メーカー、文教大学などを経て2001年から現職。早稲田大学IT戦略研究所所長。早稲田大学大学院経営管理研究科長、経営情報学会会長、米カリフォルニア大学客員研究員などを歴任。著書に『集中講義 デジタル戦略』『プラットフォームの教科書』『ビジネス思考実験』『事業創造のロジック』(いずれも日経BP)、『代替品の戦略』(東洋経済新報社)、『IoT時代の競争分析フレームワーク』(編著、中央経済社)などがある。ネット系企業の顧問や既存企業のデジタル対応などの企業研修で実務と関わるとともに経営情報学会論文賞を3回受賞するなど理論構築も行う。

❖『ブルー・オーシャン戦略』
『ウイニング 勝利の経営』
『「バカな」と「なるほど」』

清水勝彦　しみず・かつひこ

慶應ビジネススクール教授

東京大学法学部卒業、ダートマス大学MBA、テキサスA&M大学経営学博士(Ph.D.)。10年間の戦略コンサルタント、テキサス大学サンアントニオ校准教授(テニュア取得)を経て、2010年より現職。仏エクス・マルセイユ大学経営大学院でも教鞭を執る。研究業績を世界的に評価され4つの国際学術誌の編集委員を務める他、企業幹部研修も数多く手掛ける。株式会社ドリコム(マザーズ)取締役監査等委員。

❖『マネジメント』
『ビジョナリー・カンパニー』
『木のいのち木のこころ』

森健太郎　もり・けんたろう

ボストン コンサルティング グループ(BCG)　シニア・アドバイザー

ケンブリッジ大学物理学部卒業。外資系コンサルティングファームを経てBCGに入社。2021年末までマネージング・ディレクター&シニア・パートナーを務めた後、現職。流通、消費財、サービス業界などの企業に対し長期ビジョン・中期経営計画、デジタルトランスフォーメーション、新規事業立ち上げ、オペレーション改革などの支援を行う。共著書に『BCGが読む経営の論点2018』(日本経済新聞出版)。

執筆者略歴

❖『戦略サファリ』
『小倉昌男 経営学』

入山章栄 いりやま・あきえ

早稲田大学ビジネススクール教授
1996年慶應義塾大学経済学部卒業。98年同大学大学院経済学研究科修士課程修了。三菱総合研究所で主に自動車メーカーや国内外政府機関への調査・コンサルティング業務に従事した後、2003年に同社を退社し、米ピッツバーグ大学経営大学院博士課程に進学。2008年に同大学院より博士号(Ph. D.)を取得。同年より米ニューヨーク州立大学バッファロー校ビジネススクールのアシスタント・プロフェッサー(助教授)に就任。2013年から現職。専門は経営戦略論および国際経営論。

❖『競争の戦略』『知識創造企業』
『経営戦略の論理』

岸本義之 きしもと・よしゆき

PwCコンサルティング合同会社 Strategy& シニア・エグゼクティブ・アドバイザー
マッキンゼー(マネジャー)、ブーズ・アレン・ハミルトン(パートナー)を経て現職。著書に「メディア・マーケティング進化論」(PHP研究所)、「金融マーケティング戦略」(ダイヤモンド社)などがある。
東京大学経済学部卒業、米国ケロッグ校MBA、慶應義塾大学大学院経営管理研究科博士課程修了 博士(経営学)。武庫川女子大学経営学部教授を兼務。

❖『コア・コンピタンス経営』

平井孝志 ひらい・たかし

筑波大学大学院ビジネスサイエンス系教授
東京大学大学院理学系研究科修士課程修了。マサチューセッツ工科大学(MIT)スローン経営大学院MBA。博士(学術)(早稲田大学)。ベイン、デル、スターバックス、ローランド・ベルガー等を経て現職。早稲田大学ビジネススクール客員教授、株式会社キトー社外取締役、三井倉庫ホールディングス株式会社社外取締役。著書は『武器としての図で考える習慣』(東洋経済新報社)他多数。

ビジネスの名著を読む[マネジメント編]

２０２２年４月22日　1版1刷

編者　日本経済新聞社

発行者　國分正哉

発行　株式会社日経ＢＰ
日本経済新聞出版

発売　株式会社日経ＢＰマーケティング
〒１０５－８３０８　東京都港区虎ノ門４－３－12

ブックデザイン　竹内雄二

印刷・製本　シナノ印刷

Printed in Japan ISBN978-4-296-11323-1

本書籍に関するお問い合わせ、ご連絡は左記にて承ります。
https://nkbp.jp/booksQA